审计信息化实务

主　编　陈英蓉

北京理工大学出版社
BEIJING INSTITUTE OF TECHNOLOGY PRESS

内 容 简 介

本书根据信息化时代教学改革的需要，调整现行手工审计模拟实验知识结构和体系，按风险导向审计模式编写而成，能更好地供应用型本科经管类专业的学生使用，更好地适应项目教学法的授课要求。本书是与"审计学"课程内容相匹配的审计信息化实务，以中国注册会计师审计信息系统（CPAS）为基础，依托案例，从审计实务视角介绍审计业务的全过程，主要包括总论、用友 CPAS 审计信息系统概述、用友 CPAS 管理系统基础设置、审计项目数据准备、审计计划和风险识别、审计策略和风险评估、执行实质性审计、执行其他事项审计和审计总结与报告等内容。

本书适用面广，主要供应用型本科院校经济管理类专业学生用书，也可用于高校"计算机审计"实验课程的教学，还可用于会计师事务所以及北京用友审计软件有限公司人员专业培训和业务学习。

版权专有　侵权必究

图书在版编目（CIP）数据

审计信息化实务 / 陈英蓉主编. --北京：北京理工大学出版社，2025.3.
ISBN 978-7-5763-5169-9

Ⅰ．F239.1

中国国家版本馆 CIP 数据核字第 2025RQ0928 号

责任编辑：王俊洁	**文案编辑**：王俊洁
责任校对：刘亚男	**责任印制**：李志强

出版发行 / 北京理工大学出版社有限责任公司
社　　址 / 北京市丰台区四合庄路 6 号
邮　　编 / 100070
电　　话 / （010）68914026（教材售后服务热线）
　　　　　（010）63726648（课件资源服务热线）
网　　址 / http://www.bitpress.com.cn

版 印 次 / 2025 年 3 月第 1 版第 1 次印刷
印　　刷 / 涿州市京南印刷厂
开　　本 / 787 mm×1092 mm　1/16
印　　张 / 11
字　　数 / 255 千字
定　　价 / 65.00 元

图书出现印装质量问题，请拨打售后服务热线，负责调换

前言

知识来源于实践，能力来源于实践，素质更需要在实践中养成。实践教学锻炼的是学生理论付诸实际的能力，是创新型人才培养的重要途径。在应用型大学大力培养社会一线需要的有社会实践基础的高素质人才，是贯彻党的二十大报告"培养造就大批德才兼备的高素质应用型人才"精神的任务之一。

在整个社会都围绕着计算机技术这一中心转动、改造和演化时，审计业务已全部信息化了，以前的手工查账、查证式审计已无法满足会计信息化系统的审计。因此，在审计领域，将计算机技术用于审计工作已经成为历史的必然，审计信息化实务就是融审计学、计算机技术和风险管理学为一体的新型交叉学科。

《审计信息化实务》属于互联网+环境下高校培养应用型本科审计学、会计学、财务管理学专业人才的教材。本教材根据信息化时代教学改革的需要，调整现行手工审计模拟实验知识结构和体系，按风险导向审计模式编写而成，能更好地供应用型本科经管类专业的学生使用，更好地适应项目教学法的授课要求。本教材编写的目标是改变现有审计实践教材将各类知识点分开的现状，突出融简易理论教材的方式方法与实训教材于一体的、综合性较强的实务综合应用型特征。本教材是与《审计学》教材内容相匹配的审计信息化实务，以中国注册会计师审计信息系统（CPAS）为基础，依托案例，从审计实务视角介绍审计业务的全过程，主要包括总论、用友 CPAS 审计信息系统概述、用友 CPAS 管理系统基础设置、审计项目数据准备、审计计划和风险识别、审计策略和风险评估、执行实质性审计、执行其他事项审计、审计总结与报告共九章内容。

本教材与同类计算机审计实验课程教材相比，主要有以下三大特点：

第一，适用面广。CPAS 系统在瑞华、信永中和、天职国际等多家大型会计师事务所的审计实务中被广泛应用，全国 30 余所高校采用 CPAS 系统开展"计算机审计"实验课程教学。此外，北京用友审计软件有限公司自身研发人员、培训讲师还不定期开展 CPAS 系统培训。因此，本教材的适用面广，既可用于高校"计算机审计"实验课程的教学，又可用于会计师事务所以及北京用友审计软件有限公司人员的专业培训和业务学习。

第二，实务性强。本教材以案例为依托，介绍审计实务工作的流程、方法与结果，在审计工作环境中培养学生应对审计风险，评估审计风险的职业素养，具有较强的实务性和可操作性，学生可以在学习中切实感受审计实务人员的工作过程。

第三，易于理解。本教材打破了原有实验教材只讲操作不讲原理的弊端。在实验操作环节增设了理论概述和实例分析，在增强教材可理解性的同时，增强教材的趣味性，旨在培养懂理论、会实务的应用型审计人才。

本教材由攀枝花学院陈英蓉主编，具体编写分工如下：攀枝花学院韦霞和陈容老师编写了每章的导读案例，四川机电职业技术学院连芳老师编写了每章的复习思考题，成都领源教育科技有限公司宋飞等人设计制作了每章的情景动画，其余内容由陈英蓉编写。本书在编写过程中参考引用了一些研究文献，且得到了用友公司和攀枝花学院各级领导的大力支持与帮助，在此，特向文献作者和各位领导致以衷心的感谢。

由于计算机信息技术是一个发展极为迅速的领域，而审计信息化理论框架和方法体系还处于不断发展的阶段，加之时间仓促、作者水平有限，本教材难免存在疏漏和不妥之处，恳请使用本书的各位老师和同学，将发现的差错、对本书的评论和意见，通过电子邮件发往 274267335@qq.com。我们将不胜感激，并寄赠作者编写的其他会计电算化教材。

陈英蓉
2024 年 11 月 17 日

目录

第一章　总论 …………………………………………………………………………（001）
　　第一节　审计基本理论概述 ………………………………………………………（003）
　　　　一、审计的概念 …………………………………………………………………（003）
　　　　二、审计的职能 …………………………………………………………………（003）
　　　　三、审计的主体 …………………………………………………………………（004）
　　　　四、审计的依据 …………………………………………………………………（004）
　　　　五、审计的方法 …………………………………………………………………（005）
　　第二节　审计信息化概述 …………………………………………………………（007）
　　　　一、审计信息化的概念 …………………………………………………………（007）
　　　　二、推广审计信息化的必要性 …………………………………………………（007）
　　　　三、审计信息化的现状 …………………………………………………………（008）
　　第三节　电算化会计条件下的审计程序及内容 …………………………………（008）
　　　　一、电算化会计条件下的审计程序 ……………………………………………（008）
　　　　二、电算化会计条件下的审计内容 ……………………………………………（010）
　　第四节　审计信息化的审计目标 …………………………………………………（010）
　　　　一、总体审计目标 ………………………………………………………………（011）
　　　　二、认定 …………………………………………………………………………（011）
　　　　三、具体审计目标 ………………………………………………………………（013）
　　第五节　审计信息化审计的基本要求 ……………………………………………（015）
　　　　一、遵守审计准则 ………………………………………………………………（015）
　　　　二、遵守职业道德守则 …………………………………………………………（015）
　　　　三、保持职业怀疑 ………………………………………………………………（015）
　　　　四、合理运用职业判断 …………………………………………………………（017）
　　复习思考题 …………………………………………………………………………（018）
第二章　用友CPAS审计信息系统概述 ……………………………………………（020）
　　第一节　用友CPAS审计信息系统简介 …………………………………………（022）

一、用友 CPAS 审计信息系统的特征 ……………………………………（022）
　　二、用友 CPAS 审计管理系统的主要功能 ………………………………（023）
　　三、用友 CPAS 审计作业系统的主要功能 ………………………………（024）
　第二节　CPAS 审计系统准备 …………………………………………………（025）
　　一、安装环境 ………………………………………………………………（025）
　　二、管理系统安装 …………………………………………………………（025）
　　三、作业系统安装 …………………………………………………………（026）
　第三节　用友 CPAS 系统审计实务处理流程 …………………………………（027）
　　一、系统初始化与设置 ……………………………………………………（027）
　　二、数据采集与转换 ………………………………………………………（028）
　　三、审计计划和风险识别 …………………………………………………（028）
　　四、风险评估和审计策略 …………………………………………………（028）
　　五、执行实质性审计 ………………………………………………………（028）
　　六、结论和复核 ……………………………………………………………（028）
　　七、报告与存档 ……………………………………………………………（028）
　复习思考题 ……………………………………………………………………（029）
　实务自测题 ……………………………………………………………………（029）

第三章　用友 CPAS 管理系统基础设置 …………………………………（031）

　第一节　审计机构人员设置 ……………………………………………………（033）
　　一、组织机构 ………………………………………………………………（033）
　　二、审计人员 ………………………………………………………………（035）
　　三、角色与权限管理 ………………………………………………………（035）
　第二节　客户档案设置 …………………………………………………………（036）
　　一、新增客户档案 …………………………………………………………（036）
　　二、客户档案维护 …………………………………………………………（037）
　第三节　项目管理 ………………………………………………………………（037）
　　一、新建项目 ………………………………………………………………（038）
　　二、项目分发 ………………………………………………………………（041）
　　三、签署独立性声明 ………………………………………………………（042）
　复习思考题 ……………………………………………………………………（043）
　实务自测题 ……………………………………………………………………（044）

第四章　审计项目数据准备 …………………………………………………（046）

　第一节　数据采集 ………………………………………………………………（048）
　　一、数据采集工具 …………………………………………………………（048）
　　二、在服务器上采集数据 …………………………………………………（049）
　　三、在客户端上采集数据 …………………………………………………（050）
　　四、备份数据采集 …………………………………………………………（051）
　　五、无模板数据采集 ………………………………………………………（052）

目 录

　　第二节　数据转换、数据维护与调整……………………………………………（053）
　　　　一、数据转换………………………………………………………………（053）
　　　　二、数据维护………………………………………………………………（055）
　　　　三、数据调整………………………………………………………………（060）
　　　　四、账表调整………………………………………………………………（062）
　　　　五、现金流量直接法测试…………………………………………………（065）
　　　　六、未审财务报表…………………………………………………………（066）
　　复习思考题………………………………………………………………………（070）
　　实务自测题………………………………………………………………………（070）

第五章　审计计划和风险识别……………………………………………………（072）
　　第一节　初步业务活动……………………………………………………………（075）
　　　　一、初步业务活动的目的…………………………………………………（075）
　　　　二、初步业务活动工作底稿………………………………………………（075）
　　第二节　了解被审计单位及其环境………………………………………………（076）
　　　　一、了解被审计单位及其环境的目的……………………………………（076）
　　　　二、了解被审计单位及其环境的内容及运用的审计方法………………（076）
　　　　三、了解被审计单位及其环境工作底稿…………………………………（077）
　　第三节　了解被审计单位内部控制………………………………………………（078）
　　　　一、了解被审计单位内部控制的目的……………………………………（078）
　　　　二、了解被审计单位内部控制的主要内容………………………………（079）
　　　　三、了解被审计单位内部控制的方法……………………………………（079）
　　第四节　识别由于舞弊而导致的重大错报风险并确定应对措施………………（081）
　　　　一、识别由于舞弊导致的重大错报风险…………………………………（081）
　　　　二、针对舞弊导致的认定层次的重大错报风险制定进一步审计措施…（082）
　　　　三、确定应对措施工作底稿………………………………………………（082）
　　第五节　重要性水平及重大账户确定……………………………………………（084）
　　　　一、重要性水平确定………………………………………………………（084）
　　　　二、重大账户确定…………………………………………………………（089）
　　复习思考题………………………………………………………………………（090）
　　实务自测题………………………………………………………………………（091）

第六章　审计策略和风险评估……………………………………………………（093）
　　第一节　重大错报风险评估………………………………………………………（095）
　　　　一、重大错报风险评估……………………………………………………（095）
　　　　二、报表层次风险评估……………………………………………………（096）
　　　　三、认定层次风险评估……………………………………………………（097）
　　第二节　审计程序管理……………………………………………………………（100）
　　　　一、审计程序管理…………………………………………………………（100）
　　　　二、关键审计事项…………………………………………………………（102）

第三节　审计总体策略……………………………………………（104）
　　一、项目组讨论纪要——风险评估……………………………（104）
　　二、总体审计策略………………………………………………（105）
　　三、内部控制总体审计策略……………………………………（107）
　复习思考题…………………………………………………………（107）
　实务自测题…………………………………………………………（107）

第七章　执行实质性审计……………………………………（110）
第一节　货币资金审计……………………………………………（112）
　　一、货币资金审计的含义及主要内容…………………………（112）
　　二、库存现金审计………………………………………………（114）
　　三、银行存款审计………………………………………………（116）
第二节　往来款项审计……………………………………………（119）
　　一、往来款项审计的含义及审计要点…………………………（119）
　　二、应收账款审计………………………………………………（119）
　　三、应付账款审计………………………………………………（124）
　　四、其他往来款项审计…………………………………………（125）
第三节　存货审计…………………………………………………（125）
　　一、存货审计的含义及审计要点………………………………（125）
　　二、存货监盘……………………………………………………（126）
　　三、存货抽盘……………………………………………………（126）
第四节　固定资产审计……………………………………………（127）
　　一、固定资产审计的含义及审计要点…………………………（127）
　　二、固定资产审计的流程………………………………………（127）
第五节　负债审计…………………………………………………（131）
　　一、负债审计的含义及主要内容………………………………（131）
　　二、短期借款审计………………………………………………（131）
　　三、应付职工薪酬审计…………………………………………（133）
第六节　收入审计…………………………………………………（134）
　　一、收入审计的含义及方法……………………………………（134）
　　二、营业收入审计………………………………………………（134）
第七节　费用审计…………………………………………………（136）
　　一、费用审计的含义及要点……………………………………（136）
　　二、营业成本审计………………………………………………（137）
　　三、管理费用审计………………………………………………（138）
　　四、销售费用审计………………………………………………（140）
　复习思考题…………………………………………………………（140）
　实务自测题…………………………………………………………（141）

第八章　执行其他事项审计 (142)

第一节　关联方及交易审计 (144)
一、关联方及交易审计的含义 (144)
二、关联方及交易审计的主要内容 (144)

第二节　会计估计审计 (148)
一、会计估计审计的含义 (148)
二、会计估计审计的主要内容 (149)

第三节　期后事项 (149)
一、期后事项的含义及类型 (149)
二、期后事项审计的主要内容 (150)
三、期后事项审计的处理 (150)

复习思考题 (151)
实务自测题 (151)

第九章　审计总结与报告 (153)

第一节　审计差异汇总 (155)
一、审计差异汇总的内容 (155)
二、审计差异汇总表 (155)

第二节　审计完成情况核定 (157)
一、审定科目明细 (157)
二、审定财务报表 (158)

第三节　审计复核 (160)
一、复核审计底稿 (160)
二、复核报表附注 (160)

第四节　审计报告 (161)
一、审计报告的含义及类型 (161)
二、编写审计报告的步骤 (161)
三、审计报告的作用 (161)

复习思考题 (162)
实务自测题 (162)

参考文献 (164)

第一章 总 论

学习导航

总论
- 审计基本理论概述
  - 审计的概念 —— 独立检查会计账表，监督财政、财务收支的真实性、合法性、效益性
  - 审计的职能 —— 监督是审计的基本职能，还包括评价和建议
  - 审计的主体 —— 政府审计、社会审计、内部审计
  - 审计的依据 —— 法律法规赋予审计机关的权限
  - 审计的方法 —— 从手工审计到计算机审计，从普通检查审计到风险导向审计……
- 审计信息化概述
  - 审计信息化的概念 —— 将信息技术应用于审计工作，提高审计能力、水平和效率
  - 推广审计信息化的必要性 —— 适应信息时代变化，提高审计工作效率
  - 审计信息化的现状 —— 国家政策推动，审计信息化建设目标与实践
- 电算化会计条件下的审计程序及内容
  - 电算化会计条件下的审计程序 —— 准备阶段、实施阶段、审计结论和执行阶段、异议和复审阶段
  - 电算化会计条件下的审计内容 —— 会计系统程序审计、会计系统内控审计、会计数据审计
- 审计信息化的审计目标
  - 总体审计目标 —— 确保财务报表真实准确、发现潜在错误和欺诈、评估内部控制有效性、提供审计意见和建议
  - 认定 —— 明确或隐含的表达，审计人员确定管理层对财务报表的认定是否恰当
  - 具体审计目标 —— 对交易、事项、账户余额等及其相关披露的真实性、完整性和合法性认定
- 审计信息化审计的基本要求
  - 遵守审计准则 —— 按审计准则要求执行审计业务
  - 遵守职业道德守则 —— 诚信、独立性、客观公正等
  - 保持职业怀疑 —— 对疑虑的情形保持警觉，审慎评价审计证据
  - 合理运用职业判断 —— 结合专业知识和经验，作出恰当决策

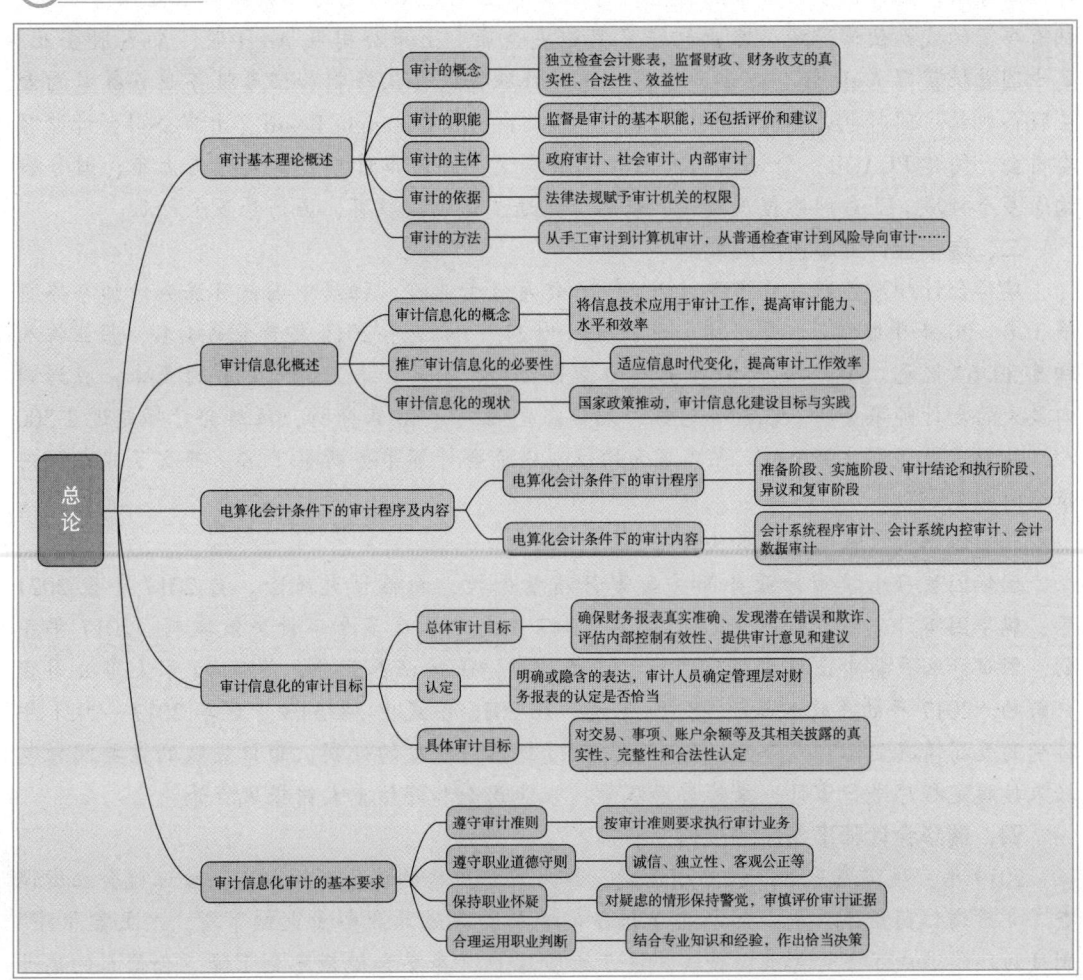

学习目的及要求

1. 理解审计的定义、职能、主体、依据、方法。
2. 掌握审计信息化的概念，了解审计信息化推广的必要性，了解审计信息化的现状。
3. 掌握电算化会计条件下的审计程序和审计信息化实务的内容。
4. 掌握审计信息化的审计目标和基本要求。

导读案例

瑞华会计师事务所的发展历程

一、瑞华会计师事务所的诞生

瑞华会计师事务所（以下简称瑞华）成立于 2013 年 4 月 30 日，由中瑞岳华会计师事务所（以下简称中瑞岳华）与国富浩华会计师事务所（以下简称国富浩华）两家会计师事务所整合并购而成。整合基于互惠互利、自愿互信的原则，旨在创建内资第一家大型会计师事务所。总部位于北京市海淀区，是一家专业化、规模化的民族品牌专业服务机构。拥有丰富的战略伙伴资源，客户包括多家中央企业、上市公司及 A+H 股、A+S 股企业。是中国首批获得 A+H 股企业审计资格、完成特殊普通合伙转制和证券服务业务备案的专业服务机构。同时也是美国 Public Company Accounting Oversight Board（上市公司会计监督委员会，简称 PCAOB）登记机构，业务范围广泛，涵盖审计、股票发行与上市、财务咨询等多个领域。业务网络覆盖制造、农林、交通、建筑、教育、医药等多个行业。

二、瑞华会计师事务所的巅峰

瑞华会计师事务所成立当年就以 27.76 亿元的营业收入位居中国前百强会计师事务所第 3 名。2014 年继续保持第 3 名，营业收入为 27.75 亿元；2015 年升至第 4 名，营业收入增至 30.62 亿元。2016 年以 40.3 亿元的营业收入跃居第 2 名，达到发展的顶峰，成为国内最大的会计师事务所。在巅峰时期，瑞华在全国拥有 40 家分所，注册会计师超过 2 500 人，从业人数达到 8 986 人。在多方面均位列内资会计师事务所第 1 名，确立了其在国内市场的领先地位。

三、瑞华会计师事务所的失控

瑞华因盲目承接审计业务而导致审计质量失控，面临巨大风险。自 2017 年至 2021 年，瑞华因审计失败累计被处罚金额达 2 947 万元，涉及多个审计失败案例。2017 年年初，因审计客户集中出现问题，瑞华被证监会暂停承接证券业务，导致 94 家上市公司客户解约。2017 年的年收入降至 28.79 亿元，比 2016 年减少 28.54%。瑞华 2017—2021 年接受的处罚情况显示，多个分所因审计失败受到不同程度的处罚。审计失败的主要问题包括未按规定程序进行审计、未能勤勉尽责、未能识别和评估重大错报风险等。

四、瑞华会计师事务所的衰落

2019 年，康得新百亿造假丑闻爆发，作为审计机构的瑞华受到牵连，被证监会立案调查。之后辅仁药业事件进一步打击了瑞华的声誉，导致其业务量大幅下滑。"立案即停"制度对瑞华造成了重大影响，使其失去了大量客户，声誉和规模急剧下降。合伙人的离开和分所的注销加速了瑞华的衰落，2019 年上市公司客户从 300 多家骤降至 31 家。2020 年仅剩北大荒一家客户，2021年北大荒也更换了审计机构，瑞华彻底失去所有客户。2021年，瑞华因千山药机和延安必康再次受到行政处罚，分所几乎全部清零，深圳分所人去楼空。

五、瑞华事务所衰落的原因

快速合并产生隐患：瑞华在成立前经历了多次合并，但对合并对象的风险评估不足，导致审计质量和口碑较差的事务所进入瑞华体系。

业务承接与保持不谨慎：瑞华在客户选择上过于宽松，未对新客户进行深入风险评估，盲目接受高风险业务，同时无条件保留原有高风险业务。

康得新审计业务的问题：康得新审计业务是从鹏城所继承而来，多名会计师曾受监管处罚，涉及多家上市公司。

总分所一体化程度低：瑞华分所众多，管理难度大，导致质量控制不一，审计质量无法保证，多数行政处罚源于分所审计失败。

人力资源紧缺且缺乏胜任能力：瑞华人才流失严重，注册会计师数量不足，导致审计人员超负荷工作，审计质量下降。

实习生招聘管理不善：瑞华为解决人员不足大量招聘实习生，但招聘标准低，未进行充分培训，导致审计质量埋下隐患。

外部监管缺乏全面性和及时性：政府和行业监管采用抽查方式，无法全面覆盖所有会计师事务所，监管存在滞后性。

违规处罚力度较弱：对会计师事务所及个人的处罚相对较轻，未能有效震慑违规行为。

瑞华质量管理案例分析

以审计的历史为切入点，通过观看纪录片《立信之路》，查阅谢霖、潘序伦等的相关事迹并进行小组交流，让学生在体会中国注册会计师审计艰难历程的同时，感受先辈的爱国情怀和民主大义，深植"诚信为本、操守为重"的信念。

将审计职业道德和社会主义核心价值观相融合，强调"德"的重要性，教导学生践行习近平总书记对青少年"明大德、守公德、严私德"的要求。以瑞华会计师事务所审计失败案为例，分析瑞华的失"德"之处，思考"德"对于个人、对于行业、对于国家的重要性。

第一节 审计基本理论概述

一、审计的概念

审计是独立检查会计账表，监督财政、财务收支的真实性、合法性、效益性的行为，对财务报表是否不存在重大错报提供合理保证，以积极方式提出意见，增强预期使用者对财务报表信赖的程度。

二、审计的职能

审计的本质特点是独立性，审计单位独立行使审计行为，主要指审计单位在组织、人员、经费和工作上的独立性，以保证审计行为的客观性、公正性、权威性和有效性。

不论被审计单位有无问题，审计单位均应当履行其监督职能，进行例行审计。因此，监督是审计的基本职能。具体来讲，审计监督就是检查被审计单位的三性——真实性、合法性、效益性，即在经济活动中是否按授权或既定目标履行经济责任，有无弄虚作假、违法违规、损失浪费等行为，并督促其采取措施加以改进，促使其依法行政、依法管理、依法经营。在履行监督职能的同时，审计单位还可以对被审计单位某些管理职能的履行情况作出评价，如被审计单位经济效益的优劣、内部管理制度是否健全、有效等，并提出改进经营管理的建议。

三、审计的主体

审计的主体是指在审计活动中主动实施审计行为、行使审计监督权的审计机构及其审计人员。审计主体贯穿着审计信息产生过程的始终，对审计信息质量起着决定性作用，是制约审计信息质量的第一因素。审计主体主要包括以下几种类型：

（一）政府审计

政府审计也称为国家审计，是由政府审计机关实施的审计。在我国，审计署及派出机构和地方各级人民政府审计厅、审计局所组织和实施的审计均属于政府审计。

（二）社会审计

社会审计也称为民间审计或独立审计，是由依法成立的民间审计组织（如会计师事务所）进行的审计。这些组织接受各类资源财产的所有人或主管人的委托，依法对被审计单位的财务收支和经济效益等进行审计，承办审计鉴证、经济案件鉴证、注册资本验证和管理咨询服务等业务。

（三）内部审计

内部审计是由各政府部门、企业主管部门和企事业单位内部独立的审计机构和专职审计人员所实施的审计。内部审计的目的在于帮助单位健全内部控制，改善经营管理，提高经济效益。

四、审计的依据

审计机关的权限是《宪法》和法律所规定的。《宪法》第91条和第109条规定，审计机关"依照法律规定独立行使审计监督权"，这是审计机关享有权限的基本依据。审计监督权是审计机关的总权限，具体权限由法律、法规规定。《审计法》和《审计法实施条例》对审计机关的权限做了具体规定，将《宪法》的规定具体化了。

审计机关的具体权限体现在《审计法》和《审计法实施条例》中的"审计机关权限"和"法律责任"两章里。审计机关有16种权限：

(1) 要求报送资料权；
(2) 检查权；
(3) 查询存款权；
(4) 制止权；
(5) 调查取证权；

(6) 采取取证措施权；
(7) 暂时封存账册资料权；
(8) 通知暂停拨付款项权；
(9) 责令暂停使用款项权；
(10) 申请法院采取保全措施权；
(11) 建议给予行政处分权；
(12) 建议纠正违法规定权；
(13) 处理权；
(14) 处罚权；
(15) 申请法院强制执行权；
(16) 通报或者公布审计结果权。

其中，制止权、采取取证措施权、暂时封存账册资料权、通知暂停拨付款项权、责令暂停使用款项权，这五种权限可统称为行政强制措施权。申请法院采取保全措施权、申请法院强制执行权可统称为申请权。建议给予行政处分权、建议纠正违法规定权可统称为建议权。处理权、处罚权可统称为处理处罚权。因此，这16种权限可以归纳为9大类权限，即要求报送资料权、检查权、查询存款权、调查取证权、行政强制措施权、申请权、处理处罚权、通报或者公布审计结果权、建议权。

为规范我国审计人员开展计算机审计工作，我国已初步建立了相应的准则和规范。如审计署1996年12月发布了《审计机关计算机辅助审计办法》，中国审计人员协会1999年2月颁布了《独立审计具体准则第20号——计算机信息系统环境下的审计》，国务院办公厅2001年11月16日发布了《关于利用计算机信息系统开展审计工作有关问题的通知》，审计署2007年发布的《计算机审计审前调查指南》，这些准则和规范明确了审计机关有权检查被审计单位运用计算机管理财政收支、财务收支的信息系统，对信息系统的数据接口、电子信息的保存要求、系统的测试、网络远程审计的要求、审计机关和审计人员在计算机审计中的义务等作出了规定。指出了在计算机信息系统环境下审计的一般原则、计划、内部控制研究、评价与风险评估和审计程序等。

五、审计的方法

审计的方法经历了从详细审计向抽样审计、从顺查审计向逆查审计、从手工审计向计算机审计、从普通检查审计向风险导向审计等几种不同阶段或层面的演进过程，促使这种演进的内在动因是基于提高审计效率与质量、规避审计风险和责任、满足所有权监督的需要及其所形成的相互制约关系。

（一）从详细审计向抽样审计演进

详细审计就是对全部资产进行清查，对全部账目进行检查。

抽样审计是将客户的全部经济活动作为一个总体，从中抽取一部分，依会计凭证、账簿到报表进行逐一核对，并依据样本审核的结果推断总体的情况。随着经济的发展，企业规模越来越大，会计业务也越来越多，详细审计的适用范围也就越来越受到限制，抽样审计也越来越多地被采用。抽样审计的程序基本上仍然遵循会计的记账程序，同样要运用复核、核对、盘点、询问等基本的审计方法，只是审核的范围相对缩小。抽样审计主要有判断抽样法和统计抽样法两种，判断抽样法是根据审计人员的经验判断，有目的地从特定审计对象总体中抽查部分样本进行审查，并以样本的审查结果来推断总体的抽样结果。统计抽样法是审计人员运用概率论原理，遵循随机原则，从审计对象总体中抽取部分样本进行审查，然后以样本的审查结果来推断总体的抽样方法。

在审计实践中，往往把统计抽样法和判断抽样法结合使用。具体来讲，可用判断抽样法解决应该抽取哪些方面的样本项目的问题，而用统计抽样法解决到底应该抽取多少样本，以及如何从整体中抽取这些样本的问题。或者先用判断抽样法剔除重要的或危险的项目，然后再运用统计抽样法进行审查。

（二）从顺查审计向逆查审计演进

顺查审计是审计人员按照会计业务处理的先后顺序依次进行审查的方法。这种方法按照业务处理的顺序逐一核对、依次审查，操作简单、审查结果能够做到全面、系统、准确，但机械的审查核对费时费力，不易抓住重点，同时也不便于按照业务类别进行审查，不便于审计人员分工。

逆查法是按照与会计核算相反的处理程序，依次对报表、账簿、凭证的各个环节进行审查的一种方法。这种方法能从全局出发，大处着手，只审查有问题的内容，抓住实质，主攻方向明确，能够节约一定的人力、物力，提高审计效率。

（三）从手工审计向计算机审计演进

手工审计是指完全依赖人工操作，通过传统工具（如纸质账册、计算器、算盘等）对企业财务记录、凭证及业务流程进行系统性检查与核对的审计方法。计算机审计是指利用计算机技术、软件工具及自动化系统，对企业的电子化财务数据、业务流程和信息系统进行系统性检查、分析与验证的审计方法。其核心是通过技术手段实现数据的高效处理、风险识别和审计结论的生成，是现代审计的主流形式。计算机审计是通过技术手段实现数据自动化处理、智能风险识别及高效决策支持的现代审计方式。它不仅克服了手工审计的效率与精度局限，还推动了审计从"事后检查"向"事中监控"与"事前预测"的转型。随着AI、区块链等技术的深化应用，计算机审计将进一步向智能化、实时化和全域化发展，成为企业风险管理的核心工具。

（四）从普通检查审计向风险导向审计演进

普通检查审计是一种常规性的、基础性的审计工作，主要针对企业的日常财务活动、内部控制及财务报表等进行审查和核实。

风险导向审计方法是一种以风险管理为核心，通过对被审计对象的风险进行识别、评估和控制，以提高审计效率和效果的审计方法。这种方法强调以审计风险的分析、评价和控制为基础，确定审计的重点、范围，并综合运用各种审计技术收集审计证据，形成审计意见。风险导向审计注重在促进审计目标实现的前提下，优先对高风险的机构、业务和工作事项开展重点审计，并提出有效规避和控制风险的方法措施。使用历史经验数据建立风险模型，以风险评估为导向，运用科学合理的评估方法，对组织可能面临的各类风险进行单独、客观评价，并根据评价结果，确定审计重点和范围，合理调配审计资源。

风险导向审计是当今主流的审计方法，它要求审计人员识别和评估重大错报风险，设计和实施进一步的审计程序以应对评估的错报风险，并根据审计结果出具恰当的审计报告。本教材将介绍审计信息化条件下如何对重大错报风险进行识别、评估和应对，并最终将审计风险降至可接受的低水平。

第二节　审计信息化概述

一、审计信息化的概念

审计信息化是指将信息技术手段应用于审计工作，全面改造审计业务流程、建立并完善新的审计工作方式，以提高审计能力、水平和效率的过程。这一过程旨在通过信息化技术手段，实现审计文档的规范化、审计程序的流程化以及审计分析的智能化，进而提高企业或组织的审计工作质量和效率。审计信息化的概念涵盖了如下四个方面：

（一）审计信息化的应用

审计信息化的应用是指通过引入信息技术，如计算机技术、网络技术、通信技术以及办公自动化技术等，来实施审计计划管理、审计分析、数据采集、审计监控等审计全过程，为审计工作的开展提供一套信息化的管理平台。

（二）审计信息化的核心

审计信息化的核心是计算机审计，即建立在信息化环境基础上，运用信息化技术方法开展审计工作。这包括审计信息管理和计算机审计两个方面的内容，旨在逐步实现从手工查账到运用计算机对电子信息数据的审计转变，以及对包括财务和业务数据同步审计，直到对会计信息系统的审计。

（三）审计信息化的目标

审计信息化的目标是建立与本部门、行业或单位信息化系统相适应的审计信息化子系统，实现从对财务数据的审计到对包括财务和业务数据同步审计的转变，以及从事后审计转变为以网上监控为主，事前、事中、事后相结合的审计方式。

（四）审计信息化的原则

审计信息化的原则包括客观性原则、重在应用原则和开放性原则。这些原则指导审计信息化工作的实施，确保信息化工作能够适应实际需求，充分发挥其作用，同时保持开放性，以促进审计工作的持续改进和效率提升。

二、推广审计信息化的必要性

当前，我国信息化事业已发展到一个新的阶段。各级政府正在认真落实"以信息化带动工业化"的战略，推进电子政务及电子商务，随着信息经济时代的到来，电子商务在经济全球化形势下迅猛发展，使社会在各个方面发生了深刻的变化。企业确认客户订购，安排生产计划，控制采购计划，进行账务处理都由系统自动完成，经营管理走向网络化与自动化（如 BPG 管理模式，虚拟的网络公司）。电子商务与网络经营使企业的经营观念、组织结构、管理模式、交易授权等发生巨大变化，同时交易中的支付方式也开始转向电子化。就会计工作而言，也开始由传统的手工操作转向电算化会计。我国自 1999 年 4 月起开始研究和采用"会计信息化"这一新概念。

所有这些巨大的变化，尤其是随着会计信息化的日益普及、成熟，使得审计工作的环境、审计工作的对象、审计范围、审计线索等基本的审计要素都发生了巨大的变化。传统的审计工作方法已经不能适应这种变化的要求，开展计算机辅助审计，实施审计信息化是社会信息化的必然。

三、审计信息化的现状

2001年12月，中国信息化领导小组成立，时任国务院总理朱镕基出任小组组长，信息化建设作为一项国家基础工程进行战略规划，受到空前重视。2002年8月，国务院颁发了17号文件，确立了中国电子政务建设的基本框架，金审，作为一个重要的应用系统名列其中。

1998年，国务院出台了《审计机关计算机辅助审计办法》，审计机关利用计算机辅助工具开展工作，有了法规依据；2001年11月，国务院办公厅下发了《关于利用计算机信息系统开展审计工作有关问题的通知》，明确提出了审计机关信息化建设的指导意见。2001年3月，审计署提出了《审计信息化建设总体目标和构想》（2001-3-28），在其中提出了审计系统信息化建设总体目标：用五年左右时间，建成对财政、税务、海关等部门和国有企事业单位的财务信息系统、电子数据系统实施有效监督的审计信息化系统，改变目前审计手工作业的现状，增强审计机关在计算机环境下查错纠弊、规范管理、遏制腐败、打击犯罪的能力，维护经济秩序，促进廉洁高效政府的建设，更好地履行审计监督职责。为实现这一目标，审计署加快了软件开发，开发一套比较有效、实用的审计项目管理、审计操作实施、审计结果汇总和审计文书管理软件；建立审计数据中心，为审计提供数据和法规方面的支持，逐步与政府其他部门专用网实现网络互联、数据共享，并利用数据中心对各种信息进行分析、选择、比较，决断重大审计事项。

审计信息化建设是目前审计署的重点工作，加强计算机的推广应用，加大计算机辅助审计的力度是审计信息化建设的核心。目前的审计项目都不同程度地开展了计算机辅助审计，并取得了一些成绩，但与预期的目标相比还存在一定差距，计算机辅助审计的实施方法还需规范化、程序化，需要计算机审计人员在实际工作中不断地思考总结，从而探索出规律，以提升工作质量。

第三节　电算化会计条件下的审计程序及内容

一、电算化会计条件下的审计程序

按照《审计法》的规定，一般审计程序可分为四个阶段，即准备阶段、实施阶段、审计结论和执行阶段、异议和复审阶段。电算化会计审计也可分为这四个阶段，同时结合自身的特殊要求，运用本身特有的方法，对电算化会计系统进行评价。

（一）准备阶段

在此阶段主要是初步调查被审计单位会计电算化系统的基本状况，并拟定审计计划。一般包括以下主要工作：

（1）调查了解被审计单位会计电算化系统的基本情况，如会计电算化系统的硬件配置、系统软件的选用、应用软件的范围、网络结构、系统的管理结构和职能分工、文档资料等。

（2）与被审计单位签订审计业务约定书，明确彼此的责任、权利和义务。

（3）初步评价被审计单位的内部控制制度，以便确定符合性测试的范围和重点。

（4）确定审计重要性、确定审计范围。

（5）分析审计风险。

（6）制定审计计划。

在审计计划中除了对时间、人员、工作步骤及任务分配等方面在所选用的审计专用软件系统中做好设置以外，还要合理选择和设置符合性测试、实质性测试的时间和范围，以及测试时的审计方法和测试数据。对于复杂的会计电算化系统也可聘请专家，但必须明确审计人员的责任。

（二）实施阶段

实施阶段是审计工作的核心，也是计算机辅助审计的核心。主要工作是根据范围、要点、步骤、方法、进行取证、评价，综合审计证据，借以形成审计结论，发表审计意见。实施阶段的主要工作应包括以下两个方面：

1. 符合性测试

进行符合性测试应以会计电算化系统安全可靠性的检查结果为前提。如果会计电算化系统安全可靠性非常差，不值得审计人员依赖，则应当根据实际情况决定是否取消内控制度的符合性测试，而直接进行实质性测试，并加大实质性测试的样本量。在会计电算化系统的符合性测试项目中，主要内容应该是确认输入的资料是否正确完整，计算机处理过程是否符合要求。如果会计电算化系统安全、可靠性比较高，则应对该系统给予较高的依赖，在实质性测试时就可以相应地减少实质性测试的样本量。

2. 实质性测试

实质性测试应该是对被审计单位会计电算化系统的流程、数据、文件进行测试，并根据测试结果进行评价和鉴定。进行实质性测试须依赖于符合性测试的结果，如果符合性测试结果得出的审计风险偏高，而且委托人有利用会计电算化系统进行舞弊的动机与可能，并且委托人又不能提供完整的会计文字资料，此时审计人员应考虑对会计报表发表保留意见或拒绝表示意见的审计报告。进行实质性测试时，可采用通过计算机和利用计算机进行审计的方法，具体包括以下两种方法：

（1）测试数据法，就是将测试数据或模拟数据分别由审计人员进行手工核算和被审计单位电算化系统处理，比较处理结果，作出评价；

（2）受控处理法，就是选择被审计单位一定时期（最好是12月）实际业务的数据，分别由审计人员和会计电算化系统同时处理，比较结果，作出评价。

利用辅助审计软件直接审查会计电算化系统的数据。审计人员可利用通用或专用审计软件直接在会计电算化系统下进行数据转换、数据查询、抽样审计、查账、账务分析等测试，得出结论，作出评价。

（三）审计结论和执行阶段

审计人员对会计电算化系统进行符合性测试和实质性测试后，整理审计工作底稿、编制审计报告时，除对被审计单位报表的合理性、公允性、一贯性发表意见，作出审计结论外，还要对被审计单位的会计电算化系统的处理功能和内部控制进行评价，并提出改进意见。

审计报告完成后，先要征求被审计单位的意见，并报送审计机关和有关部门。审计报告一经审定，所作的审计结论和决定需通知并监督被审计单位执行。

（四）异议和复审阶段

被审计单位对审计结论和决定若有异议，可提出复审要求，审计部门可组织复审并作出复审结论和决定。特别是当被审计单位的会计电算化系统有了新的改进时，还需组织后续审计。

二、电算化会计条件下的审计内容

电算化会计系统与手工会计系统不同，它是由会计数据体系、计算机硬件和软件以及系统工作和维护人员组成的，所以电算化会计的审计内容与手工会计系统存在较大的差别。电算化会计条件下的审计内容主要包括以下几项：

（一）会计系统程序审计

对会计（电算化）系统程序的审计，也可称为对会计电算化系统处理和控制功能的审计。会计电算化系统的核心就是会计软件，会计软件程序质量的高低，直接决定会计电算化系统整体水平的高低，在这部分主要审计会计软件程序对数据进行处理和控制的及时性、正确性和可靠性，以及程序的纠错能力和容错能力。会计系统程序的审计可通过计算机审计的方法及利用计算机辅助审计中的数据转换功能的方法来完成。

（二）会计系统内控审计

对会计（电算化）系统内部控制的审计，一方面是企业的内部控制能在多大程度上确保会计电算化系统中会计记录的正确性和可靠性，如输入、输出的授权控制，业务处理的审核等。另一方面是内部控制的有效执行能在多大程度上保护资产的完整性，通过以上两方面的评价，可以判断企业内部控制系统能在何种程度上防止或发现会计报表中的错误及经营过程的舞弊。

（三）会计数据审计

对会计电算化系统的处理对象即会计数据的审计，主要审计会计数据处理的真实性、正确性、可靠性，这直接影响到会计结果的真实性、正确性和可靠性，所以这一部分的审计是至关重要的，审计人员可采用抽查原始凭证与机内凭证相对比，抽查打印日记账和机内日记账相核对等方法，同时也可采用利用计算机辅助审计软件的功能来完成审计，从而降低审计风险。

第四节 审计信息化的审计目标

审计信息化的审计目标，可分为总体审计目标和具体审计目标。总体审计目标是指审计人员为完成整体审计工作而达到的预期目的。具体审计目标是指审计人员通过实施审计程序以确定管理层在财务报表中确认的各类交易、账户余额、披露层次认定是否恰当。审计人员在了解每个项目的认定后，就很容易确定每个项目的具体目标。

一、总体审计目标

总体审计目标是通过一系列审查和评估活动，确保财务报表的真实性和准确性，发现潜在的错误和欺诈行为，评估内部控制的有效性，并向利益相关方提供审计意见和建议。具体来说，有以下几点：

（一）确保财务报表真实准确

审计的首要目标是确认财务报表中的数据是否真实、准确地反映了被审计单位的财务状况、经营成果和现金流量。

（二）发现潜在错误和欺诈

审计旨在检测和预防潜在的错误和欺诈行为，通过风险评估和内部控制评价来确定被审计单位是否存在重大错误和欺诈风险。

（三）评估内部控制有效性

审计还关注被审计单位的内部控制体系是否有效，能否保护资产、确保财务报表的准确性，并确保业务活动的合规性。

（四）提供审计意见和建议

审计的最终目的是向利益相关方提供审计报告和建议，帮助他们了解被审计单位的财务状况和经营情况，并作出相应的决策。

二、认定

认定与具体审计目标密切相关，审计人员的基本职责就是确定被审计单位管理层对财务报表的认定是否恰当。审计人员了解认定，就是要确定每个项目的具体审计目标。

（一）认定的含义

认定，是指管理层在财务报表中作出的明确或隐含的表达，审计人员将其用于考虑可能发生的不同类型的潜在错报。通过考虑可能发生的不同类型的潜在错报，审计人员运用认定评估风险，并据此设计审计程序以应对评估的风险。

当管理层声明财务报表已按照适用的财务报告编制基础编制，在所有重大方面作出公允反映时，就意味着管理层对各类交易和事项、账户余额以及披露的确认、计量和列报作出了认定。

管理层在财务报表上的认定有些是明确表达的，有些则是隐含表达的。例如，管理层在资产负债表中列报存货及其金额，意味着作出下列明确的认定：

(1) 记录的存货是存在的；
(2) 存货以恰当的金额包括在财务报表中，与之相关的计价或分摊调整已恰当记录。

同时，管理层也作出下列隐含的认定：

(1) 所有应当记录的存货均已记录；

（2）记录的存货都由被审计单位所有。

对于管理层对财务报表各组成要素作出的认定，审计人员的审计工作就是要确定管理层的认定是否恰当。

（二）关于审计期间各类交易、事项及相关披露的认定

关于审计期间各类交易、事项及相关披露的认定通常分为下列几类：

1. 发生

记录或披露的交易和事项已发生，且这些交易和事项与被审计单位有关。

2. 完整性

所有应当记录的交易和事项均已记录，所有应当包括在财务报表中的相关披露均已包括。

3. 准确性

与交易和事项有关的金额及其他数据已恰当记录，相关披露已得到恰当计量和描述。

4. 截止

交易和事项已记录于正确的会计期间。

5. 分类

交易和事项已记录于恰当的账户。

6. 列报

交易和事项已被恰当地汇总或分解且表述清楚，相关披露在适用的财务报告编制基础下是相关的、可理解的。

（三）关于期末账户余额及相关披露的认定

关于期末账户余额及相关披露的认定通常分为下列几类：

1. 存在

记录的资产、负债和所有者权益是存在的。

2. 权利和义务

记录的资产由被审计单位拥有或控制，记录的负债是被审计单位应当履行的偿还义务。

3. 完整性

所有应当记录的资产、负债和所有者权益均已记录，所有应当包括在财务报表中的相关披露均已包括。

4. 准确性、计价和分摊

资产、负债和所有者权益以恰当的金额包括在财务报表中，与之相关的计价或分摊调整已恰当记录，相关披露已得到恰当计量和描述。

5. 分类

资产、负债和所有者权益已记录于恰当的账户。

6. 列报

资产、负债和所有者权益已被恰当地汇总或分解且表述清楚，相关披露在适用的财务报告编制基础下是相关的、可理解的。

审计人员可以按照上述分类运用认定，也可按其他方式表述认定，但应涵盖上述所有方面。例如，审计人员可以选择将关于各类交易、事项及相关披露的认定与关于账户余额及相关披露的认定综合运用。又如，当发生和完整性认定包含了对交易是否记录于正确会计期间的恰当考虑时，就可能不存在与交易和事项截止相关的单独认定。

三、具体审计目标

审计人员了解认定后，就很容易确定每个项目的具体审计目标，并以此作为评估重大错报风险以及设计和实施进一步审计程序的基础。

（一）与审计期间各类交易、事项及相关披露相关的审计目标

1. 发生

由发生认定推导的审计目标是确认已记录的交易是真实的。例如，如果没有发生销售交易，但在销售日记账中记录了一笔销售，则违反了该目标。

发生认定所要解决的问题是管理层是否把那些不曾发生的项目列入财务报表，它主要与财务报表组成要素的高估有关。

2. 完整性

由完整性认定推导的审计目标是确认已发生的交易确实已经记录。例如，如果发生了销售交易，但没有在销售明细账和总账中记录，则违反了该目标。

发生和完整性两者强调的是相反的关注点。发生目标针对多记、虚构交易（高估），而完整性目标则针对漏记交易（低估）。

3. 准确性

由准确性认定推导出的审计目标是确认已记录的交易是按正确金额反映的。例如，如果在销售交易中，发出商品的数量与账单上的数量不符，或是开账单时使用了错误的销售价格，或是账单中的乘积或加总有误，或是在销售明细账中记录了错误的金额，则违反了该目标。

准确性与发生、完整性之间存在区别。例如，若已记录的销售交易是不应当记录的（如发出的商品是寄销商品），则即使发票金额是准确计算的，仍违反了发生目标。再如，若已入账的销售交易是对正确发出商品的记录，但金额计算错误，则违反了准确性目标，没有违反发生目标。在完整性与准确性之间也存在同样的关系。

4. 截止

由截止认定推导出的审计目标是确认接近于资产负债表日的交易记录于恰当的期间。例如，如果本期交易推到下期，或下期交易提到本期，均违反了截止目标。

5. 分类

由分类认定推导出的审计目标是确认被审计单位记录的交易经过适当分类。例如，如

果将出售经营性固定资产所得的收入记录为营业收入，则导致交易分类的错误，违反了分类的目标。

6. 列报

由列报认定推导出的审计目标是确认被审计单位的交易和事项已被恰当地汇总或分解且表述清楚，相关披露在适用的财务报告编制基础下是相关的、可理解的。

（二）与期末账户余额及相关披露相关的审计目标

1. 存在

由存在认定推导的审计目标是确认记录的金额确实存在。例如，如果不存在某顾客的应收账款，在应收账款明细表中却列入了对该顾客的应收账款，则违反了存在目标。

2. 权利和义务

由权利和义务认定推导的审计目标是确认资产归属于被审计单位，负债属于被审计单位的义务。例如，将他人寄售商品列入被审计单位的存货中，违反了权利目标；将不属于被审计单位的债务记入账内，违反了义务目标。

3. 完整性

由完整性认定推导的审计目标是确认已存在的金额均已记录。例如，如果存在某顾客的应收账款，而应收账款明细表中却没有列入，则违反了完整性目标。

4. 准确性、计价和分摊

资产、负债和所有者权益以恰当的金额包括在财务报表中，与之相关的计价或分摊调整已恰当记录。

5. 分类

资产、负债和所有者权益已记录于恰当的账户。

6. 列报

资产、负债和所有者权益已被恰当地汇总或分解且表述清楚，相关披露在适用的财务报告编制基础下是相关的、可理解的。

通过上面介绍可知，认定是确定具体审计目标的基础。审计人员通常将认定转化为能够通过审计程序予以实现的审计目标。针对财务报表每一项目所表现出的各项认定，注册会计师相应地确定一项或多项审计目标，然后通过执行一系列审计程序获取充分、适当的审计证据以实现审计目标。认定、审计目标和审计程序之间的关系（举例）如表1-1所示。

表1-1 认定、审计目标和审计程序之间的关系（举例）

认定	审计目标	审计程序
存在	资产负债表列示的存货存在	实施存货监盘程序
完整性	销售收入包括了所有已发货的交易	检查发货单和销售发票的编号以及销售明细账

续表

认定	审计目标	审计程序
准确性、计价和分摊	应收账款反映的销售业务是否基于正确的价格和数量，计算是否准确	比较价格清单与发票上的价格、发货单与销售订购单上的数量是否一致，重新计算发票上的金额
截止	销售业务记录在恰当的期间	比较上一年度最后几天和下一年度最初几天的发货单日期与记账日期
权利和义务	资产负债表中的固定资产确实为公司所有	查阅所有权证书、购货合同、结算单和保险单
计价和分摊	以净值记录应收款项	检查应收账款账龄分析表、评估计提的坏账准备是否充足

第五节　审计信息化审计的基本要求

在审计信息化环境下实施审计必须满足下列基本要求：

一、遵守审计准则

审计准则是衡量审计人员执行财务报表审计业务的权威性标准，涵盖从接受业务委托到出具审计报告的整个过程，审计人员在执业审计过程中应当遵守审计准则的要求。

二、遵守职业道德守则

审计人员受到与财务报表审计相关的职业道德要求（包括与独立性相关的要求）的约束。

相关的职业道德要求通常是指审计人员职业道德守则（以下简称职业道德守则）中与财务报表审计相关的规定。根据职业道德守则，审计人员应当遵循的基本原则包括以下几项：

（1）诚信；
（2）独立性；
（3）客观和公正；
（4）专业胜任能力和勤勉尽责；
（5）保密；
（6）良好的职业行为。

三、保持职业怀疑

在计划和实施审计工作时，审计人员应当保持职业怀疑，认识到可能存在导致财务报表发生重大错报的情形。职业怀疑，是指审计人员执行审计业务的一种态度，包括采取质疑的思维方式，对可能表明由于舞弊或错误导致错报的情况保持警觉，以及对审计证据进行审慎评价。职业怀疑应当从下列几个方面理解：

(一) 职业怀疑在本质上要求秉持一种质疑的理念

这种理念促使审计人员在考虑获取的相关信息和得出结论时采取质疑的思维方式。在这种理念下，审计人员应当具有批判和质疑的精神，摒弃"存在即合理"的逻辑思维，寻求事物的真实情况。同时，职业怀疑与客观和公正、独立性两项基本职业道德守则密切相关。保持独立性可以增强审计人员在审计中保持客观和公正以及职业怀疑的能力。

(二) 职业怀疑要求对引起疑虑的情形保持警觉

这些情形包括但不限于以下几项：
(1) 相互矛盾的审计证据；
(2) 引起对文件记录、对询问的答复的可靠性产生怀疑的信息；
(3) 表明可能存在舞弊的情况；
(4) 表明需要实施除审计准则规定外的其他审计程序的情形。

(三) 职业怀疑要求审慎评价审计证据

审计证据包括支持和印证管理层认定的信息，也包括与管理层认定相互矛盾的信息。审慎评价审计证据是指质疑相互矛盾的审计证据的可靠性。在怀疑信息的可靠性或存在舞弊迹象时（例如，在审计过程中识别出的情况使注册会计师认为文件可能是伪造的或文件中的某些信息已被篡改），审计人员需要作出进一步调查，并确定需要修改哪些审计程序或实施哪些追加的审计程序。应当指出的是，虽然审计人员需要在审计成本与信息的可靠性之间进行权衡，但是，审计中的困难、时间或成本等事项本身，不能作为省略不可替代的审计程序或满足于说服力不足的审计证据的理由。

(四) 职业怀疑要求客观评价管理层和治理层

由于管理层和治理层为实现预期利润或趋势结果而承受内部或外部压力，即使以前正直、诚信的管理层和治理层也可能发生变化。因此，审计人员不应依赖以往对管理层和治理层诚信形成的判断。即使审计人员认为管理层和治理层是正直、诚实的，也不能降低保持职业怀疑的要求，不允许在获取合理保证的过程中满足于说服力不足的审计证据。

职业怀疑是审计人员综合技能不可或缺的一部分，是保证审计质量的关键要素。保持职业怀疑有助于审计人员恰当运用职业判断，提高审计程序设计及执行的有效性，降低审计风险。在审计过程中，保持职业怀疑有以下几个作用：

(1) 在识别和评估重大错报风险时，保持职业怀疑有助于审计人员设计恰当的风险评估程序，有针对性地了解被审计单位及其环境；有助于审计人员对引起疑虑的情形保持警觉，充分考虑错报发生的可能性和重大程度，有效识别和评估重大错报风险。

(2) 在设计和实施进一步审计程序以应对重大错报风险时，保持职业怀疑有助于审计人员针对评估出的重大错报风险，恰当设计进一步审计程序的性质、时间安排和范围，降低选取不适当的审计程序的风险；有助于审计人员对已获取的审计证据表明可能存在未识别的重大错报风险的情形保持警觉，并作出进一步调查。

(3) 在评价审计证据时，保持职业怀疑有助于审计人员评价是否已获取充分、适当的审计证据以及是否还需执行更多的工作；有助于审计人员审慎评价审计证据，纠正仅获取最容易获取的审计证据，忽视存在相互矛盾的审计证据的偏向。

此外，保持职业怀疑对审计人员发现舞弊、防止审计失败至关重要。原因是舞弊可能是精心策划、蓄意实施并予以隐瞒的，只有保持充分的职业怀疑，审计人员才能对舞弊风险因素保持警觉，进而有效地评估舞弊导致的重大错报风险。保持职业怀疑，有助于审计人员认识到存在由于舞弊导致的重大错报的可能性，不会受到以前对管理层、治理层正直和诚信形成的判断的影响；使审计人员对获取的信息和审计证据是否表明可能存在由于舞弊导致的重大错报风险始终保持警惕；使审计人员在认为文件可能是伪造的或文件中的某些条款可能已被篡改时，作出进一步调查。

四、合理运用职业判断

职业判断，是指在审计准则、财务报告编制基础和职业道德要求的框架下，审计人员综合运用相关知识、技能和经验，作出适合审计业务具体情况、有根据的行动决策。

（一）职业判断是审计人员行业的精髓

从本质上讲，无论是财务报表的编制，还是注册会计师审计，都是由一系列判断行为构成的。职业判断对于适当地执行审计工作是必不可少的，如果没有运用职业判断将相关知识和经验灵活运用于具体事实和情况，仅靠机械地执行审计程序，注册会计师无法理解审计准则、财务报告编制基础和相关职业道德要求，难以在整个审计过程中作出有依据的决策。

（二）职业判断涉及审计人员执业的各个环节

一方面，职业判断贯穿于审计人员执业的始终，从决定是否接受业务委托，到出具业务报告，审计人员都需要作出职业判断；另一方面，职业判断涉及审计人员执业中的各类决策，包括与具体会计处理相关的决策、与审计程序相关的决策，以及与遵守职业道德要求相关的决策。

（三）职业判断对于作出决策尤为重要

职业判断对于作出下列决策尤为重要：

（1）确定重要性，识别和评估重大错报风险；

（2）为满足审计准则的要求和收集审计证据的需要，确定所需实施的审计程序的性质、时间安排和范围；

（3）为实现审计准则规定的目标和审计人员的总体目标，评价是否已获取充分、适当的审计证据以及是否还需执行更多的工作；

（4）评价管理层在运用适用的财务报告编制基础时作出的判断；

（5）根据已获取的审计证据得出结论，如评价管理层在编制财务报表时作出的会计估计的合理性；

（6）运用职业道德识别、评估和应对影响职业道德基本原则的不利因素。

（四）审计人员职业判断的决策过程分为 5 个步骤

审计人员职业判断需要在相关法律法规、职业标准的框架下作出，并以具体事实和情况为依据。如果有关决策不被该业务的具体事实和情况所支持或者缺乏充分、适当的审计证据，职业判断并不能作为不恰当决策的理由。审计人员职业判断的决策过程通常可划分为下列 5 个步骤：

（1）确定职业判断的问题和目标；

(2) 收集和评价相关信息；
(3) 识别可能采取的解决方案；
(4) 评价可供选择的方案；
(5) 得出职业判断结论并作出书面记录。

（五）职业判断能力是审计人员胜任能力的核心

审计人员是职业判断的主体，职业判断能力是审计人员胜任能力的核心。

1. 审计人员具有下列特征可能有助于提高职业判断质量

(1) 丰富的知识、经验和良好的专业技能；
(2) 独立、客观和公正；
(3) 保持适当的职业怀疑。

2. 衡量职业判断的质量可以基于下列三个方面

(1) 准确性或意见一致性，即职业判断结论与特定标准或客观事实的相符程度，或者不同职业判断主体针对同一职业判断问题所作判断彼此认同的程度。

(2) 决策一贯性和稳定性，即同一审计人员针对同一项目的不同判断问题，所作出的判断之间是否符合应有的内在逻辑，以及同一审计人员针对相同的职业判断问题，在不同时点所作出的判断是否结论相同或相似。

(3) 可辩护性，即审计人员是否能够证明自己的工作。通常，理由的充分性、思维的逻辑性和程序的合规性是可辩护性的基础。

3. 审计人员需要对职业判断作出适当的书面记录

对下列事项进行书面记录，有利于提高职业判断的可辩护性：
(1) 对职业判断问题和目标的描述；
(2) 解决职业判断相关问题的思路；
(3) 收集到的相关信息；
(4) 得出的结论以及得出结论的理由；
(5) 就决策结论与被审计单位进行沟通的方式和时间。为此，审计准则要求审计人员编制的审计工作底稿，应当使未曾接触该项审计工作的有经验的专业人士了解在对重大事项得出结论时作出的重大职业判断。

复习思考题

1. 审计的基本概念是什么？
2. 审计有哪些基本职能？
3. 什么是审计主体？审计主体包括哪几类？
4. 审计依据有哪些？
5. 审计方法经历了哪些阶段的演进？
6. 什么是审计信息化？为什么需要推广审计信息化？
7. 电算化会计条件下的审计程序包括哪些阶段？

8. 电算化会计条件下的审计内容主要包括哪些？
9. 审计信息化审计目标包括哪些方面？
10. 在审计信息化环境下实施审计需要满足哪些基本要求？

参考答案

第二章 用友 CPAS 审计信息系统概述

学习导航

- **用友 CPAS 审计信息系统概述**
  - **用友 CPAS 审计信息系统简介**
    - 用友 CPAS 审计信息系统的特征：组件化开发与应用、高效的数据服务体系、联机和离线建项、风险导向审计、底稿在线复核、智能云同步和兼容性、实用性和开放性
    - 用友 CPAS 审计管理系统的主要功能：客户管理、项目管理、档案管理、独立性管理、知识库管理、模板管理和系统管理
    - 用友 CPAS 审计作业系统的主要功能：项目管理子系统、数据准备子系统、查账子系统、审计工具子系统、报表子系统、底稿子系统、知识库子系统和报告子系统
  - **CPAS 审计系统准备**
    - 安装环境 — 内存容量与操作系统 — 数据库与办公软件
    - 管理系统安装 — 输入安装地址 — 用户名和密码
    - 作业系统安装 — 配置安装环境 — 运行安装包 — 初始化设置
  - **用友 CPAS 系统审计实务处理流程**
    - 系统初始化与设置
    - 数据采集与转换 — 自动或手动采集、数据转换处理
    - 审计计划和风险识别 — 了解初步业务工作、了解与评价内控、识别舞弊导致的风险、确定重要性水平
    - 审计策略和风险评估 — 重大错报风险评估、评估报表层次和认定层次风险、控制测试、设计审计程序与编制总体审计策略
    - 执行实质性审计 — 执行控制测试，利用审计工具对各项资产、负债和损益等执行实质性审计，执行其他事项程序
    - 结论和复核 — 编制审计差异汇总表和内控缺陷汇总表、编制关键审计事项和控制例外事项汇总表、审定财务报表、审计事项总体复核与批准
    - 报告与存档

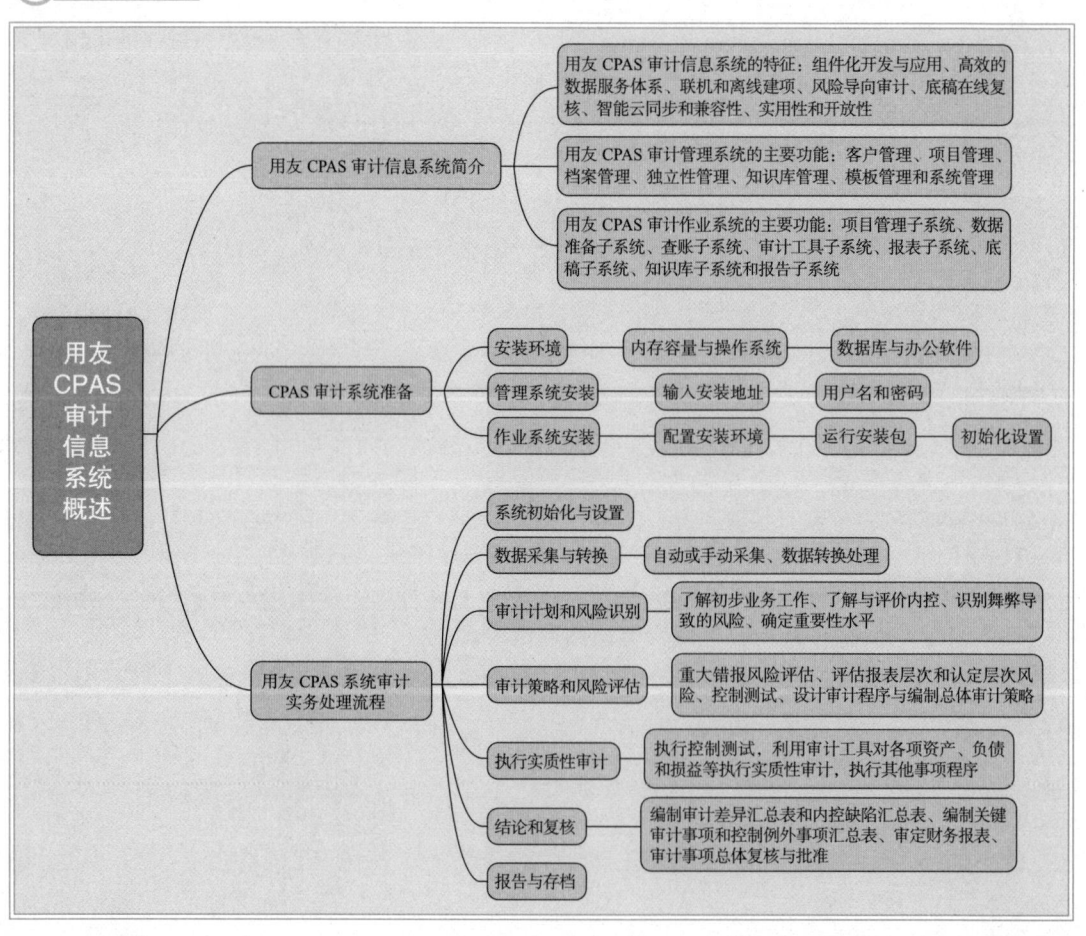

学习目的及要求

1. 了解用友 CPAS 审计信息系统的主要功能。
2. 掌握如何准备和安装用友 CPAS 审计信息系统。
3. 理解信息化审计实务处理流程包括系统初始化与设置、数据采集与转换、计划及风险识别、策略和风险评估、执行实质性审计、结论和复核、报告与存档等步骤。

导读案例

康美药业财务造假案例分析

一、事件概述

2018年12月28日，康美药业收到中国证监会的调查通知书。2019年4月30日，康美药业发布《关于前期会计差错更正的公告》，承认2018年之前存在账实不符的情况，并对2017年财务报表进行重述。重述结果显示，康美药业在应收账款、存货、在建工程、货币资金等方面存在重大错误，导致数据严重失真。具体错误包括虚增营业收入、虚减销售费用和财务费用，以及现金流量表项目的多计和少计。

二、受到中国证监会的行政处罚

2019年8月16日，康美药业及相关当事人收到证监会的《行政处罚及市场禁入事先告知书》。经查，康美药业在2016年至2018年的年度报告中存在虚假记载，虚增营业收入、利息收入、营业利润和货币资金。康美药业还存在未按规定披露控股股东及其关联方非经营性占用资金的关联交易情况的重大遗漏。最终，康美药业被处以60万元罚款，直接责任人马兴田、许冬瑾等被处以90万元罚款，并被终身证券市场禁入。

三、正中珠江会计师事务所因审计失败受罚

正中珠江会计师事务所（以下简称正中珠江）长期为康美药业提供审计服务，因财务舞弊案受到社会广泛关注。中国证监会对正中珠江作出行政处罚，没收业务收入1 425万元，并处以4 275万元罚款。正中珠江被列为康美药业证券虚假陈述责任纠纷案的追加被告，面临巨额诉讼赔偿。正中珠江在2016年年报审计中存在的违法事实包括未能有效应对货币资金的舞弊风险、未从银行直接获取银行对账单，以及未对银行账户函证过程保持有效控制。正中珠江在2017年年报审计中存在的违法事实包括未直接从银行获取银行账户流水资料、未对回函路径进行有效核对，以及未关注明显异常或相互矛盾的审计证据。

四、康美药业财务报表存在重大错报风险的迹象

正中珠江认定康美药业公司整体层面的风险等级为中等，货币资金和营业收入存在舞弊风险。康美药业的存货问题严重，尤其是库存商品、消耗性生物资产、开发成本和开发产品，存在囤积过多、价值不稳定和变现困难等问题。存货中的消耗性生物资产主要是自行种植的人参、林下参等，但损耗率高，价值受多种因素影响。开发产品和开发成本主要涉及中药材交易中心项目，但销售情况不佳，占用大量现金流。

五、康美药业现金流量结构分析

2016年至2018年，康美药业筹资活动的现金流量净额远超经营活动的现金流量净额，显示公司有较大的筹资需求。2016年和2017年，经营活动的现金流量基本能满足投资需求，但2018年经营活动现金净流量为负数，无法满足投资活动的现金需求。

六、康美药业股权结构与财务舞弊的关系

康美药业股权高度集中，大股东康美实业有限公司及其背后的马兴田夫妇合计持有公司 34.88% 的股份。马兴田夫妇还控制着其他前十大股东，从而对康美药业拥有绝对的控制权。股权过于集中为马兴田夫妇实施财务舞弊提供了便利条件。

康美药业财务造假事件

通过分析康美药业财务造假案的判决结果以及上市公司董事、监事、高管和注册会计师各自承担的法律责任，教导学生爱岗敬业，强化职业责任，树立法制意识。

第一节 用友 CPAS 审计信息系统简介

用友 CPAS 审计信息系统是用友与中注协联合研发并评审通过的审计信息系统，是实现管理和作业一体化互联互通的审计信息系统，是以风险导向审计理念为核心的审计信息系统。

一、用友 CPAS 审计信息系统的特征

（一）组件化开发与应用

用友 CPAS 审计信息系统业务模块划分清晰，模块之间松耦合设计，维护简单，各模块可单独使用。其主要包括项目管理子模块、数据准备子模块、查账子模块、报表子模块、风险导向审计子模块、底稿子模块、知识库子模块、报告子模块。

（二）高效的数据服务体系

用友 CPAS 审计信息系统具有高效的数据服务体系，大大提高了审计工作效率。数据采集支持市面上 307 种财务软件 476 个版本的自动采集；针对国外大型 ERP（企业资源规划）系统提供专用采集工具；保密单位或无法提供电子数据的被审计单位，可通过导入 Excel 表采集基础会计信息；采集过来的数据通过梳理，一键即可完成多年数据的转换；审计人员的核数工作可通过系统内置的检验程序自动完成逻辑校验。

（三）联机和离线建项

用友 CPAS 审计信息系统适用于灵活多变的审计工作场景，单机建项、联机建项自由选择，灵活切换。会计师事务所可能通过不同的承接方式承接各类审计业务，如连续承接审计和首次承接审计，集团项目和单体项目，主审事务所、协审单位等在系统中均可处理相关项目。为了保证审计工作的顺利开展，用友 CPAS 审计信息系统既支持单机建项，也支持联机建项。在实施联机建项审计时，相关信息自动同步，连续审计时上次审计成果也可再次利用；分子公司、部门账的单机模式或项目转换后也可自动上传等。

（四）风险导向审计

用友 CPAS 审计信息系统采用的是风险导向审计模式，通过 4 大审计阶段、29 大审计步骤完成审计。其步骤细分、思路清晰、逻辑严谨的风险导向审计模式，可帮助审计人员逐步完成审计任务。

（五）底稿在线复核

用友 CPAS 审计信息系统采用 BS 与 CS 相结合的底稿复核方式，从作业系统编制和提交、管理系统复核到现场完成的审计工作成果，现场负责人、质控人和合伙人都能够实时获得项目实施进度。将原来的末端控制转变为过程控制或事前监控。在线复核轨迹可追踪、可查询，能及时进行项目督导。

（六）智能云同步和兼容性

用友 CPAS 审计信息系统不仅智能云同步，保持云端数据和终端数据的一致性，而且从业务承接、员工调配、资源耗用、项目实施进度、项目质量控制等都能全过程实时监控。系统根据用户的操作自动判断冲突、差异，在联网状态下自动上传。当出现终端与云端不一致的现象时，系统会自动提示，用户可根据需要下载或更新文档。用友 CPAS 审计信息系统双向存储数据，更加安全可靠。

用友 CPAS 审计信息系统还兼容 Office 2007、Office 2010、Office 2016、Office 2019 等多个版本，即时通信、协同办公，可自动创建项目讨论组，支持文字交流、图片、文件传输，项目组可随时分享数据。

（七）实用性和开放性

审计工作是一项专业服务，模板化产品化并不能完全覆盖各行业审计业务的特性。审计系统从实用性角度考虑，将后台的模板维护、资源管理等系统级设置，开放成 Windows 资源模式，审计人员可以根据已有的资源体系搭建私有模板和知识库。

二、用友 CPAS 审计管理系统的主要功能

用友 CPAS 审计管理系统是一个综合性的业务管理平台，旨在为审计机关内部提供一个协同工作及通信的机制，并构建支撑审计业务的基础资源数据库，以加强审计业务的决策、组织、指导和管理。用友 CPAS 审计管理系统的主要功能有客户管理、项目管理、档案管理、独立性管理、知识库管理、模板管理和系统管理等。

（一）客户管理

此功能包含对审计业务客户从接洽到签约的全过程管理，有助于从承接项目的早期开始有效控制审计风险。

（二）项目管理

此功能包含业务约定书的签订、项目的建立与维护、质量控制与质量复核等，符合审计准则的相关要求，能有效控制会计师事务所的业务质量。

（三）档案管理

此功能对复核通过的项目底稿及相关电子信息归档管理，并提供已归档档案的查询以及"撤销归档"。

（四）独立性管理

此功能包含独立性声明的发起与签署、禁投名单的发起与签收以及审计项目的独立性管理等，有助于控制审计风险。

（五）知识库管理

此功能包含法律法规库、风险控制库、审计案例库、审计程序库和审计提示库等具有指导性的信息，对审计业务的开展具有监督、指导作用。

（六）模板管理

此功能包含对不同业务审计工作底稿、试算平衡表的建立和维护，主要有底稿模板、重要性水平模板、询证函模板、审计类型模板、报告模板、报表附注项目注释模板、试算平衡表模板等。

（七）系统管理

此功能包含对会计师事务所组织机构的设置、角色权限等的管理，为审计业务的有效开展提供有力保障。

三、用友 CPAS 审计作业系统的主要功能

用友 CPAS 审计作业系统不仅落地了风险导向审计，还满足了内外部监管，提升了核心竞争力，该系统主要有以下功能：

（一）项目管理子系统

管理项目子系统支持创建联机项目、单机项目、单机项目转联机项目、项目导出与导入和在线升级。

（二）数据准备子系统

数据准备子系统包括数据采集转换、数据调整与维护等功能；支持采集主流财务软件，如 SAP、Orcale、用友 NC/U8/U9、金蝶 EAS/K3、Cloud/KIS、浪潮 MyGS 等 322 种软件接口，497 个软件版本。

（三）查账子系统

查账子系统有实用丰富的查账、分析工具，查账功能有总账、辅助账、科目余额表、明细账、凭证查询等功能，分析功能有对方科目分析、负值分析、多方挂账分析、趋势分析、科目趋势分析、科目结构分析等。

（四）审计工具子系统

审计工具子系统科学实用的审计工具有抽凭检查、替代测试、账龄分析、折旧重算、函证工具、费用分析、摘要分析、疑点检查、现金流量直算法等。

（五）报表子系统

报表子系统有一键式未审财务报表和审定财务报表处理、智能平衡校验、便捷的账表和审计调整、高效智能的重分类工具。

（六）底稿子系统

底稿子系统有简洁的底稿管理平台，内置底稿模板，有自动化底稿输出工具，Office、WPS 专业版能够与审计软件无缝衔接，快速刷取数据，能够将审计人员从繁杂重复的工作中解放出来。

（七）知识库子系统

知识库子系统有丰富完善的知识库，内置风险矩阵库、审计程序库、财报体系库、底稿库等，通过知识库推荐，实现部分功能自动化执行。

（八）报告子系统

报告子系统能一站式生成审计报告、报表附注，支持披露批量生成，支持披露数据校验。

第二节　CPAS审计系统准备

CPAS审计系统准备是指安装审计信息系统，同步基本数据资料，主要包括系统部署、软件安装、作业端登录，以及初始化、电子档案、系统登录和插件安装等步骤。如果会计师事务所是第一次使用审计信息系统，需要把组织机构、岗位、角色、权限等信息进行划分和录入。系统准备并不是总需要做的，对会计师事务所来说，系统搭建一次即可，后续如有人员、组织机构、模板的变动，都只需要做局部修改即可。而对于审计人员来说，只有在更换新的电脑时才需要重新安装审计系统。

一、安装环境

用友CPAS审计系统的安装环境要求并不高，客户端及单机运行机器推荐配置如表2-1所示。

表2-1　安装环境要求

产品类别	配置参数	备注
内存容量	4G以上	
操作系统	Windows XP/Windows 7、Windows 8以上	Windows XP安装SP3补丁，Windows 7、Windows 8安装32位或64位旗舰版
数据库	MSDE/SQL 2008 Express R2	32位
Office	Office 2007/2010（建议Office 2010）	32位
浏览器	IE浏览器7/8/9/10等	

二、管理系统安装

用友CPAS管理系统部署在会计师事务所总部服务器上，因此管理系统需要在经过部署的浏览器上安装，管理系统安装操作方法如下：

（1）打开IE浏览器，输入安装地址http：/xx.xx.xxx.xxx：7001/UACPA/，单击Enter键确定。

（2）自动安装管理系统，如果有阻拦，请选择为计算机"安装此加载项"。

（3）安装管理系统后，输入用户名和密码，即可登录。初次登录系统，单击"初次使用，请单击此处同步基础信息后再登录"，出现同步表框，勾选"机构人员""角色权限"。同步设置下载完成之后，提示操作成功，表明成功登录。

三、作业系统安装

（一）配置安装环境

用友 CPAS 系统安装之前，建议暂时退出杀毒软件，关闭所有 Office、WPS 文档，删除 WPS 非专业版。

（二）运行安装包

安装软件时需要具备管理员权限，以管理员身份运行系统安装包中的"UFCPAS Setup（CPAS 审计软件专业版）.EXE"进行安装。

（三）初始化设置

安装后需要对 CPAS 系统数据库进行初始化设置，方法如下：

(1) 在 Windows 系统桌面，依次单击"开始"→"程序"→"CPAS 审计信息系统"→"数据库初始化"，启动初始化程序。系统初始化界面如图 2-1 所示。

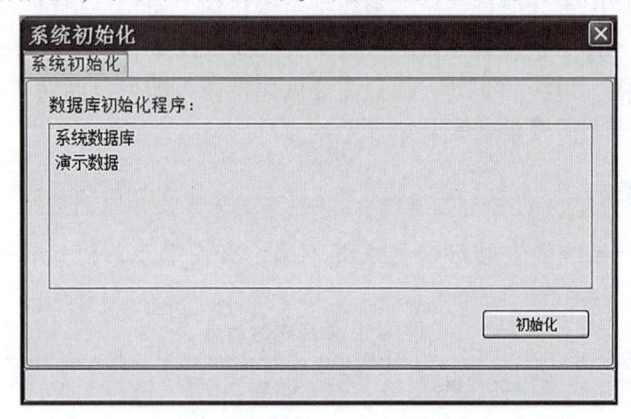

图 2-1　CPAS 系统初始化界面

(2) 单击"初始化"按钮，系统自动完成数据库初始化设置，如图 2-2 所示。

图 2-2　CPAS 系统初始化过程界面

(3) 系统给出提示"系统初始化数据库成功"，如图 2-3 所示，单击"确定"，就可以正常登录 CPAS 系统。

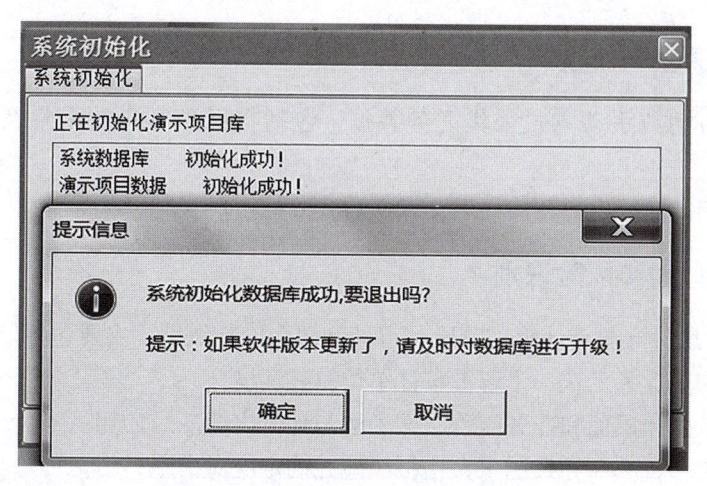

图 2-3　CPAS 系统初始化成功界面

注意：

如果本机之前安装过 SQL Server 数据库，其超级用户"sa"的密码不为空，系统会提示：数据库已被加密，请以数据库系统管理员身份登录。此时，应在图 2-4 所示的对话框中，输入"sa"的密码，单击"确定"按钮。然后在"系统初始化"界面中继续完成初始化。

图 2-4　超级用户"sa"的密码输入界面

为了保障系统安全，当用户试图对已经初始化的系统再次进行初始化时，CPAS 系统会提示：数据库含有业务数据，初始化需要以系统管理员身份登录。此时，应在弹出的对话框中，输入"admin"的密码（密码默认为"admin"），单击"确定"按钮。然后在"系统初始化"界面中继续完成初始化。

第三节　用友 CPAS 系统审计实务处理流程

用友 CPAS 系统审计实务处理流程涉及多个环节，旨在为企业提供高效、系统的审计解决方案。以下是其核心流程：

一、系统初始化与设置

（1）安装软件，进行基础设置，包括登录系统、项目管理等。
（2）开启操作日志记录功能，自定义监控模块及详细程度。

二、数据采集与转换

（1）通过自动或手动方式采集财务数据，包括在财务客户端采集及财务备份数据采集。

（2）对采集的数据进行转换处理，以便后续分析。

三、审计计划和风险识别

用友 CPAS 风险导向审计第一阶段：审计计划和风险识别，主要包括以下流程：

（1）了解初步业务工作，了解被审计单位及其环境。

（2）分别从整体层面和业务流程层面了解与评价内控。

（3）识别由于舞弊而导致的重大错报风险并确定应对措施。

（4）确定重要性水平，识别重大账户和披露以及相关认定。

四、审计策略和风险评估

用友 CPAS 风险导向审计第二阶段：审计策略和风险评估，主要包括以下流程：

（1）重大错报风险评估：识别重大交易类别和重大披露流程。

（2）评估报表层次和认定层次的风险。

（3）控制测试：执行穿行测试，了解交易流程和可能出错项及控制。

（4）设计审计程序，编制总体审计策略。

五、执行实质性审计

用友 CPAS 风险导向审计第三阶段：进一步执行审计程序，即执行实质性审计主要包括以下流程：

（1）执行控制测试。

（2）利用科目余额表、辅助账等查证分析方法，抽凭检查、函证等审计工具对各项资产、负债、损益执行实质性审计程序。

（3）执行其他事项程序。

六、结论和复核

用友 CPAS 风险导向审计第四阶段：审计结论和报告主要包括以下流程：

（1）编制审计差异汇总表和内控缺陷汇总表。

（2）编制关键审计事项和控制例外事项汇总表。

（3）审定财务报表，编制审计总结。

（4）审计事项总体复核与批准。

七、报告与存档

（1）生成审计报告，包括底稿管理、疑点管理、成果统计等。

（2）在档案管理系统对审计工作底稿进行归档处理。

用友 CPAS 系统通过这些审计实务处理流程，为企业提供全面、系统的审计支持，帮助企业降低风险、确保合规性，并提高经营效率和管理水平。

> **【实务案例要求】**
> 按照风险导向审计模式对企业年度财务报表进行审计，为所审计的财务报表是否按照被审计单位适用的财务报告编制基础的规定编制发表审计意见。在这一过程中，学生需要模拟会计师事务所项目组实际场景开展审计工作，单独或综合运用各项审计程序（包括检查记录或文件、检查有形资产、观察、询问、函证、重新计算、重新执行、分析程序），收集审计证据，编制审计工作底稿，并评价审计证据是否充分，独立地进行职业判断，得出恰当的审计结论，形成审计意见，出具审计报告。

复习思考题

1. 用友 CPAS 审计信息系统的主要特点是什么？
2. 什么是风险导向审计？它是如何应用于用友 CPAS 审计信息系统的？
3. 描述一下如何使用"用友 CPAS 审计管理系统的功能"？
4. 对比传统的审计方法和现代化的技术驱动型审计有何异同？

参考答案

实务自测题

一、单选题

1. 在管理系统中的操作会直接保存在（　　）。
   A. 计算机 C 盘　　　　　　　　B. 管理系统服务器
   C. 审计作业系统　　　　　　　D. 以上都有

2. 下列关于登录管理系统的说法，正确的是（　　）。
   A. 只能在绑定加密的计算机登录　　B. 可以在任意计算机登录
   C. 没有加密也可以登录　　　　　　D. 插加密狗即自动登录

3. 要完全删除管理系统，可以（　　）。
   A. 在控制面板卸载程序　　　　　　B. 网页版不需要删除
   C. 直接删除 C 盘 UFCPAS4 文件夹　　D. 使用杀毒软件卸载系统

4. 删除作业系统安装路径形成的 UFCPAS4 文件夹，提示无法删除，应该（　　）。
   A. 暂停数据库服务　　　　　　　　B. 删除数据库
   C. 卸载作业系统　　　　　　　　　D. 删除作业系统的安装路径

二、多选题

1. （　　），安装管理系统时需要启用。

A. 运行 ActiveX 控件和插件
B. 允许运行以前未使用的 ActiveX 控件而不提示
C. ActiveX 控件自动提示
D. 下载已签名的 ActiveX 控件

2. 下列关于管理系统的说法，正确的有（　　）。

A. 管理系统是 B/S 架构　　　　　　B. 登录管理系统需要本机安装客户端
C. 可以通过网页访问管理系统　　　　D. 管理系统操作保存在本地

3. 下列关于安装管理系统与安装作业系统的说法，正确的有（　　）。

A. 都必须安装本地数据库　　　　　　B. 都必须安装本地客户端
C. 都在本地有安装目录　　　　　　　D. 安装后都必须加密授权方可使用

4. 数据准备子系统包括数据采集转换、数据调整与维护等功能，支持采集主流财务数据的软件有（　　）。

A. 用友 NC/U8/U9　　　　　　　　　B. 金蝶 EAS/K3
C. SAP　　　　　　　　　　　　　　D. Orcale

5. 审计工具子系统具有（　　）功能。

A. 抽凭检查　　　　　　　　　　　　B. 替代测试
C. 账龄分析　　　　　　　　　　　　D. 折旧重算

6. 安装用友 CPAS 系统之前，建议（　　）。

A. 暂时退出杀毒软件　　　　　　　　B. 关闭所有 Office、WPS 文档
C. 删除 WPS 非专业版　　　　　　　　D. 运行杀毒软件

三、判断题

1. 作业系统安装分为初次安装和覆盖安装两种方式。（　　）
2. 作业系统容易被杀毒软件拦截，安装过程中必须退出全部的杀毒软件和安全卫士等软件。（　　）
3. CPAS 系统是一个一体化的审计系统，包含管理系统和作业系统两个部分，通过交互的方式完成审计的全部工作。（　　）
4. 数据库维护会清空系统中所有的项目数据。（　　）
5. 通过 E 浏览器输入管理端服务器 P 地址可以登录审计管理系统。（　　）
6. 管理系统更新时必须卸载低版本才可以完成升级。（　　）
7. 要使用审计作业系统，必须先登录管理系统。（　　）
8. 如果服务器管理系统更新版本，本地登录前必须升级更新。（　　）

参考答案

第三章 用友 CPAS 管理系统基础设置

学习导航

```
用友CPAS管理系统基础设置
├── 审计机构人员设置
│   ├── 组织机构
│   │   ├── 会计师事务所的组织形式
│   │   └── 会计师事务所的内部组织机构
│   ├── 审计人员
│   │   ├── 审计人员属于事务所的某个部门或分支机构
│   │   └── 按照角色拥有操作权限
│   └── 角色与权限管理
│       ├── 根据权限对用户进行逻辑分类
│       └── 用户的权限是其所拥有的各种角色权限的集合
├── 客户档案设置
│   ├── 新增客户档案
│   │   ├── 新增第一次合作客户的信息
│   │   └── 新建项目前需新增客户
│   └── 客户档案维护
│       ├── 左边客户树
│       ├── 右边客户详细信息
│       └── 维护特定客户信息
└── 项目管理
    ├── 新建项目
    │   ├── 单机新建项目
    │   ├── 联机新建项目
    │   └── 单机建项转联机建项
    ├── 项目分发
    │   ├── 项目导出
    │   └── 项目导入
    └── 签署独立性声明
        ├── 实质上和形式上的独立性
        └── 审计要求：独立性声明签署
```

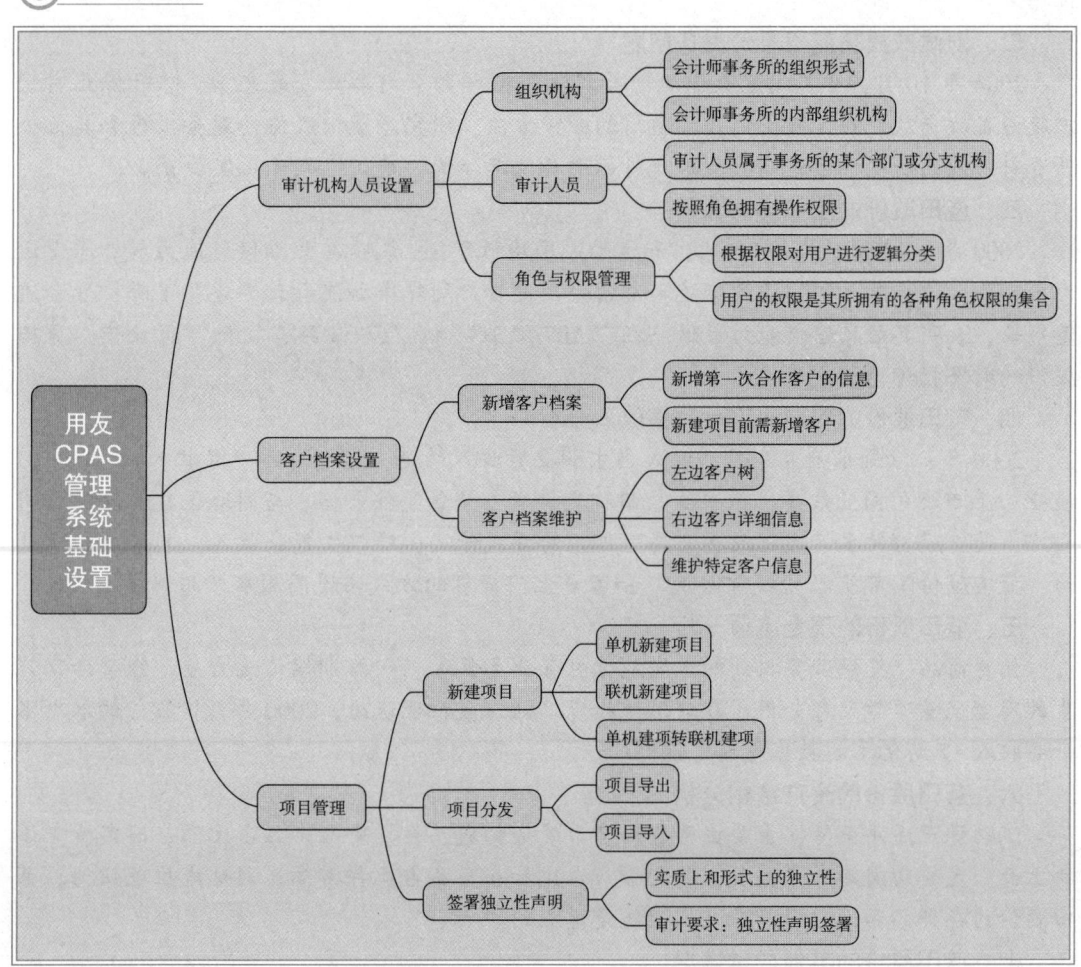

学习目的及要求

1. 了解用友 CPAS 管理系统基础设置包括的主要内容。
2. 掌握审计机构人员设置，包括组织机构、审计人员和角色与权限管理等内容。
3. 掌握客户档案设置，包括新增客户档案和客户档案维护等内容。
4. 掌握新建项目、项目分发和签署独立性声明等内容。

导读案例

蓝田股份造假案例分析

一、蓝田股份的辉煌与质疑

蓝田股份成立于 1996 年，曾被誉为"中国农业第一股"，在鼎盛时期创造了罕见的"蓝田神话"。上市后至 2000 年年末，总资产增长了 10 倍，历年年报的业绩都在每股 0.6 元以上。尽管市场对蓝田股份的业绩一直存在怀疑，但证监会的调查未能查到造假的直接证据。

二、刘姝威揭露蓝田股份财务问题

2001 年 10 月，中央财经大学研究员刘姝威在《金融内参》发表文章，呼吁停止对蓝田股份发放贷款。刘姝威使用国际通用的分析方法，研究了蓝田股份的财务报告和其他公开资料。她的研究推理表明，蓝田股份的财务状况堪忧，建议银行停止发放贷款。

三、蓝田股份的偿债能力分析

2000 年，蓝田股份的流动比率和速动比率均低于 1，表明其短期偿债能力弱。净营运资金为负，意味着无法偿还到期流动负债。固定资产周转率和流动比率逐年下降，现金流量短缺，表明其短期偿债能力最低。在"A07 渔业"和"C0 食品、饮料"行业中，蓝田股份的财务指标均处于最低水平。

四、蓝田股份的农副水产品销售收入分析

2000 年，农副水产品和饮料收入占主营业务收入的绝大部分。水产品收入位于"A07 渔业"上市公司同业最高，但应收款回收期最短，销售条件严格。与同地区其他渔业公司相比，蓝田股份的水产品收入异常高，但销售方式传统，难以支撑高收入。刘姝威推理认为，蓝田股份不可能以"钱货两清"和客户上门提货的方式实现高额水产品销售收入。

五、蓝田股份的现金流量分析

销售商品、提供劳务收到的现金超过主营业务收入，但短期偿债能力差。经营活动产生的现金流量净额大部分用于在建工程投资。刘姝威推理认为，2000 年蓝田股份的农副水产品收入 12.7 亿元的数据可能是虚假的。

六、蓝田股份的资产结构分析

流动资产逐年下降，主要由存货和货币资金构成，存货中在产品占比高。固定资产逐年上升，主要由固定资产构成，固定资产占比和在产品占比异常高。刘姝威推理认为，蓝田股份的在产品和固定资产的数据可能是虚假的。

七、蓝田股份的其他异常情况

产品毛利率异常高，尤其是水饮料的毛利率远超行业平均水平。巨额广告费用支出去

向不明，可能存在虚增利润的嫌疑。职工每月收入极低，与公司业绩和员工学历水平不符。纳税额远低于预期，可能表明实际收入远低于报告收入。

八、蓝田造假案的法律判决

武汉市中级人民法院判决蓝田股份构成虚假陈述，需赔偿投资者损失。华伦会计师事务所因出具无保留意见的审计报告，被判与蓝田股份承担连带责任。这是我国内地首例会计师事务所在虚假陈述证券民事赔偿案中承担连带责任的判决。

九、会计师事务所的责任与辩解

华伦会计师事务所表示，他们要求公司进行资产评估，并依赖专家评估意见。他们认为，对于无法自行认定的问题，已经寻求了专家和评估机构的帮助。华伦会计师事务所将问题归咎于中国的大环境。宋一欣律师认为，会计师事务所的辩解不成立，其不应为五斗米折腰。他指出，蓝田案中的财务造假非常明显，会计师事务所本应能够识别出来。宋一欣律师强调，会计师事务所在审计过程中应保持独立性和专业判断。

蓝田股份造假案例

分析蓝田股份审计案例，观看视频《感动中国2002 刘姝威》，引导学生思考作为一名会计、审计人员，应如何坚持职业操守，做到实话实说。

第一节　审计机构人员设置

一、组织机构

（一）会计师事务所的组织形式

会计师事务所的组织形式主要有以下几种：独资、普通合伙制、有限责任公司制和有限责任合伙制。独资会计师事务所由具有注册会计师执业资格的个人独立开业，承担无限责任；普通合伙制会计师事务所是由两位或两位以上注册会计师组成的合伙组织，合伙人以各自的财产对事务所的债务承担无限连带责任；有限责任公司制会计师事务所由注册会计师认购会计师事务所股份，并以所认购股份对事务所承担有限责任；有限责任合伙制会计师事务所则以全部资产对债务承担有限责任，各合伙人对个人执业行为承担无限责任。

（二）会计师事务所的内部组织机构

会计师事务所的内部组织机构通常包括以下几个部门或职能：

1. 董事会/合伙人

作为最高决策机构，负责制定事务所的战略方向、管理政策，并监督事务所的运营。

2. 客户服务与业务发展部门

负责与现有客户的业务沟通和服务，包括了解客户需求、提供咨询服务和解决问题等，同时也负责寻求新的业务机会和客户，拓展事务所的业务范围。

3. 审计与鉴证部门

主要负责提供独立的审计和鉴证服务，确认财务报表的准确性和合规性。

4. 税务与咨询部门

负责提供税务筹划、申报和可行性分析等税务服务，并为客户提供各种经济和财务咨询。

5. 内部控制与风险管理部门

负责建立和改进事务所的内部控制体系，确保事务所及其客户的财务活动符合法律法规并减少风险。

6. 人力资源和行政部门

负责招聘、培训和绩效管理等人力资源相关事务，同时负责行政管理，包括设施管理、办公物资采购等。

7. 财务和财务管理部门

负责事务所内部的财务管理和会计工作，包括财务报表编制、预算管理、支付和收款等。

用友 CPAS 系统通过组织机构管理功能管理会计师事务所的分所、部门等组织机构信息，以及注册会计师等审计人员信息。审计人员作为 CPAS 系统的用户，隶属于事务所的某个部门或某个分支机构，按照其所属角色拥有相应的操作权限。

组织机构管理的主界面窗口的左边显示该会计师事务所的组织机构树，右边显示相应部门或分支机构所属的审计人员（CPAS 系统的用户）。

系统管理员可以新增、修改、删除、停用事务所的部门或分支机构。但是，如果已经为某部门、分支机构创建了用户，则不能删除或停用该部门或分支机构。

【实务案例】

华光会计师事务所（以下简称华光所）总所具体的部门包括办公室、质量控制监管部、北京分所、上海分所等，具体如表 3-1 所示。这些部门在人事安排、业务发展和执业质量控制方面有相应的组织管理，确保为客户提供最优质的服务。

表 3-1　华光会计师事务所各部门人员信息

组织机构		姓名	职务	角色	备注
总所	办公室	陈明	高级合伙人	用户	
		车冬晴	合伙人	用户	
	质量控制监管部	陈泽思	高级经理	用户	
		成昭彤	经理	用户	
北京分所		俄木呷	助理经理	用户	
		付诗语	高级审计专员	用户	
上海分所		全玉	审计专业	用户	
		许天超	审计助理	用户	

【审计操作】

根据【实务案例】表 3-1 的信息，以系统管理员 admin 的身份完成为华光所创建组织机构的操作。

操作步骤如下：

（1）系统管理员 admin 登录管理端后，依次单击菜单"系统管理→组织机构管理"，打开"组织机构管理"窗口。

（2）在"组织机构管理"窗口中，单击按钮"新增→新增同级"，弹出"组织机构"对话框，在"组织机构"对话框中，输入名称：华光会计师事务所，输入备注：华光所，选择类别：总所，然后单击"确定"按钮，即为华光会计师事务所创建了顶级组织机构。

（3）在"组织机构管理"窗口中，单击组织机构树上华光所的顶级节点（即华光会计师事务所），然后单击按钮"新增→新增下级"，弹出"组织机构"对话框，在"组织机构"对话框中，输入名称：总所，选择类别：总所，然后单击"确定"按钮，即创建了一个总所。同上，创建华光所的下级分所：北京分所、上海分所。

（4）在"组织机构管理"窗口中，单击组织机构树上华光所的二级节点（即总所），然后单击按钮"新增→新增下级"，弹出"组织机构"对话框，在"组织机构"对话框中，输入名称：办公室，选择类别：部门，然后单击"确定"按钮，即创建了一个部门。同上，创建华光所总所的下级部门：质量控制监管部。

二、审计人员

组织机构管理不仅管理事务所的组织机构，更重要的是管理事务所的审计人员。这些审计人员作为 CPAS 系统的"用户"，可以登录并操作 CPAS 系统。

在"组织机构管理"窗口中，单击窗口左边组织机构树上的一个节点，窗口右边会显示相应节点（部门或分所）的所属审计人员（用户）的列表。通过窗口右边的功能按钮，可以增加、修改、删除、查询事务所的审计人员（用户）。

【审计操作】

根据【实务案例】表 3-1 的信息，以系统管理员 admin 的身份完成为华光所增加各组织机构审计人员的操作，即添加用户。

操作步骤如下：

（1）在"组织机构管理"窗口中，展开组织机构树并单击节点"华光会计师事务所→总所→办公室"，然后单击按钮"新增用户"，弹出"用户属性"对话框，在"用户属性"对话框的"属性"页签中，输入用户名及全名：陈明，选择职务：高级合伙人，保持"所属部门"及"角色"的默认值不变（分别为"办公室""用户"），输入登录口令及口令复核："1"，保持"是否停用"的默认值不变（"否"，不勾选），保持"电子签章"与"人力资源信息"页签的初始值不变，然后单击"确定"按钮，即为办公室的高级合伙人陈明创建了相应的用户。同上，创建其他用户。

（2）查看华光所的全部用户。在"组织机构管理"窗口中，单击组织机构树的一级节点"华光会计师事务所"，即可看到华光所全部用户的列表。

三、角色与权限管理

角色是根据权限对用户进行的逻辑分类。每一种角色都有特定的权限，用户的权限是其所拥有的各种角色权限的集合。

在 CPAS 系统中，通过组织机构管理功能创建用户时，需要指定其角色。普通用户的权限主要通过以下两种途径获取：

（1）在用户属性中指定其职务（管理角色）；

（2）在项目管理中通过项目人员分配来指定其项目角色。

【实务案例】

华光所规定职务为高级合伙人、合伙人、高级经理、经理的人员，拥有 CPAS 系统所有可能的管理权限；其他人员拥有 CPAS 作业系统的所有权限。

实现方法是：先创建一个新的角色类型"超级角色"，使之具有所有的管理权限，然后将高级合伙人、合伙人、高级经理、经理这四类角色的角色类型由"管理角色"改为"超级角色"。同理设置一般角色，将其他人员角色类型改为一般角色。

【审计操作】

（1）创建新角色类型。以系统管理员 admin 的身份登录 CPAS 系统管理端，在管理端主界面，依次单击"系统管理→管理角色"，打开"管理角色设置"子窗口，单击"增加"按钮。在"角色类型编辑"对话框中输入角色类型：超级角色，单击"确定"按钮，保存新增的角色类型。

（2）为新角色类型设置权限。在"管理权限设置"窗口的左边，选中新创建的角色类型：超级角色，勾选所有末级功能节点的"编辑"权限。其中，"系统帮助"与"版本信息"两个功能节点除外。单击"保存"按钮，保存管理权限的设置。同理设置一般角色的权限。

（3）修改相关角色的角色类型。在管理端主界面，依次单击"系统管理→管理角色权限→管理角色维护"，打开"管理角色维护"子窗口，选中"高级合伙人"，单击"修改"按钮。在"角色编辑"对话框中，通过下拉列表，重新选择角色类型：超级角色，单击"确定"按钮，返回"管理角色维护"子窗口。

同上，将合伙人、高级经理、经理这三类角色的角色类型由"管理角色"改为"超级角色"。

完成上述操作步骤后，高级合伙人、合伙人、高级经理、经理这四类角色即具有"超级角色"权限。对于华光所而言，陈明、车冬晴、陈泽思、成昭彤的职务分别对应这四类角色，都拥有"超级角色"权限。

第二节　客户档案设置

在 CPAS 系统中，创建审计项目时需要选择客户（被审计单位）的名称。可选的客户名称来自客户档案。客户管理功能用于管理客户档案及客户关系。

在客户树中选择一个节点（客户），可以为该节点创建下级节点或同级节点。建立同级客户，是指新建客户与所选客户的级次相同，业务上可理解为新建客户与所选客户无直接隶属关系。建立下级客户，即新建客户是所选客户的下级单位，如子公司或分公司等。

一、新增客户档案

第一次合作的客户，需要在系统中新增客户信息，新增客户后，需要新建项目，指定参与这个项目的成员后，还要向各位成员确认，保证所有参与成员是具备独立性的，要求他们签署独立性声明。

【实务案例】

表 3-2 的客户是华光所第一次合作的新客户。

表3-2　新客户基本信息

客户名称	经济类型	行业	主营业务	是否上市	所属用户
明康生物	民营企业	医药	医药生产	是	陈明、付诗语
五金机械	民营企业	工业	五金机械	否	车冬晴、俄木呷
五金电子	民营企业	工业	五金电子	否	陈明、全玉

其中，河北明康生物制药股份有限公司（以下简称明康生物）是一家专业从事眼科药物研发、生产及销售的高新技术企业，于 2004 年 6 月 30 日成立，注册资本 7 200 万元，法人代表是王昌林。股权结构如下：

第一大股东是江苏鸿远实业集团有限公司，第二大股东是海南星达投资有限公司，第三大股东是李煜（自然人），第四大股东是王昌林（自然人），第五大股东是北京环辰医药科技有限公司。这些信息在建立独立性时非常重要。该公司主要从事医药制造，主要制造眼科疾病治疗和眼部护理领域产品。公司总部位于河北省石家庄市正定县科技工业园区内，销售网络覆盖全国。公司以珍惜生命、客户健康作为企业的使命，以诚信双赢作为企业经营的理念。

【审计操作】

（1）以系统管理员 admin 的身份（或陈明的身份）登录，进入 CPAS 电子档案系统。

（2）单击导航菜单中"客户管理"，单击"新建客户"，在客户名称中输入：明康生物，在客户类型中单击下拉菜单，选择"股份制企业"，在经济类型中单击下拉菜单，选择"经营性法人组织"。在是否上市中单击下拉菜单，选择"是"，在风险评价中单击下拉菜单，选择"中"，填写完成后单击"保存"，弹出提示框后单击"确定"。保存完成后，可以在客户列表中看到以前的客户，如果有需要修改的信息，可以将鼠标放在该条信息上，单击"编辑"，对相关的信息修改后再次保存。

二、客户档案维护

在"客户档案管理"窗口的左边显示已被录入系统的客户树，右边显示与相应客户对应的客户详细信息，包括客户的基本信息、联系人、上市公司股票基金、项目列表等信息。

如需要维护某客户，选中该客户，单击"修改"，即可修改该客户的相关信息。

第三节　项目管理

用友 CPAS 作业系统项目管理平台是审计员可以统揽自己参与的所有项目的界面，在这里可以对自己参与的项目进行管理，主要功能包括新建项目、项目分发、项目查询、项目快速分类，这些功能可以帮助审计员传递和共享审计项目数据。

一、新建项目

用友 CPAS 系统支持单机建立项目和联机建立项目，单机建项是在作业系统中建立一个单机项目，无须联网；联机建项是将管理端建立的项目（执行状态）下载到本地作业系统。

（一）单机新建项目

操作步骤如下：

在项目管理工具界面，单击"新建"→"单机审计项目"，弹出"单机审计项目"窗口，如图3-1所示，修改项目编号，输入项目名称、被审计单位，选择项目年度和会计期间，选择财务报告体系、业务循环模板，判断是否为整合审计，勾选是否为首次承接，选择底稿模板，单击"确定"，一个单机项目建立完成。

需要注意的是，单机建立的项目可以通过联机审计项目关联到管理端，方便审计人员灵活运用管理系统和作业系统建项。

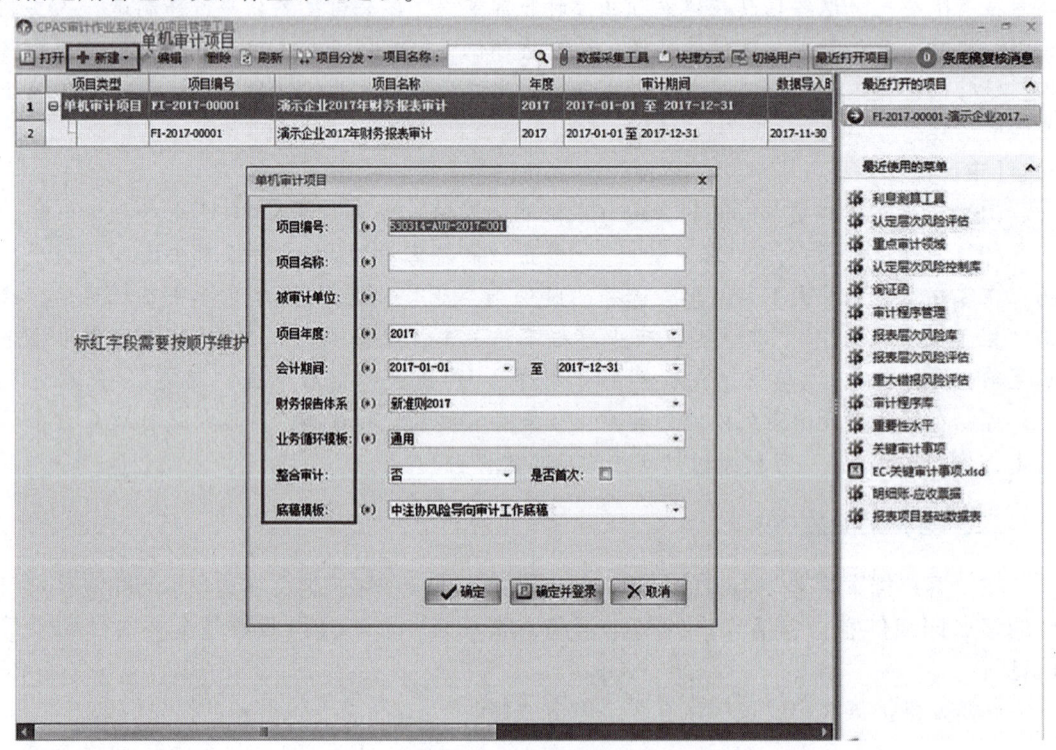

图3-1 单机建项窗口

【实务案例】

新建"河北明康生物制药股份有限公司"项目。

【审计操作】

（1）进入电子档案系统，单击导航菜单中的"项目管理"，单击"新建项目"，在客户中，单击选择框中的人像图标，单击"明康生物"，单击"确定"，项目名称会自动生成，审计类型，默认为财务报表审计，在项目年度中，单击下拉菜单，选择2017，会计期间默认为1月1日到12月31日，在合伙人中，单击选择框中的人像图标，选择车冬晴，在质控复核人中,选择陈泽思。

(2) 新建项目完成后,开始新建组成部分。在项目列表中选中已新建项目,在右侧的项目组成部分列表中,单击导航菜单中的"新建组成部分",单击客户选择框中的人像图标,通过输入组成客户:明康生物,选中后单击"确定",此时组成部分编号及组成部分名称自动生成。然后单击风险级别选择框中的下拉箭头,单击"B",单击报告日期中"日历图标",选择2018年4月25日,单击"填写完成"后,单击"保存",弹出"保存成功"提示框后,单击"确定"。新建组成部分完成。

(3) 新建组成部分完成后,开始增加项目成员。首先保持已新建的项目处于被勾选状态,单击"项目成员",单击"增加项目组成员",在搜索框中需要输入该组审计人员编码,单击"搜索"按钮,选中搜索到的审计人员,即用户信息,单击"确定",弹出"保存成功"提示框后,单击"确定",重复以上步骤,依次增加用户陈明、车冬晴和陈泽思,添加完成后,增加项目成员完成。

(二) 联机新建项目

操作方法如下:

在项目管理工具界面,单击"新建"→"联机审计项目",弹出"联机创建项目"窗口,如图3-2所示,单击"项目编号"后的"选择"按钮,输入管理端IP地址,进入选择项目窗口,单击"查看项目"按钮,弹出如图3-3所示窗口,显示当前用户参与的所有项目,双击选择新建项目。

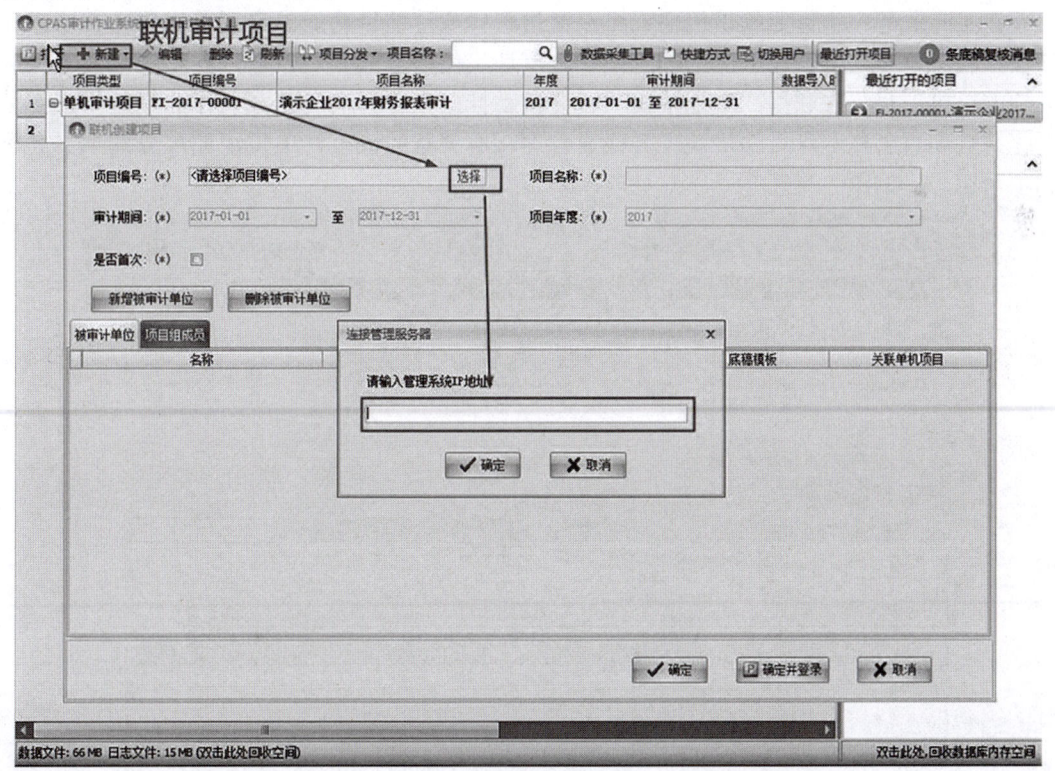

图3-2 联机新建项目

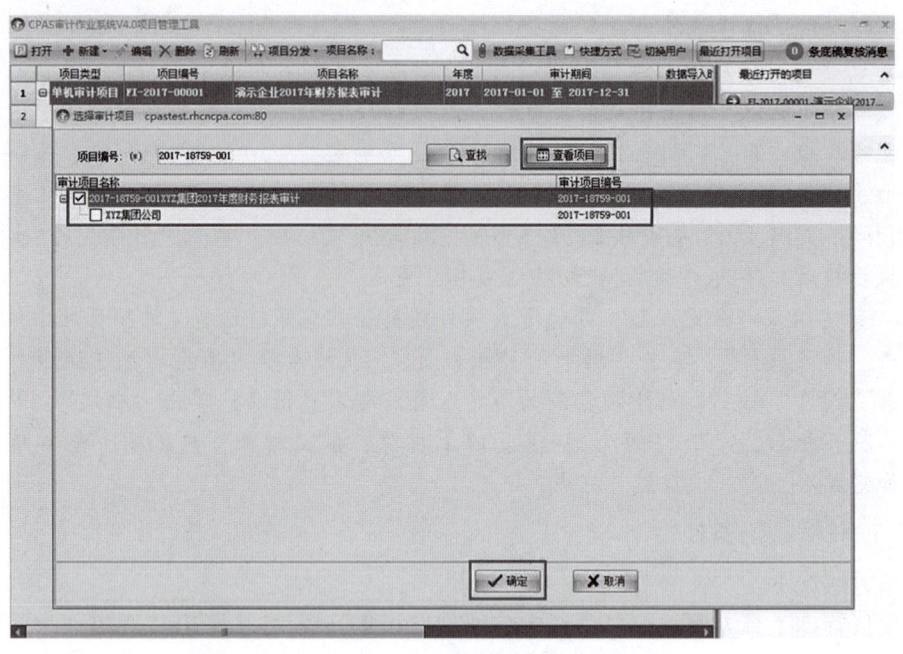

图3-3 选择项目窗口

（三）单机建项转联机建项

在实际业务中，作业端单机建项可以通过联机审计项目功能，实现单机建项转联机建项。在联机审计项目功能下，选择管理端被审计单位组成部分后，在关联单机项目中关联本地的单机项目，关联后，本地单机项目会自动挂接在管理端，下载到作业端的组成部分下，并且项目名称和项目编号统一替换成管理端所关联的被审计单位组成部分的项目名称和项目编号，如图3-4所示。

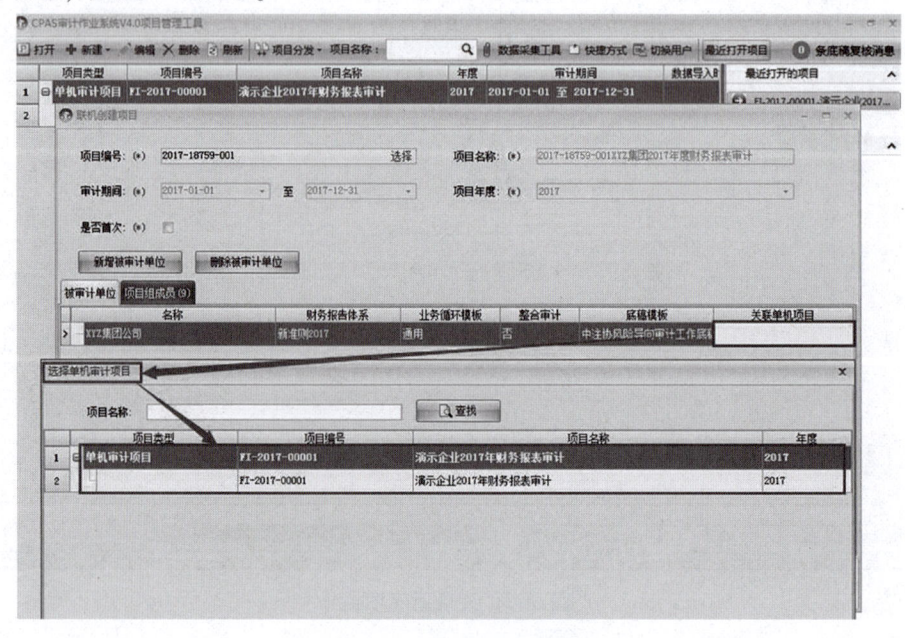

图3-4 单机转联机建项

二、项目分发

(一) 项目导出

当前用户已经联机建立项目,并且将被审计单位的财务账套导入系统,其他项目组成员并没有新建此项目,可通过项目导出功能,将完整项目包导出给其他项目组成员,其他项目组成员导入项目后即可在本地获得项目库,此项操作可大大节省时间,提高工作效率。

操作步骤如下:

在项目管理工具界面,单击"项目分发"→"项目导出",如图 3-5 所示,具体导出方法如图 3-6 所示。

图 3-5 项目导出位置

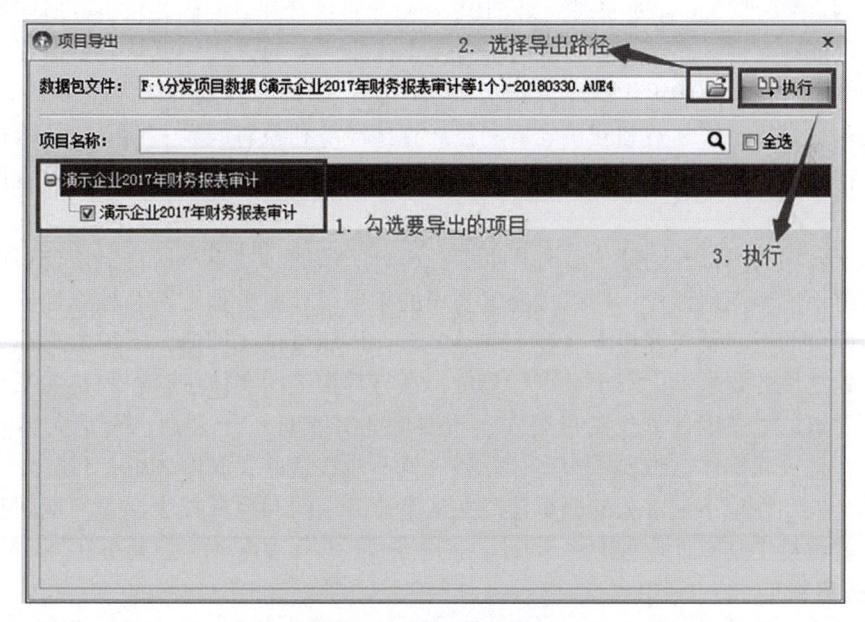

图 3-6 项目导出方法

(二) 项目导入

项目组成员如果备份了某一个项目,其他成员可以通过"项目分发"→"项目导入"功能将项目导入本地。

操作步骤如下：

在项目管理工具界面，单击"项目分发"→"项目导入"，在"项目导入"界面单击"浏览"按钮，找到备份项目文件（.AUE文件）后，单击"执行"按钮，完成项目导入，如图3-7所示。

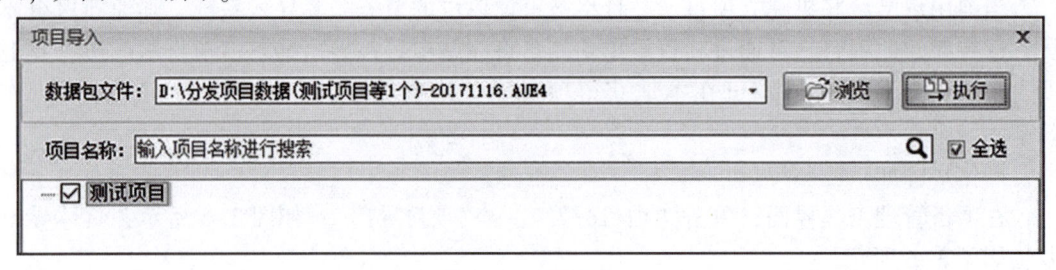

图3-7 项目导入

通过项目导入的项目是一个完整的项目包，包含导出者所做的所有操作，如导入财务账、编制底稿等。

三、签署独立性声明

签署独立性声明是开始审计业务的前提。独立性实质有两层含义：首先是实质上的独立性，这是一种内心状态，如注册会计师在进行职业判断的时候能够不受影响，客观公正地评价，并且保持职业怀疑；而形式上的独立性是一种外在表现，如审计人员没有损害诚信原则、客观公正原则或职业怀疑原则的行为，就是形式上的独立性。

《会计师事务所质量管理准则》第5101号业务质量管理，明确要求事务所应当设定质量目标，保证独立性。在判断独立性时，有一个比较简单的方式，就是需要保证事务所组织或审计师个人与客户的组织或个人没有经济利益，那就可以基本认为能够保持独立性。经济利益包括直接经济利益和间接经济利益。直接经济利益有股票、债券、认购权、认购权期权、权证卖空权等；间接经济利益包括有收益权但无控制权的相关投资等直接或间接商业关系。

例如某公司的内部控制评价服务是本事务所分所做的，如果本所再对该公司审计，那内控方面就不能客观地评价。所以接受该公司的年报审计业务是不符合独立性要求的。又如事务所职员的近亲属与客户方有经济利益关系，该职员均要回避，不得参与该公司的审计业务。独立性的要求不仅限于被审计单位，在与其相关的实体中存在利益关系也是不符合独立性要求的。被审计单位的母公司、重要的姐妹实体、子公司、有重大影响的投资者，这些都是关联实体，想要承接审计业务，就不能在这些关联实体里有利益关系。

当然，独立性也不是永久的，审计师在从事业务期间和财务报表涵盖的期间独立于审计客户，就可接受其审计业务。

【实务案例】

华光所能胜任且参与的审计师与明康生物公司不具有直接和间接的经济利益关系，审计师与明康生物公司的管理层或员工不存在密切关系。华光所有严格的内部控制、薪酬和绩效考核制度，因此审计师不可能受到明康生物或第三方的威胁。

河北明康生物制药股份有限公司审计项目的陈明、车冬晴和陈泽思依据审计要求签署参与该项目的独立性声明。

【审计操作】

在项目管理系统，选中河北明康生物制药股份有限公司审计项目，首次单击"打开"时，系统会自动打开审计作业工作台，并弹出独立性声明，如图3-8所示，阅读独立性声明后，单击"同意"，则完成独立性声明签署。

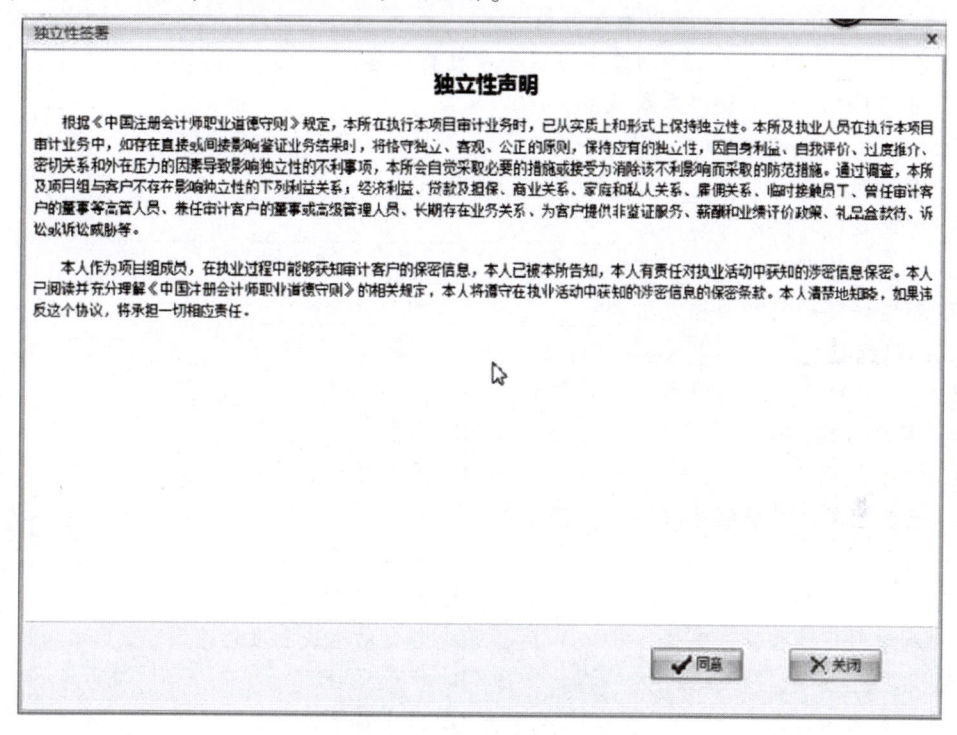

图3-8　签署独立性声明界面

复习思考题

1. 用友CPAS管理系统包括哪些基础设置？
2. 如何进行审计组织机构、审计人员和角色与权限管理的设置？
3. 如何新增客户档案和客户档案维护？客户档案设置的重要性体现在哪里？
4. 如何新建项目、项目分发和签署独立性声明？
5. 在什么情况下，我们需要更改或者调整我们的审计团队的结构？
6. 在处理大型复杂的审计项目时有哪些策略可以使用来优化资源分配？
7. 怎样才能确保每一个加入一个特定审计项目的人都能满足必要的独立性标准？

参考答案

实务自测题

一、填空题

1. _____和_____可以撤销归档。
2. 在_____和_____功能都可以查看档案内容。
3. 用友CPAS审计管理系统支持_____、_____和_____三种建项方式。
4. 组成部分必须_____后才能同步到作业系统。
5. 管理系统可以对底稿进行_____、_____、_____和_____复核。
6. 独立性管理分为_____和_____。
7. 新增底稿模板的两种方法是_____和_____。

二、单选题

1. (　　)不是新建项目时的必录项。
   A. 客户名称　　　　　　　　　B. 合伙人
   C. 项目经理　　　　　　　　　D. 质量复核人
2. 初步业务活动底稿是(　　)产生的。
   A. 建项后　　　　　　　　　　B. 编辑完组成部分后
   C. 项目执行后　　　　　　　　D. 建立完业务后
3. 新建项目独立性，选择(　　)后，系统会自动生成独立性名称。
   A. 客户名称　　　　　　　　　B. 审计项目
   C. 项目名称　　　　　　　　　D. 以上都不对
4. 下列知识库中，支持查找功能的是(　　)。
   A. 风险控制库　　　　　　　　B. 审计程序库
   C. 审计案例库　　　　　　　　D. 审计提示库
5. 下列人员中，有权限修改底稿模板的是(　　)。
   A. 项目经理　　　　　　　　　B. 合伙人
   C. 项目管理员　　　　　　　　D. 系统管理员
6. 下列各项中，不是系统预置的报表风险的是(　　)。
   A. 舞弊　　　　　　　　　　　B. 持续经营
   C. 关联方交易　　　　　　　　D. 重大错报
7. 下列各项中，属于底稿文件格式的是(　　)。
   A. PPT　　　　　　　　　　　B. txt
   C. Word　　　　　　　　　　 D. avi

三、判断题

1. 业务约定书导出的文件格式为Excel。(　　)
2. 编辑项目属性时项目编号不允许修改。(　　)
3. 用友CPAS审计管理系统支持四种建项方式。(　　)
4. 只有已执行的项目才可以在作业系统同步新建。(　　)
5. 没有编辑完成的组成部分不能提交。(　　)

6. 一张底稿允许多次复核。　　　　　　　　　　　　　　　　　（　　）
7. 新建组成部分从其他项目复制时，可以复制多个组成部分。　（　　）
8. 事务所独立性声明支持导出打印功能。　　　　　　　　　　（　　）

参考答案

第四章 审计项目数据准备

学习导航

- 审计项目数据准备
  - 数据采集
    - 数据采集工具
      - 导出数据采集工具
      - 数据采集工具界面
      - 导出方式（U盘、硬盘、本机运行）
    - 在服务器上采集数据
      - 运行数据采集工具、建立数据连接
      - 设置数据采集参数并完成采集
        - 测试连接
        - 读取账套和年度
        - 执行数据采集
    - 在客户端上采集数据——读取账套和年度、执行数据采集
    - 备份数据采集——拷贝备份数据、还原备份数据
    - 无模板数据采集
      - 用数据采集工具采集
      - 用Excel采集
  - 数据转换、数据维护与调整
    - 数据转换
    - 数据维护
      - 财务模块——查看凭证，新增、删除科目
      - 检查功能区
      - 处理功能区
      - 计算功能区——重新计算科目账和辅助账余额表
    - 数据调整——设置科目类别、设置结转科目、标记结转凭证、辅助核算设置
    - 账表调整——调整分录和调整对应数据
    - 现金流量直接法测试——计算各类活动现金流量
    - 未审财务报表——查看报表、数据一致性校核

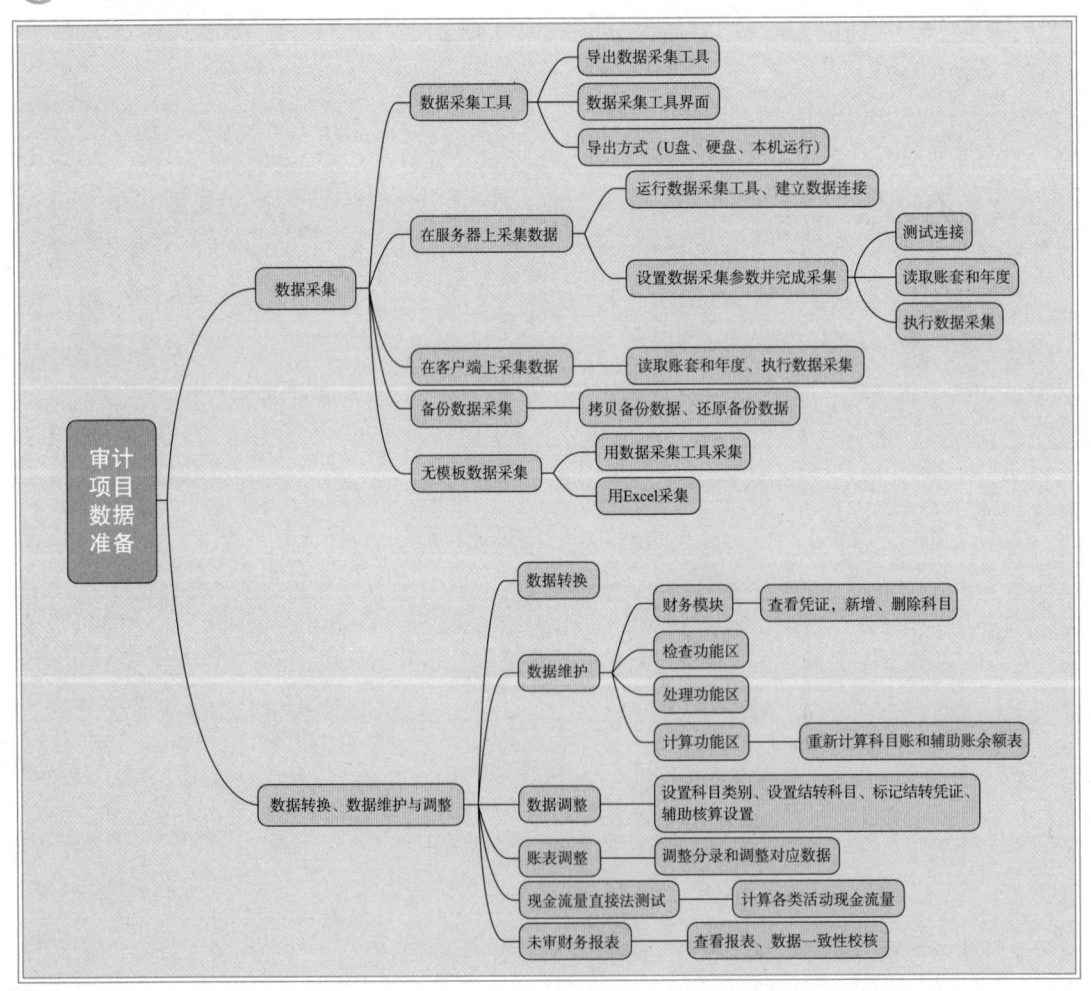

学习目的及要求

1. 理解审计项目数据准备的重要性，以及数据采集、数据维护、数据转换与调整等关键环节的作用。
2. 掌握在服务器、客户端采集数据的方法，包括运行数据采集工具、设置数据采集参数并完成采集等。掌握数据转换，财务模块维护、检查、处理和计算等数据维护。掌握设置科目类别、设置结转科目、标记结转凭证和辅助核算设置，以及负值科目的调整和删除调整等操作。
3. 掌握现金流量直接法测试、未审财务报表的查看和校核方法。

导读案例

渝钛白公司审计案例分析

一、渝钛白公司上市及财务困境

重庆渝港钛白粉有限公司（以下简称渝钛白公司）于1993年7月12日在深圳证券交易所上市交易。自1996年起，渝钛白公司开始出现经营亏损，1997年度财务报表亏损总额达到3 136万元。1998年4月29日，渝钛白公司公布1997年度财务报告，附有重庆会计师事务所出具的否定意见审计报告，这是中国证券市场首份针对上市公司的否定意见审计报告。

二、审计报告中的主要问题

注册会计师在审计过程中发现两处主要问题：一是1997年应计入财务费用的借款利息8 064万元被资本化计入钛白粉工程成本；二是欠付中国银行重庆市分行的美元借款利息89.8万元（折合人民币743万元）未计提入账。这些问题导致对渝钛白公司财务状况的重大影响，尤其是在公司已处于亏损状态的情况下。

三、借款利息8 064万元的性质争议

渝钛白公司认为8 064万元的借款利息应计入钛白粉工程成本，理由是钛白粉工程项目不同于一般基建项目，存在技术要求高、试生产不稳定等问题，且需要整改和试生产期，因此仍属于工程在建期。重庆会计师事务所则认为该笔利息应计入当期损益，因为钛白粉工程自1995年下半年开始投产，1996年已能生产合格产品，1997年的产量虽低，但不是因为工程未完工，工程应视为已交付使用。

四、欠付银行利息89.8万美元的处理争议

渝钛白公司解释，欠付的89.8万美元利息源于1987年的贷款，用于PVC彩色地板生产线项目，该项目未正常生产，公司改制时已部分作为未使用资产，且改制前已偿还部分利息和本金，1997年才发现欠息问题，计划在1998年核对后转账。重庆会计师事务所坚持认为，根据权责发生制原则，这笔利息已经发生，应予以确认并计提入账，无论公司是否与银行对账。

五、否定意见审计报告的合理性

调整后的亏损总额为11 943万元，股东权益仅为3 290万元，与原有注册资本13 000万元相比，仅剩下25%，对渝钛白公司1997年度财务报表影响非常重大。如果不进行上述两项调整，会严重误导依赖财务报表进行投资决策的证券买卖者，因此注册会计师出具否定意见的审计报告是适当的。

六、第一份否定意见审计报告对注册会计师行业的影响

渝钛白事件标志着中国注册会计师行业的成熟，展现了注册会计师的社会责任意识和

独立性。

会计师事务所坚持原则、保证审计质量，不仅不会丧失客户，反而可能赢得更多客户的信任。

七、对否定意见审计报告的认识

否定意见的审计报告在资本市场中较为罕见，因为它对外传递的信息对被审计单位极为不利，可能导致投资者和其他利益相关方失去信心，监管机构也会要求纠正。被审计单位通常倾向于接受审计师的意见以获取无保留意见的审计报告，从而增强财务报表的可信性。审计师出具否定意见的审计报告面临较大阻力，因为企业在信息披露时往往偏向于展示正面信息，不愿意披露不利信息，因此被审计单位通常不乐于接受非标准意见的审计报告，尤其是否定意见。

渝钛白公司审计案例

通过渝钛白公司审计案例，引导学生思考为什么否定意见的审计报告很少，让学生认识到第一份否定意见的审计报告对注册会计师行业的影响。通过审计计划、重要性、审计风险等概念的分析，引导学生延伸思考如何做好学业规划和职业规划。

第一节 数据采集

信息化的数据采集功能解决了传统审计数据难以快速查阅勾稽的难题，大大提升了审计的质量和效率。数据成功采集和录入审计信息系统后，很多以前需要手工完成的底稿，现在都可以由系统自动完成。在信息化系统中，可使用各种数据查阅和分析工具对财务数据进行快速分析和审计。

一、数据采集工具

数据采集就是把被审计单位的财务账套通过数据采集工具采集出来。

（1）单击"项目管理工具"→"数据采集工具"，导出数据采集工具，如图4-1所示。

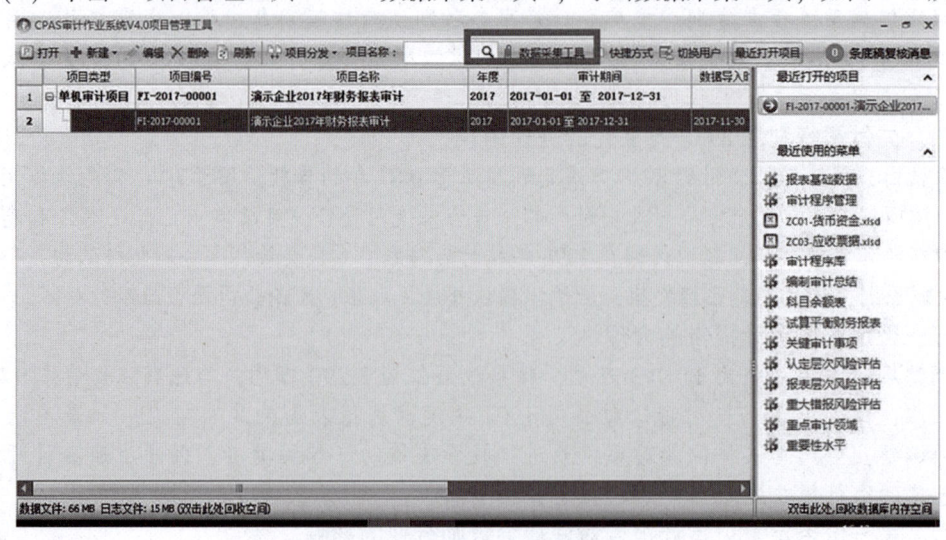

图4-1 数据采集工具导出界面

(2) 在图 4-1 中单击"数据采集工具"按钮后，出现数据采集工具界面，如图 4-2 所示。

图 4-2 数据采集工具界面

(3) 选择"导出到 U 盘"，需插入 U 盘，待系统识别 U 盘后，单击"导出"按钮，可以将数据采集工具导出到 U 盘；选择"导出到硬盘"，单击"导出"按钮，可以将数据采集工具导出到本地硬盘；单击"本机运行"可直接在本机上运行数据采集工具。

数据采集是数据转换的前提，目的是为数据转换提供可以识别的数据文件。下面介绍使用用友 CPAS V4.7 的数据采集工具采集数据的基本方法。

二、在服务器上采集数据

（一）运行数据采集工具、建立数据连接

(1) 单击 U 盘或硬盘里的"用友数据采集工具.exe"，运行数据采集工具，弹出"用友数据搬运工"窗口，如图 4-3 所示。

(2) 建立与被采集数据的连接，按照既定的采集模板，识别并提取相关数据，保存为"AUD"格式的数据文件。采集后的数据文件是加密的，此文件不能在用友 CPAS 审计作业系统以外打开，以保证数据文件的安全性。

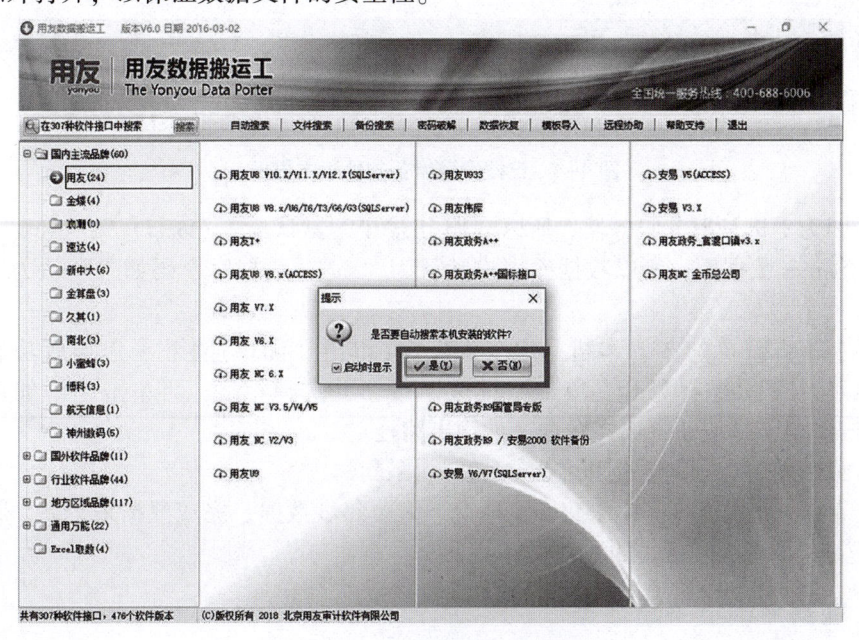

图 4-3 用友数据搬运工界面

如果在财务人员的数据服务器上采集数据时，不清楚该服务器上被审计单位用的是什么类型的财务软件，单击"是"，这时采集工具自动进行财务软件搜索；如果知道被审计单位用的财务软件名称及版本，可以单击"否"，直接在上方选取财务软件版本即可。

在"已搜索到的财务软件"界面有财务软件名称及版本号显示，说明已经搜索到相关财务软件。

（二）设置数据采集参数并完成采集

（1）双击已经搜索到的财务软件名称，弹出包含账套列表信息的界面，如图4-4所示。

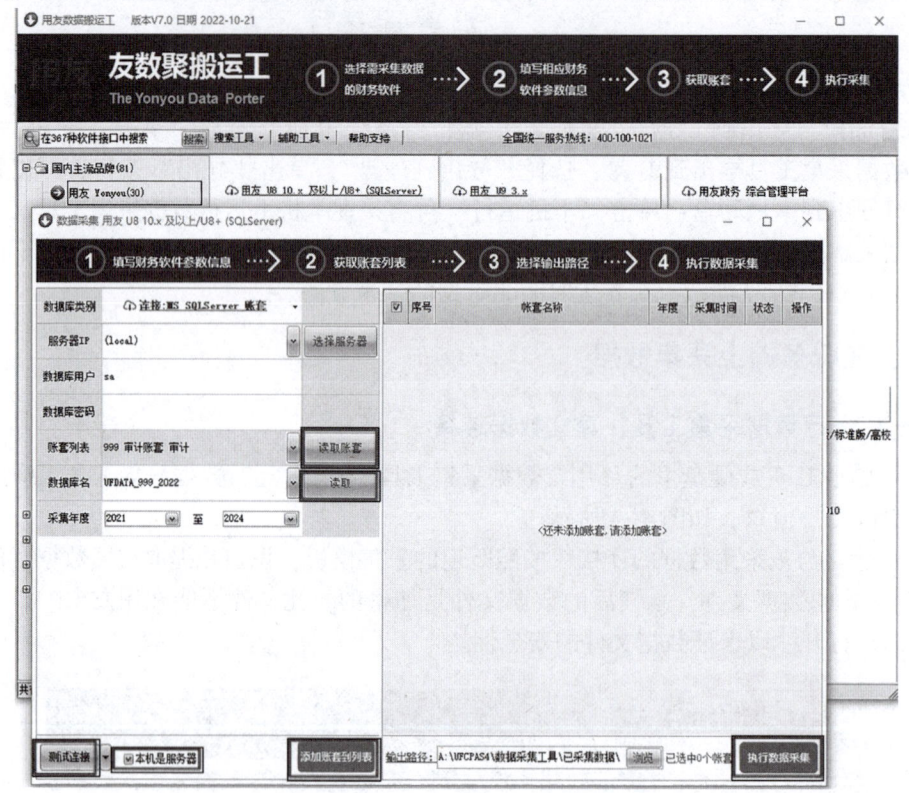

图 4-4 已搜索到财务软件版本界面

（2）因为本机是财务服务器，所以"服务器IP"默认为"（local）"，U8财务软件用的是SQL Server数据库，所以数据库用户默认为"sa"，数据库密码如果默认为空，可以不用输入。

（3）在下方需要勾选"本机是服务器"，并单击"测试连接"，连接成功后，单击"读取账套"按钮并选择账套，单击"读取"按钮并选择年度，再单击"添加账套到列表"，单击"浏览"按钮，选择数据文件输出路径。

（4）最后单击"执行数据采集"按钮开始采集。

为了节省时间，允许一次采集多个账套、多个年度数据。完成数据采集后，在指定输出路径下生成"AUD"格式的数据文件。

三、在客户端上采集数据

在实际采集数据时，如果被审计单位不允许在服务器上采集数据，则需要在财务人员的客户端采集数据。采集过程与在服务器采集类似，在客户端采集数据需要被审计单位财务人员提供的信息有：被审计单位所用的财务软件及版本号、财务服务器的 IP 地址、数据库用户名、密码。

在客户端采集数据的简要步骤如下：

（1）将装有"采集工具"文件夹的 U 盘插在财务软件客户端；

（2）运行数据采集执行文件"用友数据采集工具.exe"；

（3）在出现"是否要自动搜索本机安装的软件"时，单击"否"（在知道财务软件版本的情况下，否则单击"是"，让采集工具自动搜索）。

（4）通过软件接口列表选择相应类型的财务软件，输入服务器 IP、用户名、密码，此时的 IP 和用户名一般不会是默认的"（local）"和"sa"，需要填入准确的参数，并且不需要勾选"本机是服务器"，"测试连接"通过后，单击"执行数据采集"，单个或批量采集数据。

四、备份数据采集

在采集数据时，有时候不方便进行数据库服务器连接采集数据，但被审计单位可以提供财务软件数据备份文件，这时可以运用备份数据采集的方式进行数据采集。

操作步骤如下：

（1）将被审计单位提供的财务备份数据复制到审计人员自己的计算机上。

（2）了解被审计单位所用的财务软件名称及版本号，以用友 U8 财务数据为例，如图 4-5 所示。

图 4-5 备份数据采集界面

（3）在图 4-5 中，设置好"sa"用户的密码，单击"选择文件"按钮，选择备份的数据文件，单击"还原"按钮，进行备份数据还原，单击"添加账套到列表"，单击"浏览",设置数据输出路径,单击"执行数据采集",完成备份数据采集。

备份数据采集的原理是将外部的财务备份数据采集成用友 CPAS 审计作业系统能识别的 AUD 格式数据。

五、无模板数据采集

(一) 用数据采集工具采集

用友数据采集工具目前提供了 300 多种不同财务软件及不同版本的财务软件数据采集接口,基本覆盖了市面上各种财务软件。在实际采集数据时,如果碰到的财务软件不在用友数据采集工具的接口列表中,这时可以运用"通用万能"方式采集数据。运用"通用万能"方式采集数据后,用友审计软件公司接口工程师可以针对采集好的 AUD 数据文件制作一个相应的数据转换接口。

如被审计单位运用了个性开发的 SAP 财务系统,数据库是 Oracle,数据采集步骤如下:

(1) 在客户端运行 U 盘中的数据采集工具执行文件"数据采集工具.exe"。

(2) 出现"是否搜索本机财务数据"相关提示框时选择"否"。

(3) 在出现的界面中单击"无模板(按数据库)"前的"+"号并单击"Oracle",单击"执行采集",如图 4-6 所示。

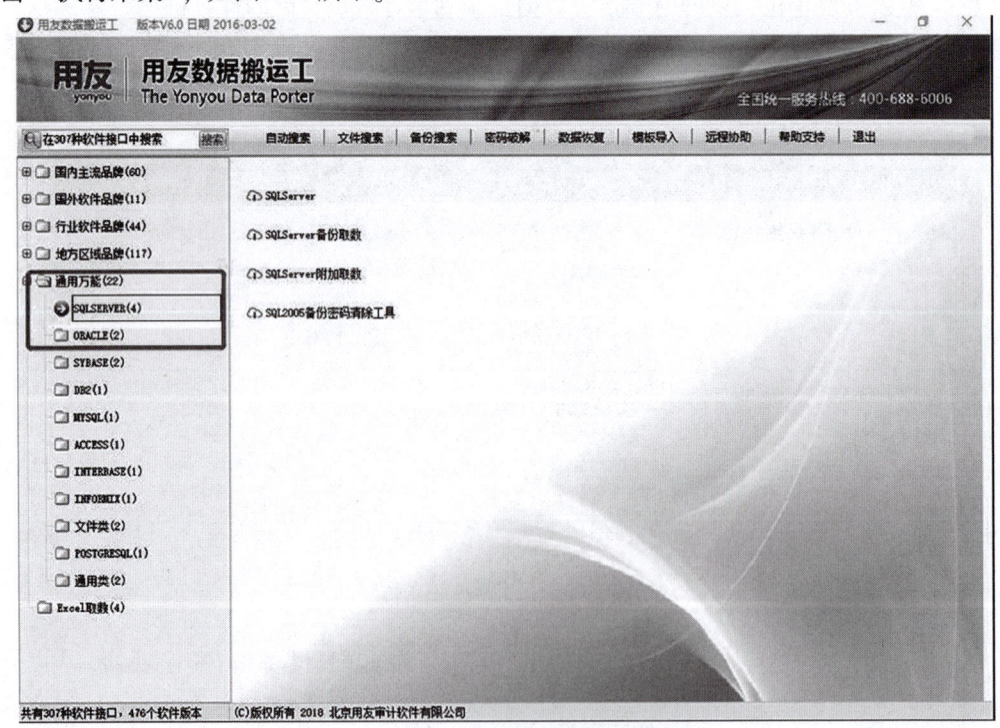

图 4-6 通用万能数据采集界面

(4) 在出现的界面中进行参数配置并完成数据采集。

(二) 用 Excel 采集

在作业系统安装路径下,有 Excel 数据采集相关工具,相关路径如图 4-7 所示。

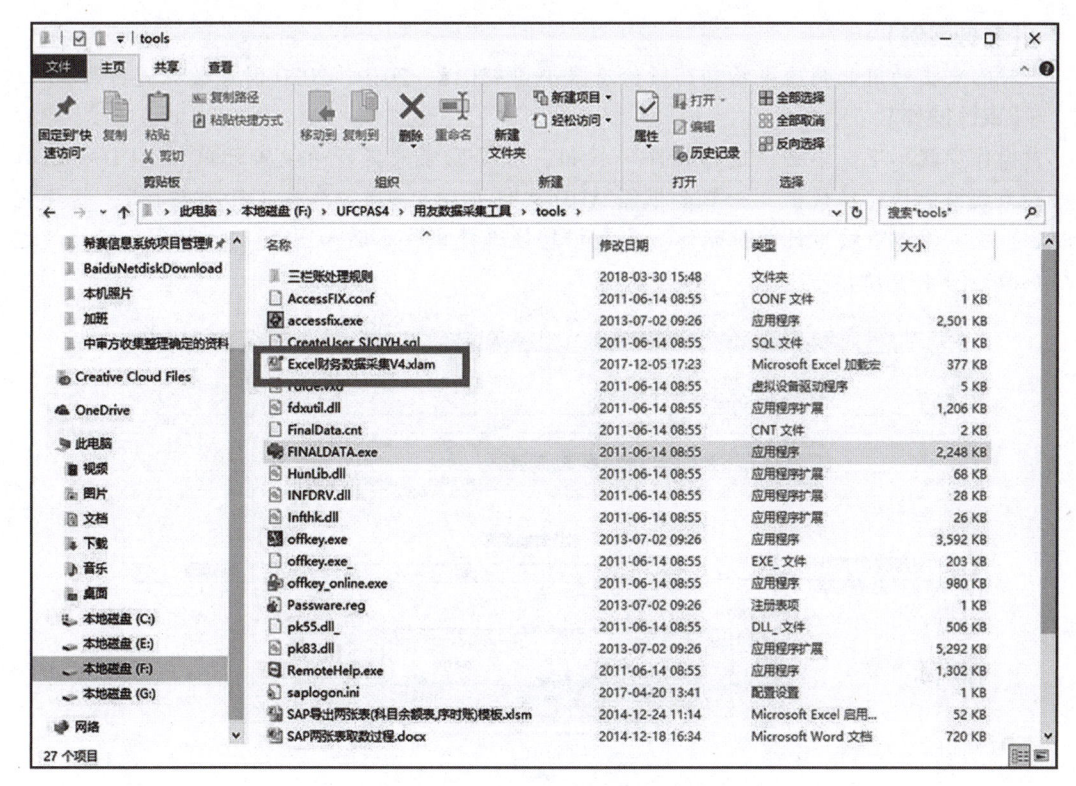

图 4-7　用 Excel 方式处理数据路径

如果不方便进行数据采集并且被审计单位不能提供备份财务数据，这时可以用 Excel 采集数据。

操作步骤如下：

（1）打开图 4-7 所示的 Excel 模板文件，激活"财务数据采集加载项"。

（2）把模板文件最小化，打开被审计单位提供的科目余额表和序时账，整理在一个 Excel 的两个表页上，并且设置相应 Sheet 页的名称。

（3）在每个 Sheet 页的第一行插入标题栏，并通过下拉选项选择每一列的标题。这一步要注意看说明文字中必须填写的列，这些列是必须有的。

（4）检查数据有效性，进行空行检查和重复性检查，定位到一张表页，单击加载项上的"空行检查"和"重复性检查"，发现空行和重复行进行处理。

（5）删除原有标题栏。

（6）导出 AUD 文件，通过加载项的导出 AUD 文件实现。

第二节　数据转换、数据维护与调整

一、数据转换

数据转换是指将采集来的被审计单位财务数据导入查账审计系统的过程。打开方式为：单击"数据准备"→"数据转换"，系统自动弹出数据转换界面。

【实务案例】

对已采集的河北明康生物制药股份有限公司-2018、2019、2020财务数据进行转换。

【审计操作】

操作步骤如下：单击"选择文件"按钮，选择已经采集好的被审计单位AUD格式数据，为数据选择转换模板（一般会根据AUD文件自动识别），单击"开始转换"，转换完成后，就可以查看被审计单位账簿。其数据转换选择文件界面如图4-8所示，数据转换过程界面如图4-9所示。

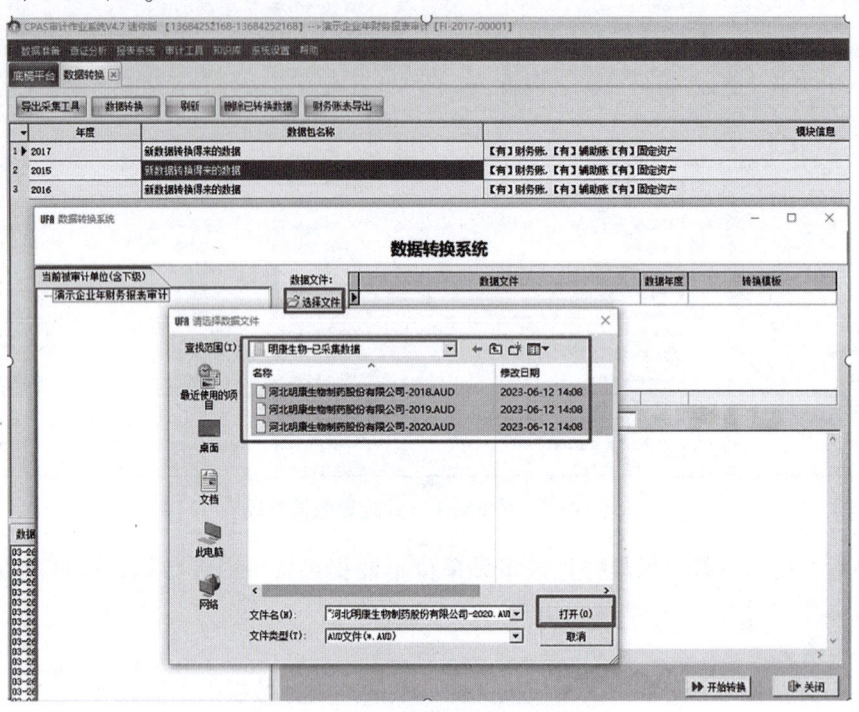

图4-8 数据转换选择文件界面

图4-9 数据转换过程界面

二、数据维护

数据维护功能可以让审计人员对项目库中的错误数据进行修改和重新计算。打开方式为：单击"数据准备"→"数据维护"，系统自动弹出数据维护界面。

（一）财务模块

数据维护的财务模块界面如图4-10所示。

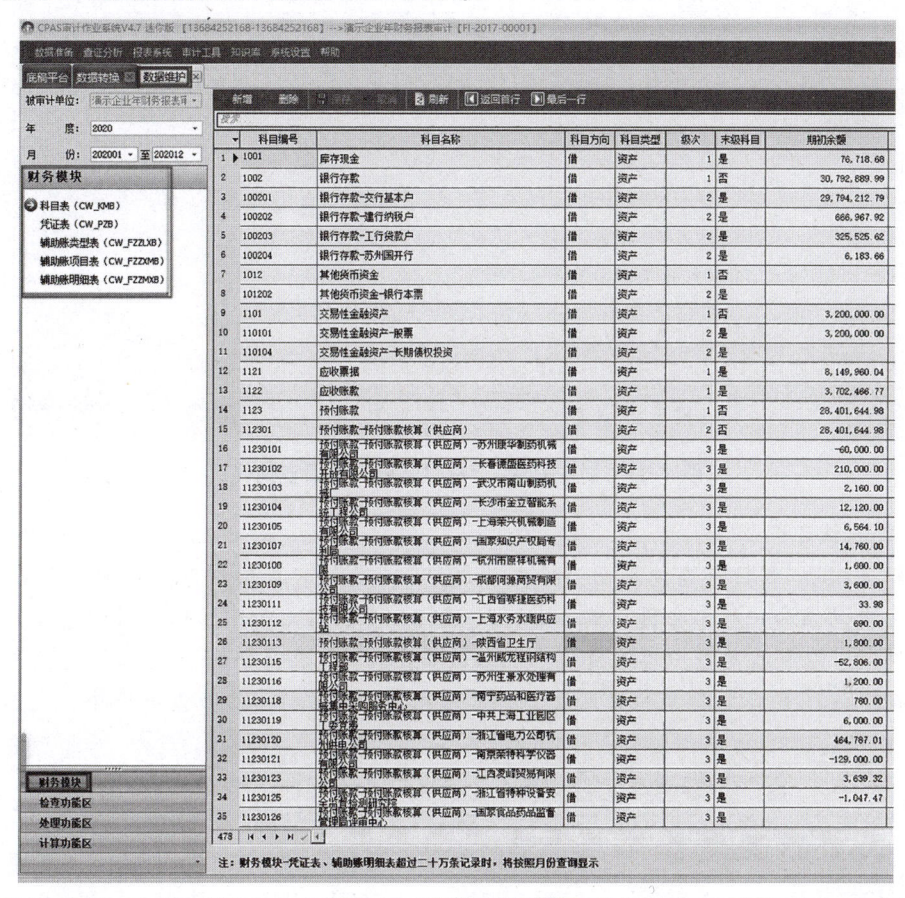

图4-10 财务模块界面

操作步骤如下：

（1）单击右键，可以设置显示列，只查看需要的列；可以将内容复制到外部Excel里，这里支持全选功能。

（2）凭证表可以查看当前账套的所有凭证。

（3）新增、删除、取消、保存功能只服务于财务模块。

【实务案例】

要求：依据企业会计制度，在财务模块逐一审查会计科目设置的规范性、会计凭证处理的正确性，以及各辅助账项设置的合理性等。

在本实务案例中，未设置"应付利息"科目，计提银行借款利息账务处理不规范，年终计提盈余公积金会计凭证编写错误等，都需调整。

【审计操作】

1. 查询"应付利息"科目

先选定"科目表",再在搜索栏处输入应付利息,查阅"应付利息"科目,查询结果是无此科目,如图4-11所示。

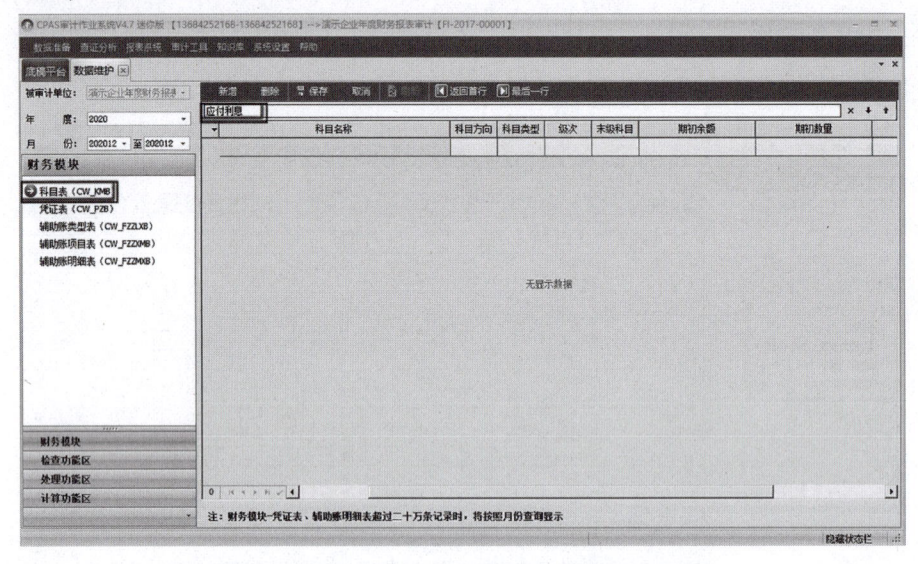

图4-11　财务模块-"应付利息"科目查询界面

2. 新增科目

在财务模块-科目表查询界面,单击"新增",增加"应付利息"科目,可在科目列表最下方自动添加一行,在科目编号中输入2242,在科目名称中填写应付利息,在科目方向中填写贷,在科目类型中填写负债,在级次中填写1,在末级科目中填写是,单击"保存",如图4-12所示。刷新科目列表,科目列表自动按照科目编码重新排序。

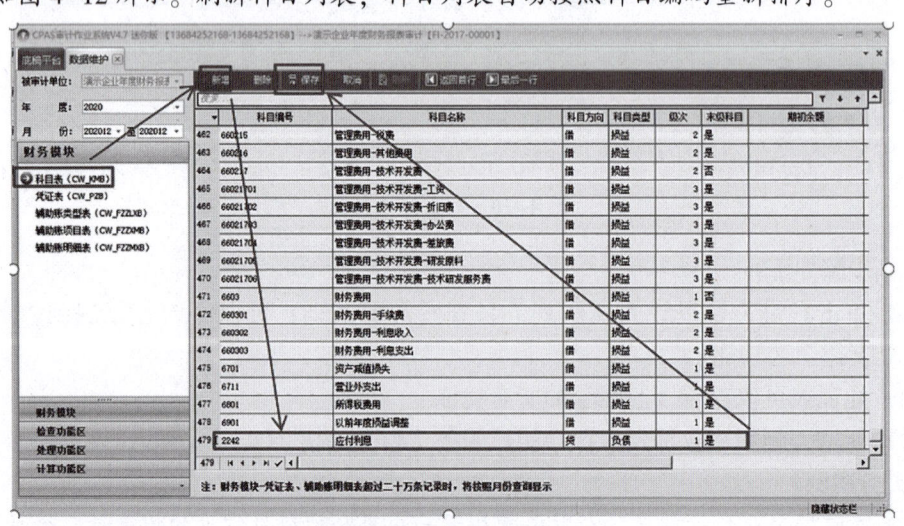

图4-12　财务模块-新增科目界面

3. 重新对应报表项目

新增科目后,需要重新进行报表项目对应配置,否则新增科目没有报表的对应项。

(1) 单击"报表系统"→"未审财务报表",打开未审财务报表界面,选择账套2020年报表;

(2) 单击"文件"→"报表项目对应",打开报表项目对应调整界面;

(3) 单击"负债"→"应付利息"→"重置配置关系",系统自动配置"应付利息"科目在报表中的对应项目为应付利息项目,如图4-13所示。

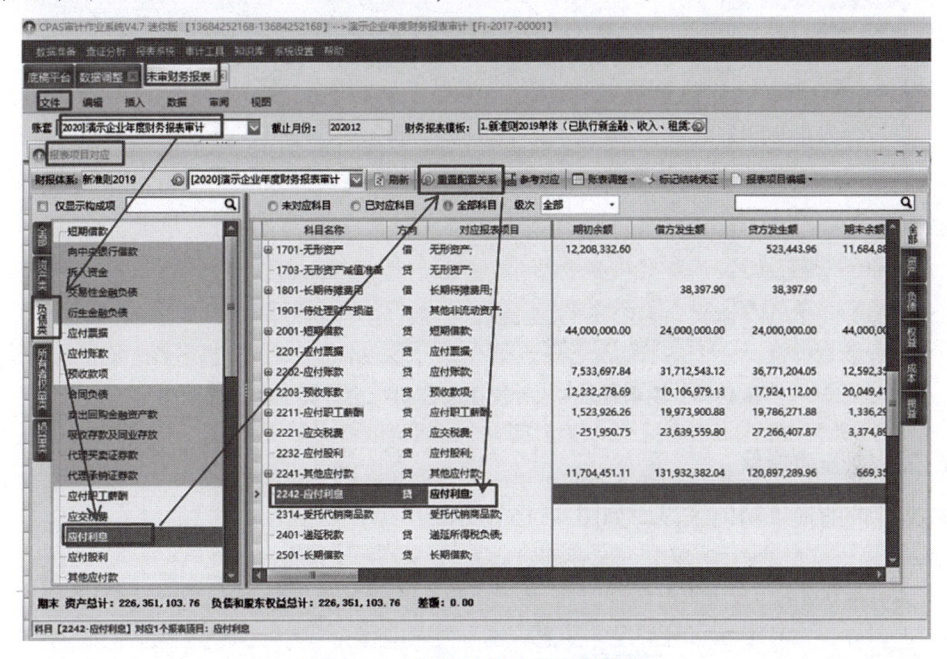

图 4-13 报表项目对应调整界面

(4) 计提银行借款利息账务处理不规范。先选定凭证表,再在搜索栏处输入利息,查阅计提利息的相关凭证,如图4-14所示。其相关调整可在后续实质性审计再做。

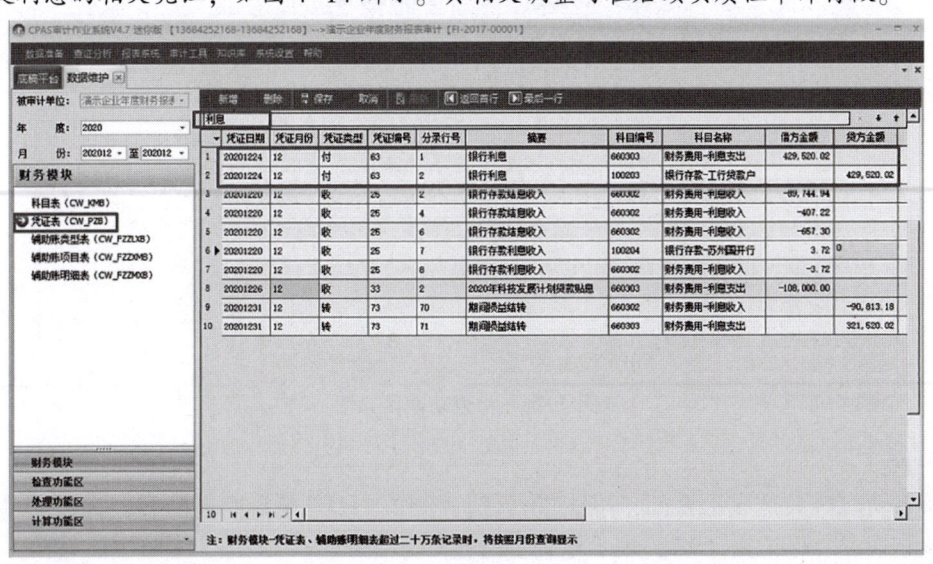

图 4-14 财务模块-"利息"相关会计凭证查询界面

(5) 年终计提盈余公积金会计凭证编写错误。先选定"凭证表",再在搜索栏处输入盈余公积，查阅计提盈余公积的凭证，如图 4-15 所示。其相关调整可在后续实质性审计再做。

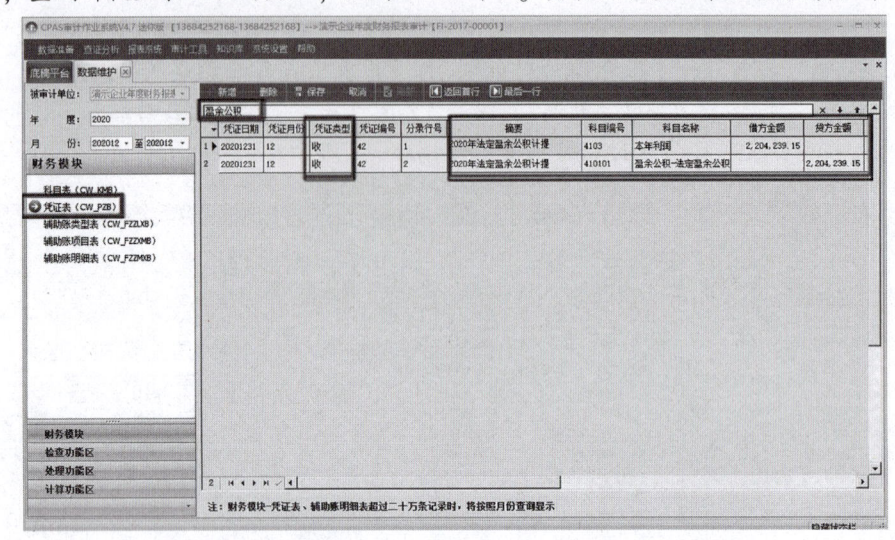

图 4-15　财务模块-"计提盈余公积"会计凭证查询界面

（二）检查功能区

数据维护的检查功能区界面如图 4-16 所示。

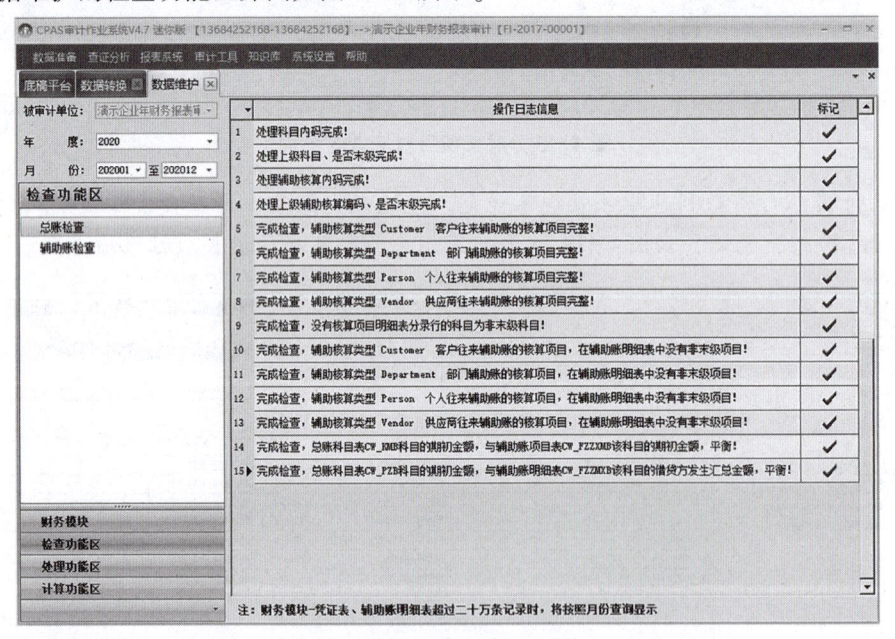

图 4-16　检查功能区界面

注意：

检查功能区只是展示界面，不能进行任何操作，只能查看检查内容，标记为"√"，表示检查通过，标记为"×"，表示检查不通过。

（三）处理功能区

数据维护的处理功能区界面如图 4-17 所示。

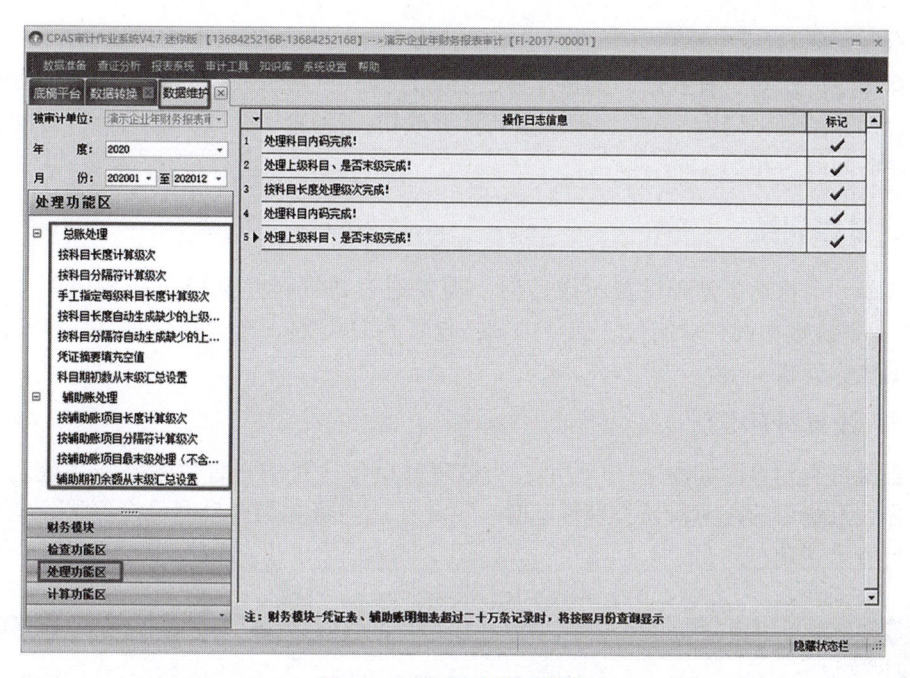

图 4-17　处理功能区界面

注意：

处理功能区主要针对检查功能区设置，根据对应的检查内容进行处理，同样，标记为"√"，表示处理成功，标记为"×"，表示处理不成功。

（四）计算功能区

数据维护的计算功能区界面如图 4-18 所示。

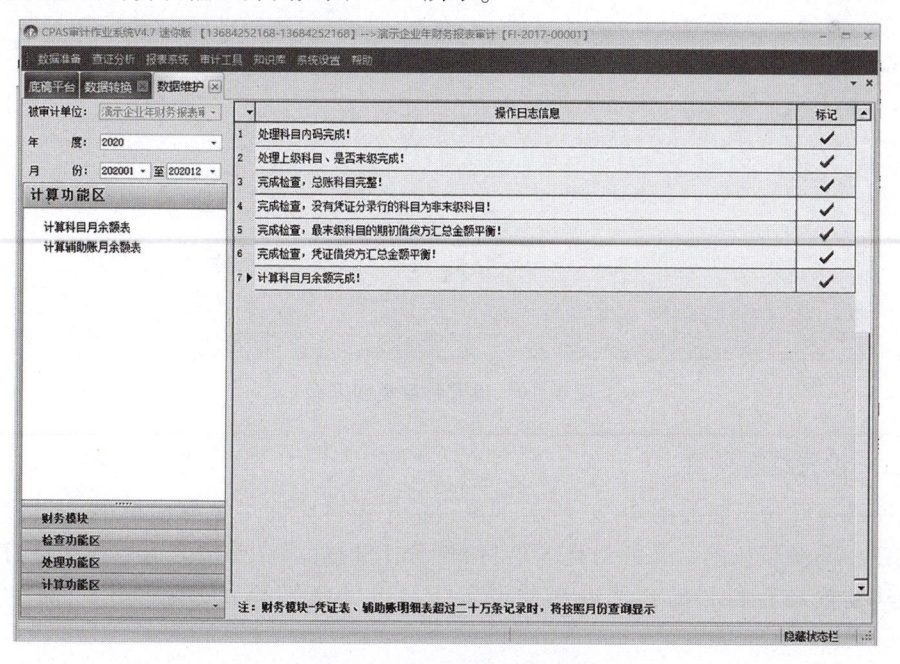

图 4-18　计算功能区界面

注意：

计算功能区是对已有数据的重新计算，分为计算科目月余额表和计算辅助账月余额表两部分。计算结果标记为"√"，表示重新计算成功；标记为"×"，表示科目有问题，日志里会注明问题所在。

三、数据调整

当被审计单位财务基础设置不规范时，需要通过数据调整功能进行相应调整。用友 CPAS 作业系统数据调整功能包含四项内容：设置科目类别、设置结转科目、标记结转凭证和辅助核算设置。

（一）设置科目类别

设置科目类别界面如图 4-19 所示，当被审计单位科目编号首位数字与系统定义的不一致，导致系统中的账簿科目类别混乱时，可以在此按照实际科目编号设置科目类别，以保证科目显示正确。

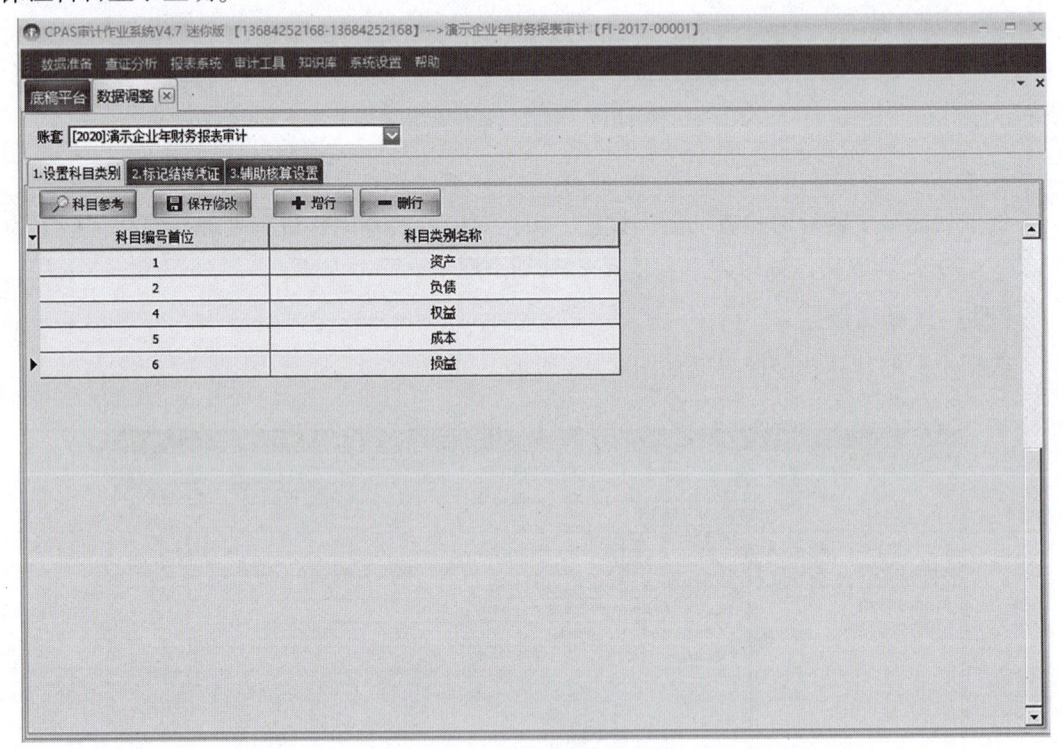

图 4-19　设置科目类别界面

（二）设置结转科目

设置结转科目界面如图 4-20 所示，在"标记结转凭证"页签中单击"设置结转科目"按钮，系统默认的结转科目是本年利润，如出现被审计单位无本年利润科目或系统并未自动设置结转科目时，可以在此设置，勾选完结转科目，需单击"确定"保存设置。

第四章 审计项目数据准备

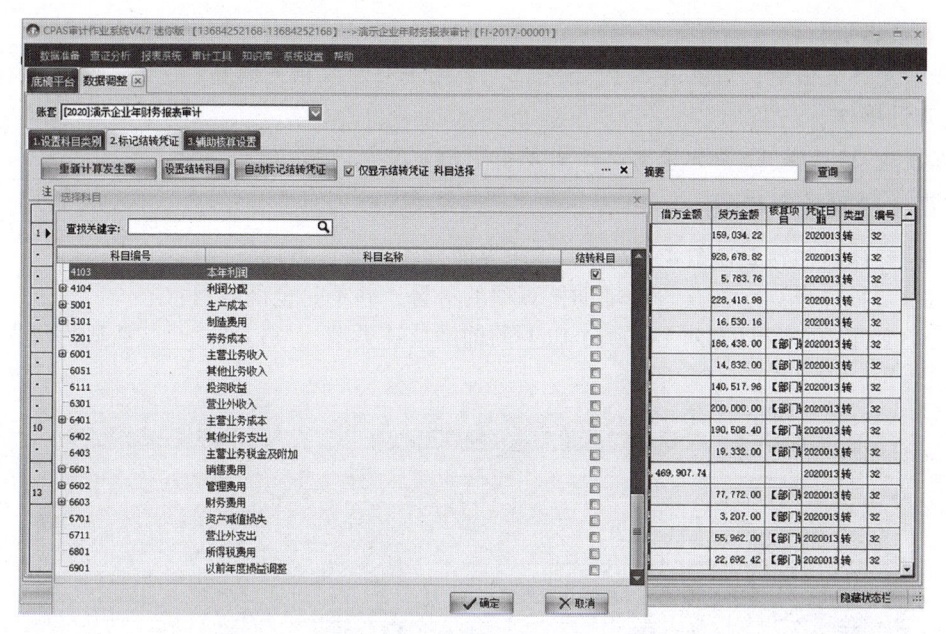

图 4-20 设置结转科目界面

(三) 标记结转凭证

标记结转凭证界面如图 4-21 所示，通过设置结转科目，可以直接查看满足条件的结转凭证，也可以手动增减结转凭证，单击"重新计算发生额"后，可以将手动调整的结转凭证重新计算，调整损益类相关的发生额。

具体步骤如下：

单击"标记结转凭证"→"初始化"，再单击"报表项目基础数据表"，查看"未审财务报表"，未审数就是结转后的数据。

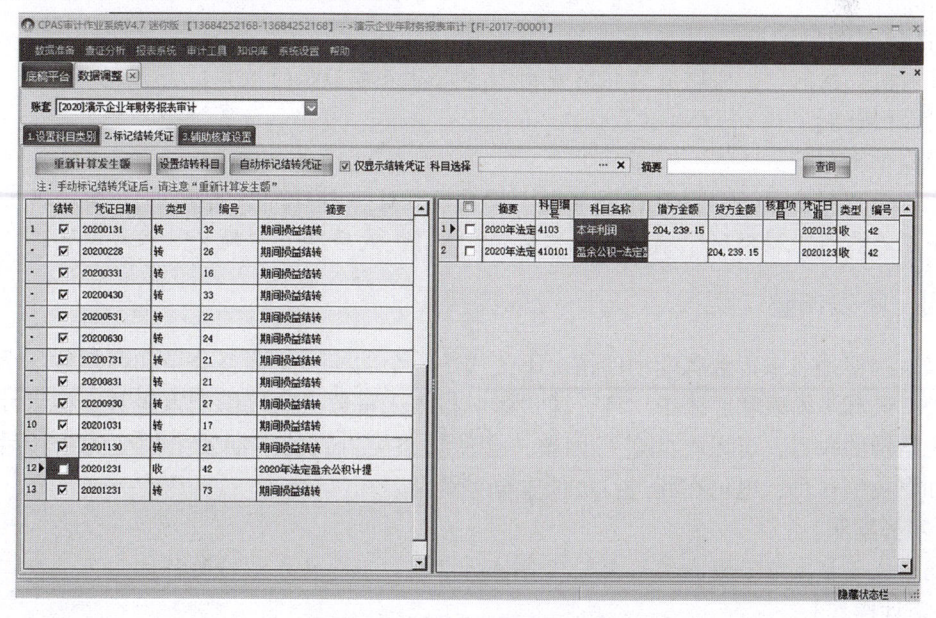

图 4-21 标记结转凭证界面

【实务案例】

在本实务案例中,需取消第 12 条凭证,后续进一步做相关调整。

【审计操作】

在图 4-22 上第 12 条凭证前,单击方框中的"√",可取消该凭证。

(四)辅助核算设置

辅助核算设置界面如图 4-22 所示,此界面操作需要注意以下两点:

(1)界面左侧列示的是含有辅助核算项的科目,并不是全部科目;

(2)如果一个科目有两个或两个以上的辅助核算类型,只勾选一个,否则底稿取数会重复。

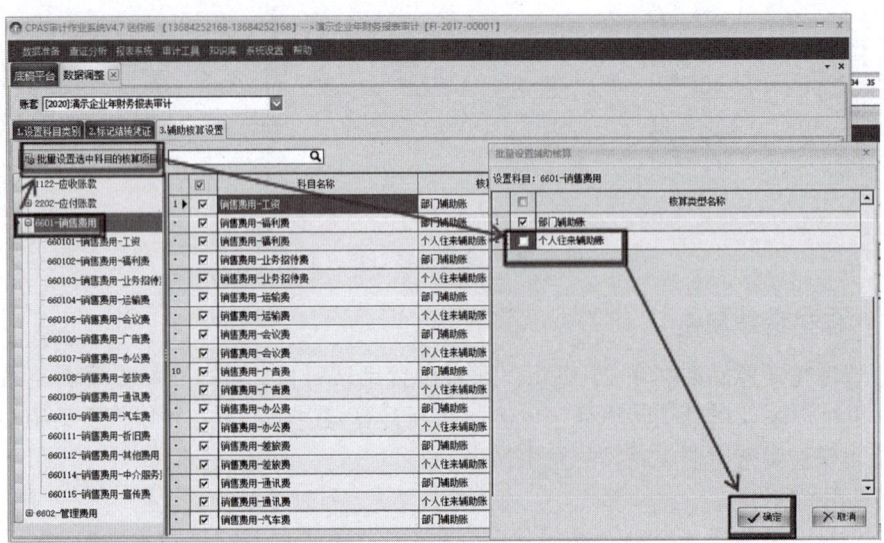

图 4-22 辅助核算设置界面

【实务案例】

在本实务案例中,需取消"销售费用"个人往来辅助账的核算。

【审计操作】

操作步骤如下:

先选择"销售费用"科目,再单击"批量设置选中科目的核算项目",单击核算类型名称下"个人往来辅助账"前复选框,取消"√",最后单击"确定"保存设置。

四、账表调整

账表调整是在未审数有变动的情况下使用的一个功能,此调整分录和调整数不会在审定报表、试算平衡表和底稿中出现,通过影响报表未审数,间接影响审定数。被审计单位如有未结转的科目,可以在此进行调整,会使损益类科目的本期发生额变为结转后的金额。如有负值科目,也可在此进行负债重分类调整。

【实务案例】

明康生物被审账套存在科目余额为负值的情况,不存在未结转的科目。

【审计操作】

(1)进行负债重分类前,在用友 CPAS 审计作业系统中,利用"查证分析"→"负值分析查询"工具，查询被审计单位的负债情况，如图4-23所示，再双击各行进入凭证界面，了解各负债凭证的具体业务情况，如图4-24所示。

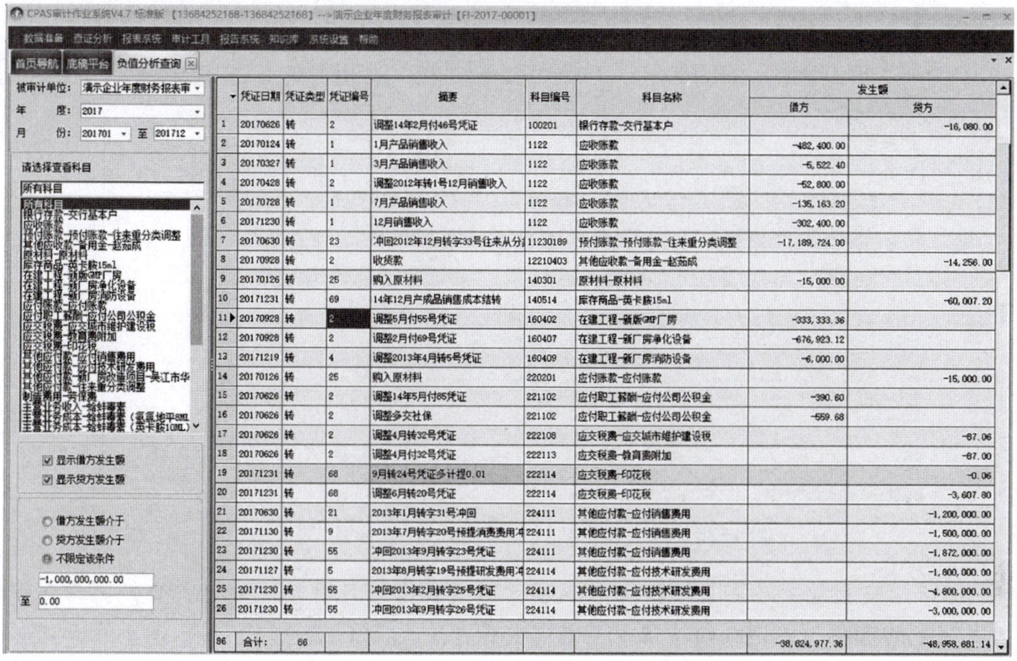

图4-23 被审计单位的负债情况界面

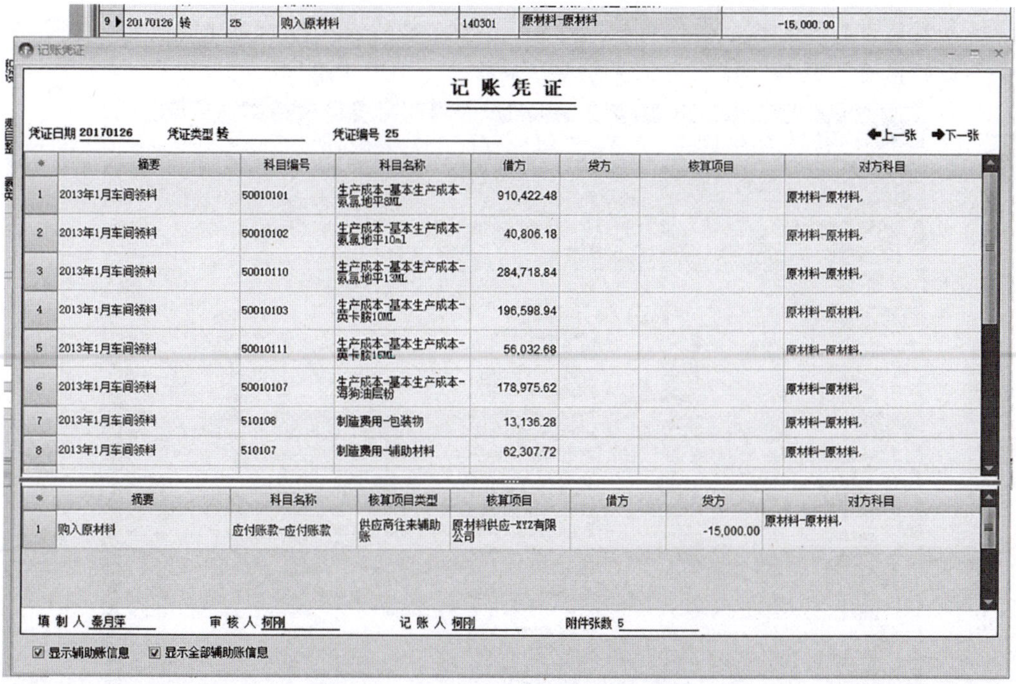

图4-24 负债凭证的具体业务情况界面

（2）单击"报表系统"→"账表调整"，打开调整界面，如图4-25所示，进行六大往来科目负债重分类科目的设置。

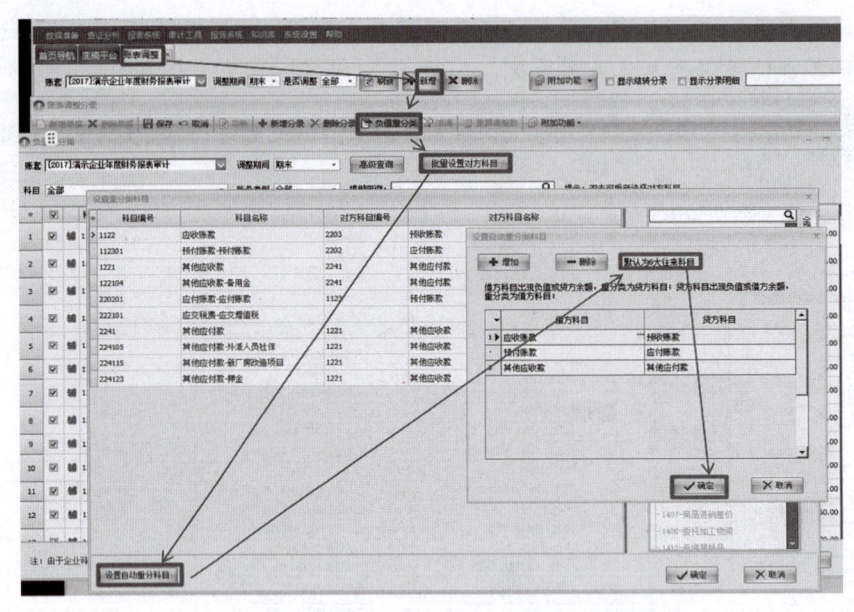

图 4-25 六大往来科目负债重分类科目的设置界面

(3)"应交税费——应交增值税"不属于六大往来科目负债重分类科目,其借方余额一般是留底的进项税或预缴的增值税,是需要重分类到其他流动资产的,属于资产类。当前科目系统中资产类没有其他流动资产,需要通过增加科目的方式,增加一个一级科目,编码为 1902,科目名称为其他流动资产,科目方向选择借方,科目类型选择资产,因为其对应报表项目为其他流动资产,单击"确定"按钮,就会生成所有期末为负值的重分类分录,单击"保存"按钮,保存负值重分类分录结果,如图 4-26 所示。

图 4-26 负值重分类分录结果界面

(4)账表调整还有删除调整。可以选中某分录,单击"删除"调整,单击"是",选中分录就被删除了。损益结转单击"损益结转",首先要设置自动结转科目,期初结转科目设置为未分配利润,期末结转科目设置为本年利润,以前年度损益调整设置为以前年度损益调整,单击"确定",可以查看未结转的损益情况。

(5)账表调整完后,需要单击图4-26中的"重算调整数"进行重算。

五、现金流量直接法测试

现金流量直接法测试是指通过现金流入和支出的主要类别直接反映企业经营活动的现金流量情况的一种测试方法。这种方法以营业收入与营业成本为起点,计算并列报经营活动现金流量,可以揭示企业经营活动现金流量的来源和用途,有助于预测企业未来的现金流量。

在现金流量直接法测试中,经营活动现金流入的主要项目包括销售商品、提供劳务收到的现金,收到的税费返还,以及收到的其他与经营活动有关的现金。而经营活动现金流出的主要项目则包括购买商品、接受劳务支付的现金,支付给职工以及为职工支付的现金,支付的各项税费,以及支付的其他与经营活动有关的现金。

【实务案例】

明康生物被审计账套现金流量表的数据不齐全。

【审计操作】

(1)在用友CPAS审计作业系统中,单击"审计工具"→"现金流量直接法",单击"未对应科目"单选项,再将右边未对应科目逐一拉到左边现金流量表中对应项目行,右边科目的报表项目就会出现对应的现金流量项目,对应完后的结果如图4-27所示。

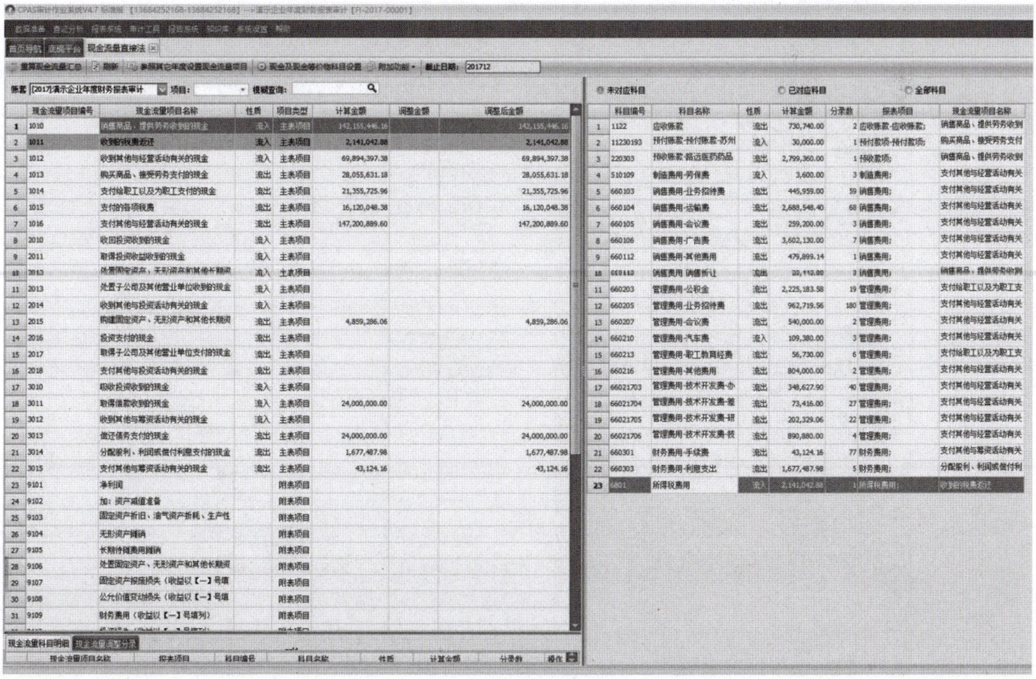

图4-27 现金流量直接法测试界面

（2）对应完项目后，单击"重算现金流量汇总"重算现金流量，再刷新数据。

六、未审财务报表

以上数据准备结束后，就可以查看最终生成的未审财务报表。单击进入"报表系统"→"未审财务报表"，单击"文件"→"刷新数据"后，资产负债表如图4-28和图4-29所示，利润表如图4-30所示，现金流量表如图4-31所示。经核对，用友CPAS审计系统中的未审报表与明康生物公司交给华光所的盖章纸质报表数据完全一致。

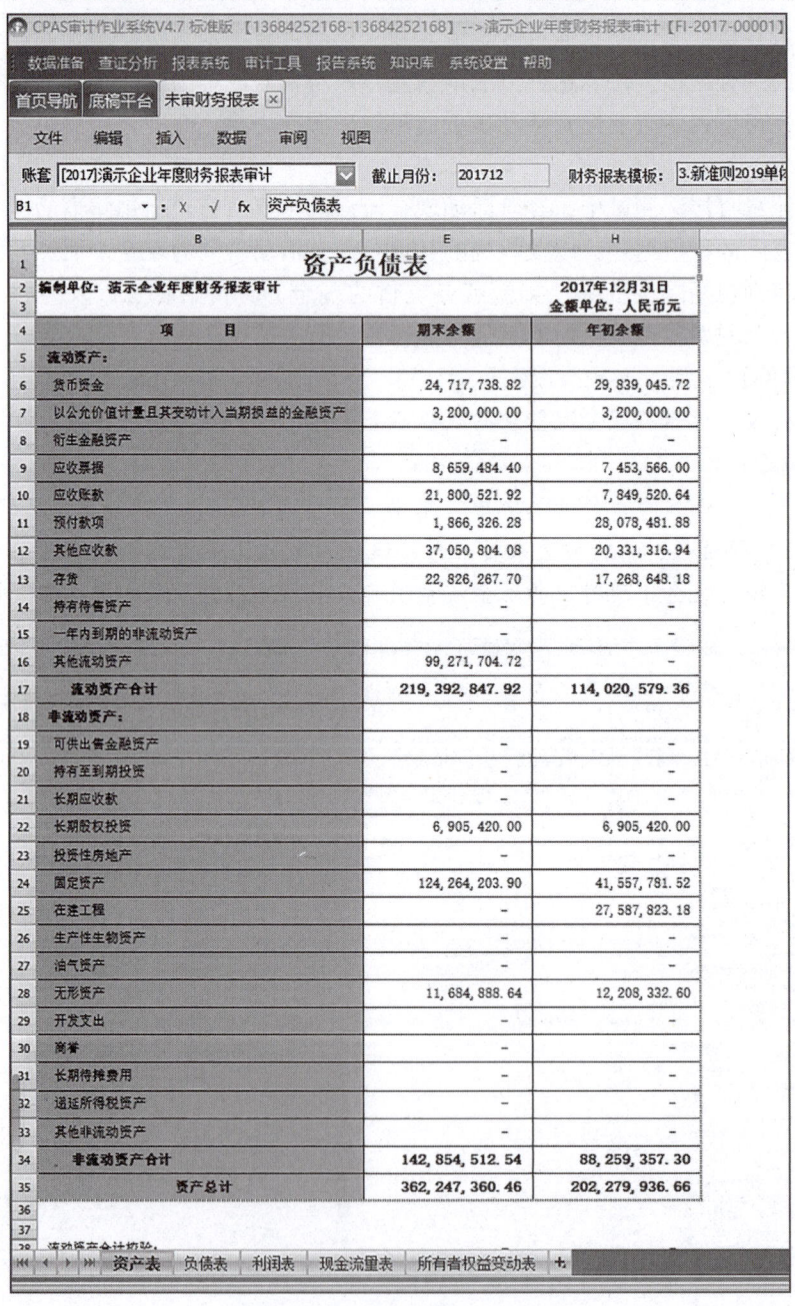

图4-28 未审资产负债表界面①

资产负债表（续）

编制单位：演示企业年度财务报表审计　　　　2017年12月31日
金额单位：人民币元

项目	期末余额	年初余额
流动负债：		
短期借款	44,000,000.00	44,000,000.00
以公允价值计量且其变动计入当期损益的金融负债	-	-
衍生金融负债	-	-
应付票据	-	-
应付账款	16,193,940.18	8,310,013.26
预收款项	33,180,216.96	12,230,740.26
应付职工薪酬	1,336,297.26	1,523,926.26
应交税费	100,550,805.00	576,292.08
其他应付款	17,532,465.12	11,954,419.38
持有待售负债	-	-
一年内到期的非流动负债	-	-
其他流动负债	-	-
流动负债合计	212,793,724.52	78,595,391.24
非流动负债：		
长期借款	-	-
应付债券		
其中：优先股		
永续债		
长期应付款	-	-
预计负债	-	-
递延收益	-	-
递延所得税负债	-	-
其他非流动负债	-	-
非流动负债合计	-	-
负债合计	212,793,724.52	78,595,391.24
所有者权益（或股东权益）：		
实收资本（或股本）	72,000,000.00	72,000,000.00
其他权益工具		
其中：优先股		
永续债		
资本公积	3,263,875.74	3,263,875.74
减：库存股	-	-
其他综合收益	-	-
专项储备		
盈余公积	11,596,786.68	9,030,677.64
未分配利润	62,592,973.52	39,389,992.04
所有者权益（或股东权益）合计	149,453,635.94	123,684,545.42
负债和所有者权益（或股东权益）总计	362,247,360.46	202,279,936.66

图4-29　未审资产负债表界面②

利润表

编制单位：演示企业年度财务报表审计　　　　　　　　　　　2017年12月31日
金额单位：人民币元

项目	本期数	上期数
一、营业收入	144,634,124.46	136,369,594.08
减：营业成本	56,631,343.86	64,135,049.82
税金及附加	1,100,425.92	1,200,971.94
销售费用	28,865,346.12	29,402,792.28
管理费用	29,394,821.52	17,205,124.86
研发费用	-	-
财务费用	1,298,903.70	-24,519.80
其中：利息费用	-	-
利息收入	-	-
加：其他收益	-	-
投资收益（损失以"-"号填列）	-	-
其中：对联营企业和合营企业的投资收益	-	-
公允价值变动收益（损失以"-"号填列）	-	-
资产减值损失（损失以"-"号填列）	-	-
资产处置收益（损失以"-"号填列）	-	-
二、营业利润（亏损以"-"号填列）	-60,659,497.26	-47,784,369.28
加：营业外收入	648,969.06	1,403,143.14
减：营业外支出	213,608.10	3,281,242.20
三、利润总额（亏损总额以"-"号填列）	-60,224,136.30	-49,662,468.34
减：所得税费用	2,009,553.78	2,870,421.48
四、净利润（净亏损以"-"号填列）	-62,233,690.08	-52,532,889.82
（一）持续经营净利润（净亏损以"-"号填列）	-62,233,690.08	-52,532,889.82
（二）终止经营净利润（净亏损以"-"号填列）	-	-
五、其他综合收益的税后净额	-	-
（一）不能重分类进损益的其他综合收益	-	-
1.重新计量设定受益计划变动额	-	-
2.权益法下不能转损益的其他综合收益	-	-
……	-	-
（二）将重分类进损益的其他综合收益	-	-
1.权益法下可转损益的其他综合收益	-	-
2.可供出售金融资产公允价值变动损益	-	-
3.持有至到期投资重分类为可供出售金融资产损益	-	-
4.现金流经套期损益的有效部分	-	-
5.外币财务报表折算差额	-	-
……	-	-
六、综合收益总额	-62,233,690.08	-52,532,889.82
七、每股收益	-	-
（一）基本每股收益	-	-
（二）稀释每股收益	-	-

图 4-30　未审利润表界面

现金流量表

编制单位：演示企业年度财务报表审计　　　　　　　　　　2017年12月31日
金额单位：人民币元

项目	本年金额	上年金额
一、经营活动产生的现金流量：		
销售商品、提供劳务收到的现金	142,155,446.16	-
收到的税费返还	2,141,042.88	-
收到其他与经营活动有关的现金	69,894,397.38	-
经营活动现金流入小计	214,190,886.42	-
购买商品、接受劳务支付的现金	28,055,631.18	
支付给职工以及为职工支付的现金	21,355,725.96	
支付的各项税费	16,120,048.38	
支付其他与经营活动有关的现金	147,200,889.60	
经营活动现金流出小计	212,732,295.12	
经营活动产生的现金流量净额	1,458,591.30	
二、投资活动产生的现金流量：		
收回投资收到的现金	-	-
取得投资收益收到的现金	-	-
处置固定资产、无形资产和其他长期资产收回的现金净额	-	
处置子公司及其他营业单位收到的现金净额	-	
收到其他与投资活动有关的现金	-	
投资活动现金流入小计	-	
购建固定资产、无形资产和其他长期资产支付的现金	4,859,286.06	
投资支付的现金	-	
取得子公司及其他营业单位支付的现金净额	-	
支付其他与投资活动有关的现金	-	
投资活动现金流出小计	4,859,286.06	-
投资活动产生的现金流量净额	-4,859,286.06	-
三、筹资活动产生的现金流量：		
吸收投资收到的现金	-	-
取得借款收到的现金	24,000,000.00	-
收到其他与筹资活动有关的现金	-	
筹资活动现金流入小计	24,000,000.00	
偿还债务支付的现金	24,000,000.00	
分配股利、利润或偿付利息支付的现金	1,677,487.98	
支付其他与筹资活动有关的现金	43,124.16	
筹资活动现金流出小计	25,720,612.14	
筹资活动产生的现金流量净额	-1,720,612.14	
四、汇率变动对现金及现金等价物的影响额	-	-
五、现金及现金等价物净增加额	-5,121,306.90	-
加：期初现金及现金等价物余额	29,839,045.72	23,864,601.64
六、期末现金及现金等价物余额	24,717,738.82	23,864,601.64

图 4-31　未审现金流量表界面

复习思考题

1. 什么是数据采集工具？
2. 数据采集有哪些种类？
3. 如何在服务器上采集数据？
4. 数据转换的目的是什么？
5. 数据维护的作用体现在哪里？
6. 数据调整涉及哪些方面的工作？
7. 怎样实施账表调整？
8. 现金流量的直接检测是如何进行的？
9. 如何查看未审财务报表？

参考答案

实务自测题

一、填空题

1. 如底稿不全或缺失，可以进行_____获得完整底稿。
2. 在工作底稿_____功能界面，可以将底稿批量刷新。
3. 数据采集就是把_____通过数据采集工具采集出来。
4. 数据采集是_____的前提，目的是为数据转换提供可以识别的数据文件。
5. 数据转换是将采集来的被审计单位财务数据导入_____的过程，打开方式为：单击"_____"→"_____"，系统自动弹出转换界面。
6. 使用数据采集工具采集完财务数据后的文件夹名称是_____。
7. "导出三张表（科目表、余额表、序时账）模板.xs"存放在用友CPAS数据采集工具_____文件夹中。
8. 准确判断财务数据中的凭证信息是否转入审计系统中，通常用_____功能查看。
9. 未审财务报表模板中，包含_____、_____、_____和_____四个页签。
10. 采集U8V1oX/V1lX（SQL Server）版本数据时，如果SQL Server有密码，一般单击_____功能，绕开SQL Server的密码。
11. 未审财务报表中的现金流量表需通过_____中的_____，重算现金流量生成。

二、单选题

1. 审计人员登录作业端主界面后，CPAS系统默认会直接打开（　　）子窗口。
   A. 我的项目列表　　　　　　　　　B. 同步管理
   C. 底稿编制平台　　　　　　　　　D. 客户信息

2. 打印底稿批量时，需要先进行（　　），再打印。
   A. 底稿合并　　　　　　　　　B. 底稿模板初始化
   C. 底稿工作量统计　　　　　　D. 底稿批量刷新
3. 备份数据采集的原理是将外部的财务备份数据采集成用友 CPAS 审计作业系统能识别的（　　）。
   A. AUD 格式数据　　　　　　　B. txt 格式数据
   C. Word 格式数据　　　　　　 D. avi 格式数据
4. 在用友 CPAS 数据采集工具中，一般运用（　　）菜单进行采集模板的导出、导入操作。
   A. 搜索工具　　　　　　　　　B. 模板工具
   C. 破解与恢复　　　　　　　　D. 远程工具
5. 当标准科目中没有与被审计单位名称相符的科目时，用（　　）按钮来增加标准科目中的科目。
   A. 查找　　　　　　　　　　　B. 自动对应
   C. 维护　　　　　　　　　　　D. 其他
6. 可以校验转换后的总账数据正确性的功能是（　　）。
   A. 初始化数据　　　　　　　　B. 标准科目对应
   C. 余额表查询　　　　　　　　D. 数据校验

三、判断题

1. 用友 CPAS 数据采集工具，不需要安装。　　　　　　　　　　　　　　（　　）
2. 标准科目对应，只需要对应一级未对应的科目就可以。　　　　　　　（　　）
3. 用友 CPAS 数据采集工具，支持客户端取数和服务器取数两种方式。　（　　）
4. 用友 CPAS 数据转换系统，可以同时转换很多单位和很多年度的数据。（　　）
5. 未审财务报表功能不能生成现金流量表。　　　　　　　　　　　　　（　　）
6. 运用未审财务报表生成报表前，一定要先进行标准科目对应。　　　　（　　）
7. 用友 CPAS 数据采集工具也可以采集财务软件备份数据。　　　　　　（　　）
8. 用友 CPAS 业务数据导入功能，可以直接连接数据库（SQL Server），直接进行数据导入。　　　　　　　　　　　　　　　　　　　　　　　　　　　　　　　（　　）

参考答案

第五章 审计计划和风险识别

学习导航

- 审计计划和风险识别
  - 初步业务活动
    - 初步业务活动的目的 —— 确保独立性和专业胜任能力、评估管理层诚信、明确业务约定条款
    - 初步业务活动工作底稿
      - 被审计单位送审的范围与目标
      - 华光所与前任注册会计师沟通情况
  - 了解被审计单位及其环境
    - 了解被审计单位及其环境的目的
    - 了解被审计单位及其环境的内容及运用的审计方法
    - 了解被审计单位及其环境工作底稿
  - 了解被审计单位内部控制
    - 了解被审计单位内部控制的目的
    - 了解被审计单位内部控制的主要内容
    - 了解被审计单位内部控制的方法
  - 识别由于舞弊而导致的重大错报风险并确定应对措施
    - 识别由于舞弊导致的重大错报风险
      - 分析公司舞弊动机
      - 重点分析特别风险事项相关潜在舞弊风险因素
    - 针对舞弊导致的认定层次的重大错报风险制定进一步审计措施 —— 重视项目组成员的专业胜任能力和风险评估水平
    - 确定应对措施工作底稿
  - 重要性水平及重大账户确定
    - 重要性水平确定
      - 特征包括临界点、特定环境、数量基础、错报性质
      - 方法：选择基准和确定百分比
    - 重大账户确定 —— 提高审计效率、降低审计风险

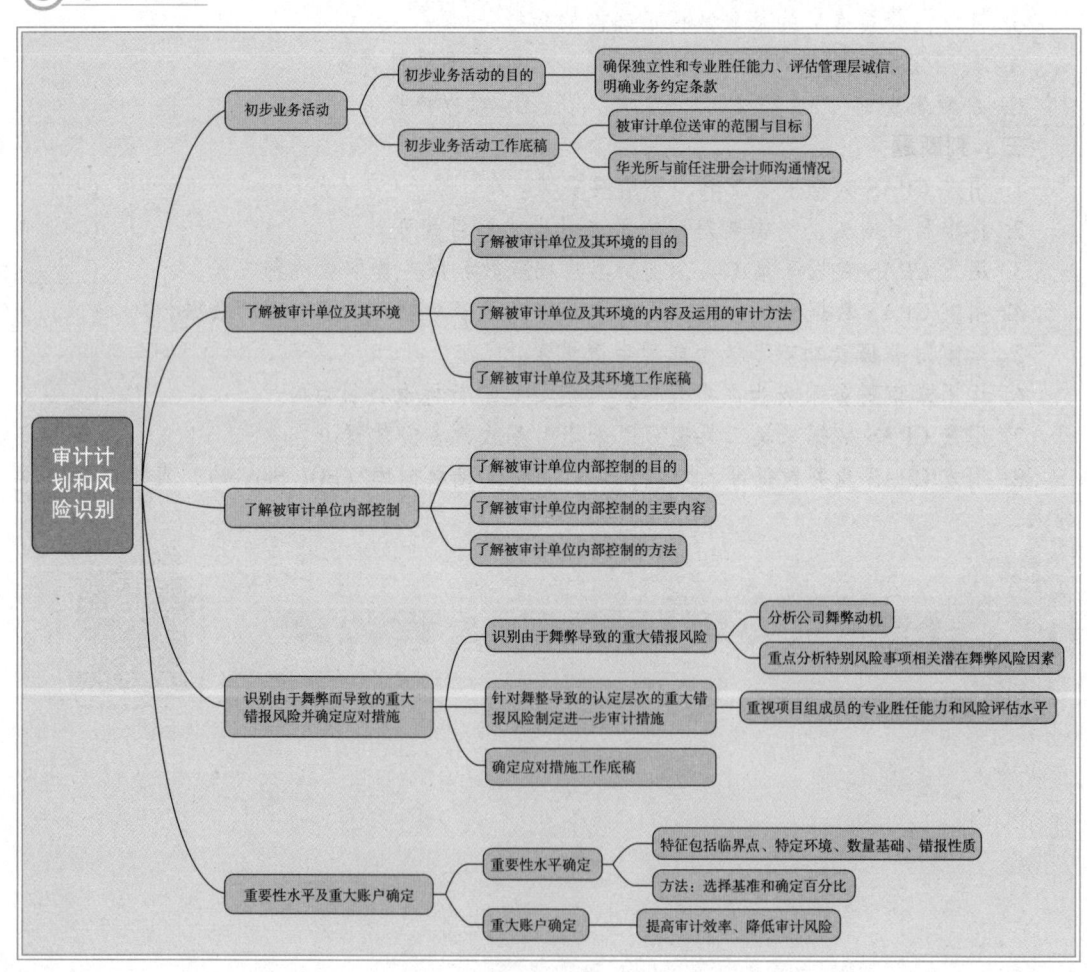

第五章　审计计划和风险识别

学习目的及要求

1. 理解审计计划和风险识别的重要性，以及其在审计工作中的作用。
2. 了解初步业务活动的目的和内容，以及如何进行初步业务活动。
3. 了解被审计单位及其环境等。
4. 掌握了解被审计单位内部控制的目的和方法，以及如何评估内部控制的有效性。识别由于舞弊而导致的重大错报风险并确定应对措施；掌握重要性水平及重大账户的确定。

导读案例

东方电子审计案例分析

1997年1月21日，烟台东方电子信息产业股份有限公司（以下简称东方电子）在深圳证券交易所上市，股价表现强劲，最高达18.67元/股，涨幅137%。上市后经历多次送股、配股、转增，流通股本扩大十多倍，股价维持在20元上下，最高曾达60元/股。2001年，东方电子因虚假陈述引发股民诉讼，成为中国证券民事第一案，涉案总标的达4.42亿元。东方电子高管利用1 044万股原始职工股在二级市场炒作，非法所得17.08亿元，其中15.95亿元被伪造成主营业务收入。

一、东方电子的基本情况及造假历程

烟台东方电子信息产业股份有限公司成立于1994年1月，总股本5 800万元，1997年1月21日在深圳证券交易所上市。上市初期，东方电子通过购买内部职工股减轻分红压力，使用空壳公司烟台振东高新技术发展公司名义购买1 000万股。1996年，东方电子将1 000万股内部职工股过户至40个自然人账户，另购买44万股内部职工股过户至4个个人账户。东方电子上市后，通过抛售内部职工股并在财务报表中虚增收入，形成所谓的"良性循环"，以实现业绩增长和股价上涨。1997年至2001年，东方电子通过伪造合同、发票和银行进账单等方式，虚增主营业务收入17.049 9亿元，占历年销售收入总额47%。

二、东方电子的主要会计问题

东方电子通过私刻客户公章、伪造销售合同和虚开销售发票的方式，虚增主营业务收入，涉及金额巨大。使用空壳公司烟台振东高新技术发展公司变现资金，并与银行合谋伪造进账单和对账单，洗钱总额高达16亿元。公司主营业务收入和净利润大幅增长，导致股本连年大规模扩张，从上市时的6 830万股增至2000年年底的91 795万股。东方电子的高利润率和市场占有率在逻辑上存在不合理之处，审计人员未保持应有的职业谨慎，未能发现这些问题。

三、审计主体基本情况及主要审计问题

山东乾聚会计师事务所连续5年审计东方电子财务年报，每次都出具"无保留意见"，共获得240万元审计费用。审计人员在审计主营业务收入时未保持职业谨慎，未能发现东方电子的异常财务状况。审计程序不当，包括函证比例高但回函情况不佳，未实施必要的替代审计程序，且未认真执行三级复核程序。乾聚会计师事务所的审计方法不当，未能有效验证被审计单位财务状况的真实性。

四、案件结果

原东方电子董事长兼总经理隋元柏、董秘高峰、总会计师方跃因提供虚假财务报告罪被判刑并处罚金。青岛中院受理了大量起诉东方电子及其大股东的案件，最终达成调解意见，东方电子以股票赔偿原告损失。乾聚会计师事务所的法人代表刘天聚因涉嫌出具证明文件重大失实罪被刑事拘留、逮捕，后取保候审。东方电子虚假陈述民事赔偿纠纷案审结完毕，青岛中院签发相关法律文书。

五、对审计方法和审计师职责的反思

注册会计师应选用风险导向审计方法，而不仅仅是进行实质性测试程序。风险导向审计不应被视为偷工减料的手段，而是一种全面评估风险的方法。传统审计方法未能深入了解企业，审计师未能形成合理预期，这是其最大缺陷。应考虑采用非常规审计程序，以应对舞弊导致的重大错报风险。

东方电子审计案例

通过东方电子审计案例，分析东方电子财务舞弊手段的特点，明确实施风险导向审计中的难点，教导学生加强专业修养，提高专业技能，拓宽专业视野。

审计计划和风险识别是审计工作的两个核心环节。审计计划旨在明确审计目标、范围、策略和时间表，确保审计工作高效有序进行；而风险识别则是评估被审计对象潜在的风险领域，为制定审计计划提供重要依据。

制定审计计划包括确定审计目标、审计范围、审计策略、审计时间和审计资源分配。它要求注册会计师充分了解被审计单位的业务、内部控制和风险状况，从而制定出切实可行的审计策略和方法。

风险识别则涉及对被审计单位财务报表、业务活动、内部控制和法规合规等方面的风险进行评估。通过风险识别，注册会计师能够确定哪些风险对财务报表和业务运营具有重要影响，进而在审计计划中予以重点关注。

审计计划和风险识别的实施步骤如下：

1. 制定审计计划

明确审计目标、审计范围、审计时间和审计资源分配，考虑企业的行业特点、业务规模、财务状况等因素，确保审计工作的针对性和有效性。

2. 进行审计前的调查与风险评估

了解被审计单位的内部控制体系、业务流程和潜在风险，包括收集和分析财务报表、内部控制制度等资料，与管理层和员工交流，为后续审计工作提供依据。

3. 实施审计程序

按照审计计划和审计策略，对被审计单位的财务报表和相关资料进行详细的审查和测试，包括逐项核对、抽样检查、测试内部控制制度等。

4. 收集与整理审计证据

对审计过程中获取的各种证据进行仔细的甄别、分类和整理，包括书面资料以及审计过程中的观察、询问和测试等记录。

第一节　初步业务活动

一、初步业务活动的目的

初步业务活动的目的主要包括以下几点：

（一）确保独立性和专业胜任能力

确保注册会计师具备执行业务所需的独立性和专业胜任能力，以维护审计工作的客观性和公正性。

（二）评估管理层诚信

评估是否存在因管理层诚信问题而影响注册会计师保持审计业务意愿的情况，确保审计工作的顺利进行。

（三）明确业务约定条款

确保与被审计单位之间不存在对业务约定条款的误解，明确双方的权利和义务，为后续的审计工作奠定基础。

这些目的共同构成了初步业务活动的重要内容，有助于审计师在开始审计工作之前对被审计单位及其环境有一个全面的了解，签订审计业务约定书，从而制定更为合理和有效的审计计划。

二、初步业务活动工作底稿

【实务案例】

1. 被审计单位送审的范围与目标

对明康生物按照《企业会计准则》编制的 2017 年 12 月 31 日的资产负债表、利润表、所有者权益（或股东权益）变动表和现金流量表以及财务报表附注（以下统称财务报表）进行审计。

要求审计机构通过审计，对财务报表的下列方面发表审计意见：

（1）财务报表是否在所有重大方面按照《企业会计准则》的规定编制；

（2）财务报表是否在所有重大方面公允反映了公司 2017 年 12 月 31 日的财务状况以及 2017 年度的经营成果和现金流量。

2. 华光所与前任注册会计师沟通情况

华光所是首次接受明康生物的审计委托业务，明康生物同意华光所与前任注册会计师沟通。此次审计业务更换事务所属于五年期限已满，前任注册会计师与明康生物在其业务期间，双方秉持诚信、独立状态，审计意见均为：无保留意见。

【审计操作】

按照审计准则要求，展开初步业务活动评价，在用友 CPAS 审计作业系统底稿平台，完成"1000 初步业务活动工作底稿"相关项的填写，如图 5-1 所示。

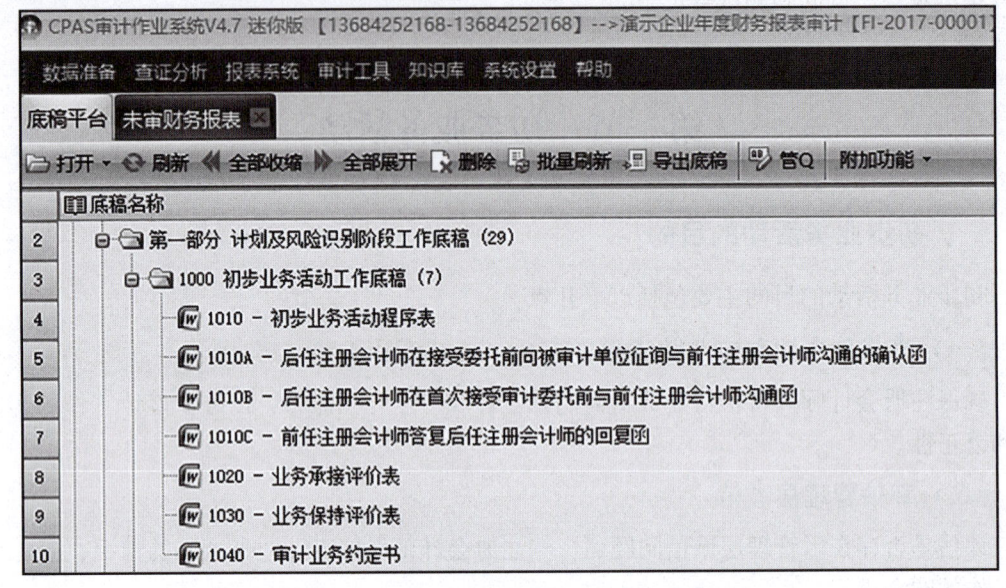

图 5-1　1000 初步业务活动工作底稿界面

第二节　了解被审计单位及其环境

一、了解被审计单位及其环境的目的

了解被审计单位及其环境是审计师进行审计工作的必要程序，其主要目的如下：

（1）识别和评估财务报表重大错报风险，为审计工作的其他环节提供基础。

（2）为注册会计师在审计工作中作出正确的职业判断提供重要的基础，如确定重要性水平、考虑会计政策的选择和运用、识别需要特别考虑的领域等。

二、了解被审计单位及其环境的内容及运用的审计方法

了解被审计单位及其环境是审计师执行财务报表审计业务的必要程序，它贯穿于整个审计过程的始终。了解被审计单位及其环境的内容包括了解被审计单位的行业状况、法律环境、监管环境和其他外部因素，以及被审计单位的性质、会计政策的选择和运用、财务状况等。审计师通过实施风险评估程序来了解被审计单位及其环境，主要运用的审计方法包括询问、分析程序、观察和检查。这些方法帮助审计师识别和评估财务报表重大错报风险，为设计和实施进一步的审计程序提供重要基础，从而确保审计工作的针对性和有效性。

三、了解被审计单位及其环境工作底稿

【实务案例】

1. 被审计单位及其环境情况

通过扫描二维码观看情景动画，了解明康生物公司概况及市场因素。

2. 被审计单位会计政策的选择、运用及财务状况

明康生物严格按照《企业会计准则》的规定编制财务报表，采用通用目的编制基础编制财务报表。明康生物无商誉减值问题，未将不具有高流动性的投资划分为现金等价物，不存在与金融工具有关的潜在问题，不存在与应收款项或贷款有关的债务潜在问题，不存在资产减值潜在问题等。

通过扫描二维码"了解确认收入的会计政策及因素"观看情景动画，进一步了解明康生物公司确认收入的会计政策及因素。

了解被审计单位公司概况及市场因素

了解确认收入的会计政策及因素

【审计操作】

（1）依据前述相关资料，了解被审计单位及其环境，在用友 CPAS 审计作业系统底稿平台，完成"2100 了解被审计单位及其环境（不包括内部控制）"相关项的填写，如图 5-2 所示。

（2）按照审计准则要求，在用友 CPAS 审计作业系统中，单击"底稿平台"→"2017 工作底稿"→"第一部分 计划及风险识别阶段工作底稿"→"2100 了解被审计单位及其环境（不包括内部控制）"→"未审财务报表的总体分析"，展开对未审财务报表的总体分析，如图 5-3 所示，特别注意趋势变化较大的项目，为后续审计工作奠定基础。

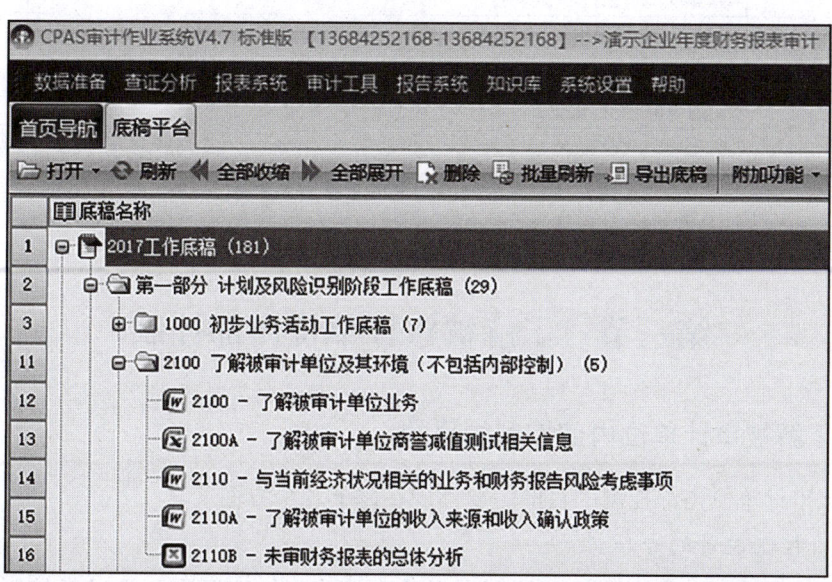

图 5-2 2100 了解被审计单位及其环境（不包括内部控制）底稿界面

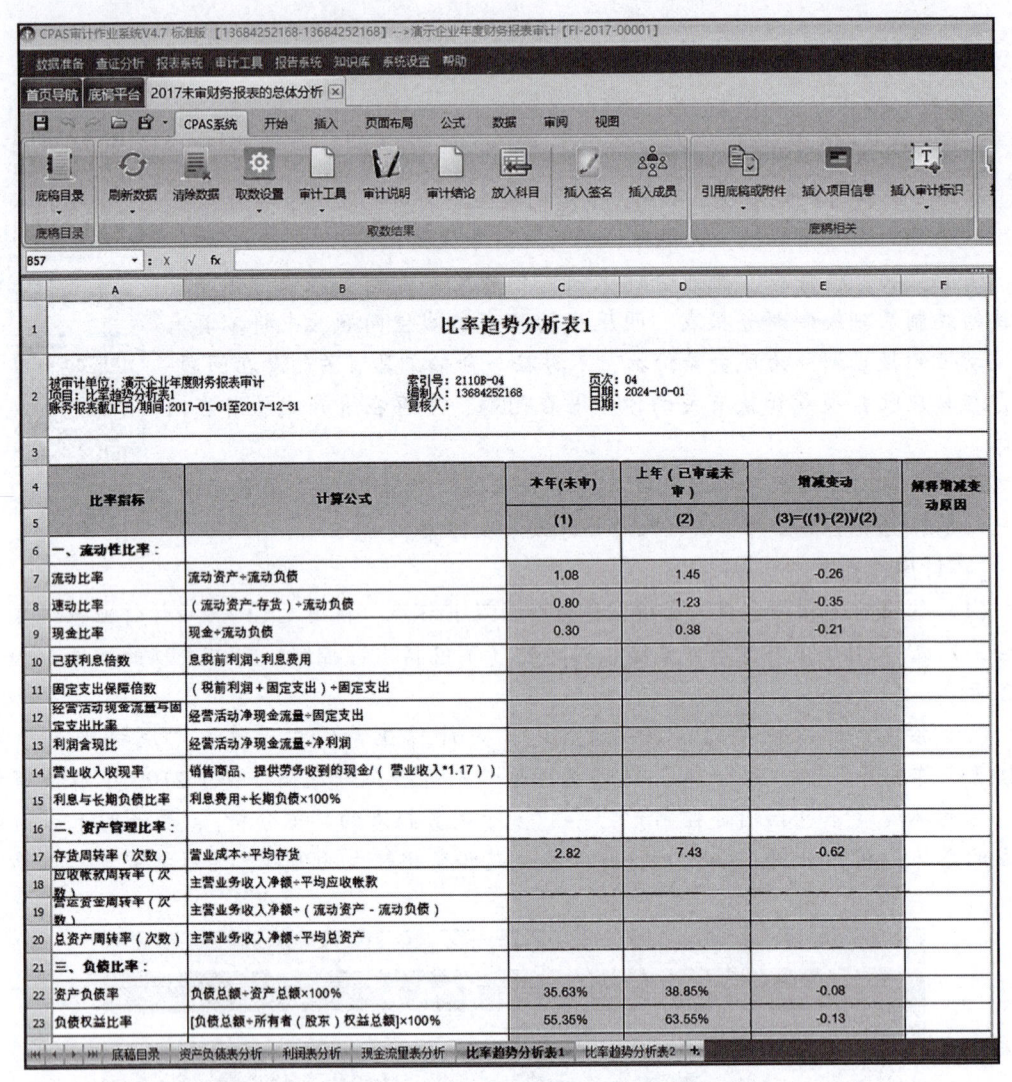

图 5-3　未审财务报表的总体分析界面

第三节　了解被审计单位内部控制

一、了解被审计单位内部控制的目的

了解被审计单位内部控制的目的主要体现在以下几个方面：

1. 评价控制设计的合理性

设计不当的控制可能表明内部控制存在重大缺陷，从而不需要再考虑控制是否得到执行。

2. 确定控制是否得到执行

了解内部控制是否得到执行，但不包括对控制是否得到一贯执行的测试。

3. 识别和评估重大错报风险

了解内部控制是识别和评估重大错报风险、设计和实施进一步审计程序的基础。

4. 促进内部控制的成熟与完善

通过内部控制审计，企业可以监督检查自身内部控制措施的运行情况，进而促进内部控制的不断成熟与完善。

二、了解被审计单位内部控制的主要内容

了解被审计单位内部控制的主要内容如下：

1. 控制环境

包括管理模式、组织结构、责权配置、人力资源制度等，这是内部控制的基础，影响着控制活动的实施和效果。

2. 风险评估流程

包括被审计单位确定、分析与实现内部控制目标相关的风险，以及采取的应对措施，这是内部控制的重要环节，有助于及时识别和控制风险。

3. 控制活动

包括根据风险评估结果采取的控制措施，如不相容职务分离控制、授权审批控制等，这是内部控制的核心，旨在将风险控制在可承受范围之内。

4. 信息与沟通

包括收集、处理、传递与内部控制相关的信息，并能有效沟通的情况，这是内部控制的保障，有助于确保信息的准确性和及时性。

5. 对控制的监督

包括对各项内部控制设计、职责及其履行情况的监督检查，这是内部控制持续改进的机制，有助于发现和改进内部控制缺陷。

三、了解被审计单位内部控制的方法

了解被审计单位内部控制的方法主要如下：

1. 利用以往审计经验

审计人员应合理利用以往的审计经验，进行专业判断，以初步了解内部控制的情况。

2. 实施审计程序

通过实施一定的审计程序，审计人员可以深入评价控制的设计是否合理，并确定其是否得到执行。

3. 研究内部控制要素

审计人员需要研究内部控制的各个要素，包括控制环境、风险评估过程、与财务报告相关的信息系统和沟通、控制活动等，以充分了解内部控制。

4. 多层面了解

审计人员应从整体层面和业务流程两个层面，多角度地了解内部控制的情况。

（一）整体层面内部控制工作底稿

【实务案例】

通过扫描二维码"高管访谈（一）（二）（三）"观看情景动画，了解明康生物管理层及其内控情况。

高管访谈（一）　　　　高管访谈（二）　　　　高管访谈（三）

明康生物内部控制符合《企业内部控制应用指引》的相关要求，其控制环境、风险评估流程、对控制的监督、信息和沟通、控制活动均无异样。

【审计操作】

按照审计准则的要求，对明康生物公司内控各要素展开调查和评价，在用友 CPAS 审计作业系统底稿平台，完成"2210 整体层面内部控制"相关底稿的填写，如图 5-4 所示。

图 5-4　2210 整体层面内部控制工作底稿界面

（二）业务流程层面内部控制工作底稿

【实务案例】

通过扫描二维码"销售与收款流程"观看情景动画，了解明康生物销售业务内控情况。

明康生物公司在采购与付款、筹资与投资、工资与人事、固定资产和其他长期资本、生产与仓储、销售与收款、货币资金管理等环节都有相应的内部控制制度和具体的实施细则，各环节都较好地落实执行了相关规章制度。

销售与收款流程

【审计操作】

按照审计准则要求，对明康生物公司业务流程各环节展开调查和评价，在用友 CPAS 审计作业系统底稿平台，完成"2230 业务流程层面内部控制"相关底稿的填写，如图 5-5 所示。单击"首页导航"→"业务流程层面了解和评价内控"，打开其设置界面，如图 5-6 所示。先单击"从风险矩阵新增"，再依据对企业的实际调查和评价，逐一填制各循环的实际控制情况。

第五章 审计计划和风险识别

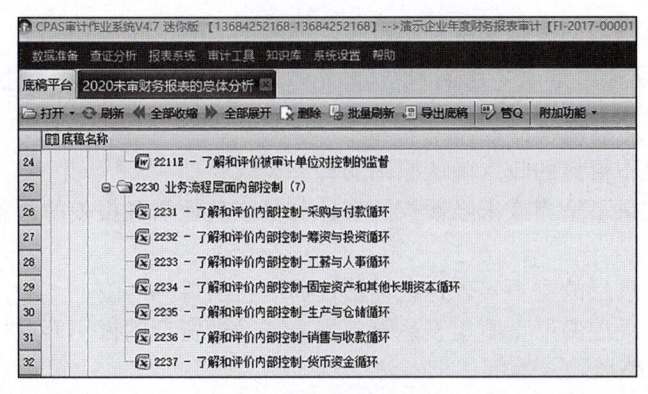

图 5-5 2230 业务流程层面内部控制工作底稿界面

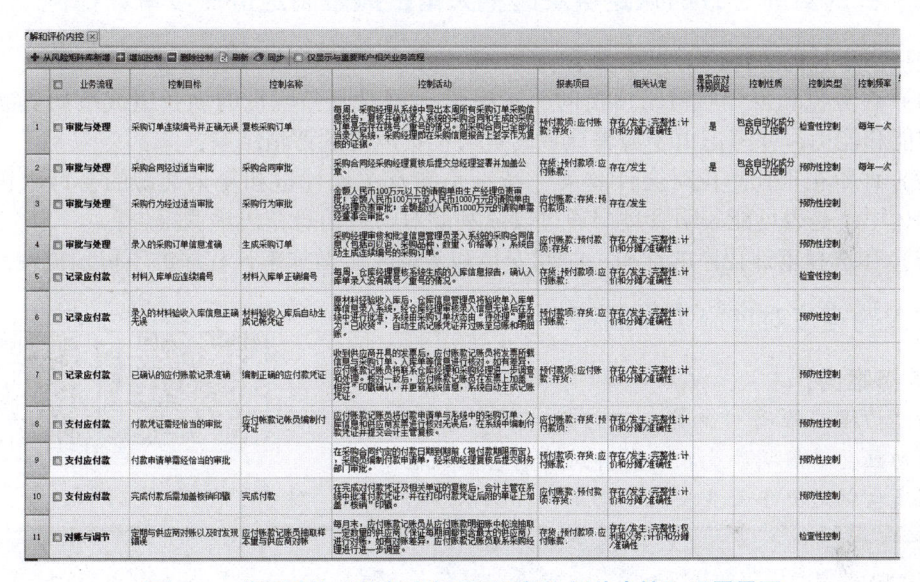

图 5-6 首页导航"业务流程层面了解和评价内控"设置界面

第四节 识别由于舞弊而导致的重大错报风险并确定应对措施

一、识别由于舞弊导致的重大错报风险

1. 审计人员应对公司以下舞弊动机进行重点分析，充分评估公司舞弊风险

（1）避免被特别处理或退市；
（2）满足融资业绩条件；
（3）避免上市后业绩迅速下降；
（4）满足股权激励行权条件；
（5）满足重组承诺的业绩条件；
（6）迎合市场业绩预期；
（7）谋求以业绩为基础的私人报酬；

081

（8）满足有关部门的考核要求。

2. 审计人员应对公司以下特别风险事项相关潜在舞弊风险因素进行重点分析，从而充分评估公司舞弊风险

（1）考虑有关不恰当的收入确认原则的舞弊风险；

（2）考虑因记录不适当或未经授权的会计分录或其他财务报表的调整事项而产生的舞弊风险；

（3）考虑因管理层故意不实表达会计估计而产生的舞弊风险；

（4）考虑因管理层为严重不实表达财务报表或隐蔽资产的挪用而进行的重大及不寻常的交易所带来的舞弊风险，等等。

二、针对舞弊导致的认定层次的重大错报风险制定进一步审计措施

进一步审计的总体应对措施如下：

（1）在分派和督导项目组成员时，考虑承担重要业务职责的项目组成员所具备的知识、技能和能力，并考虑由于舞弊导致的重大错报风险的评估结果；

（2）评价被审计单位对会计政策（特别是涉及主观计量和复杂交易的会计政策）的选择和运用，是否可能表明管理层通过操纵利润对财务信息作出虚假报告；

（3）在选择审计程序的性质、时间安排和范围时，增加审计程序的不可预见性。

三、确定应对措施工作底稿

【实务案例】

通过扫描二维码"舞弊风险访谈（一）和（二）"观看情景动画，了解明康生物对舞弊风险的管控风险。

明康生物近五年营业收入变动不大，如图5-7所示，财

舞弊风险访谈（一）　舞弊风险访谈（二）

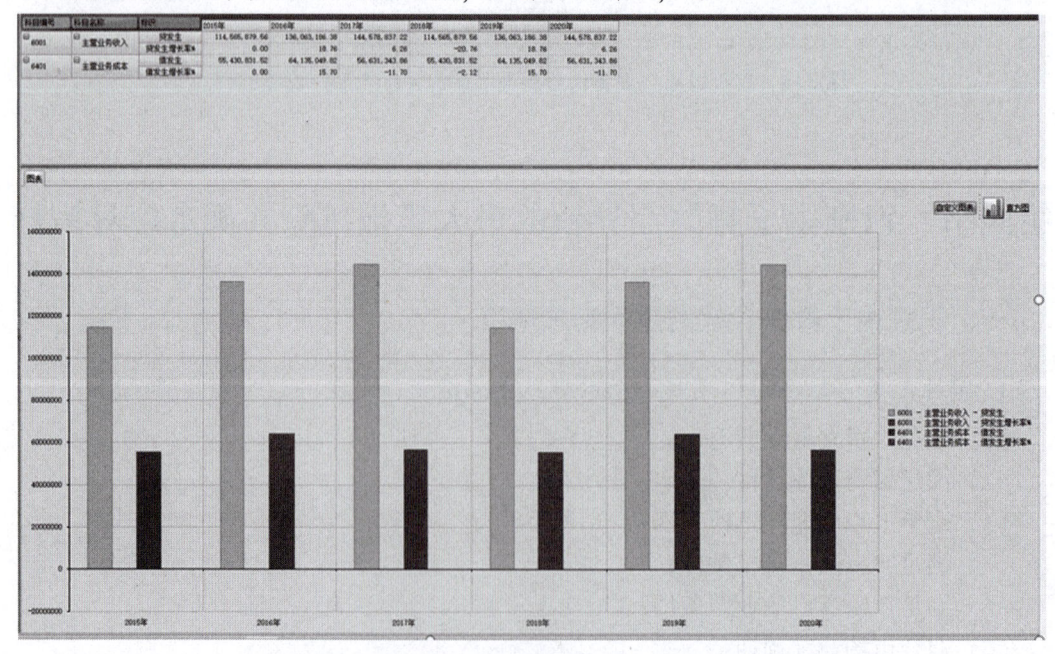

图5-7　明康生物近五年主营业务收入和主营业务成本直方图

务稳定性、盈利能力受经济环境、行业状况或被审计单位运营状况的影响不大，其收入确认严格按照企业收入确认准则执行。管理层薪酬与企业业绩挂钩，管理层较好落实了企业内部控制。

【审计操作】

（1）在用友 CPAS 审计作业系统中，利用"查证分析"→"科目趋势分析""科目结构分析""科目配比分析"等分析工具，对变化趋势超过 50% 的项目：预付款项、固定资产、在建工程、应付票据及应付账款、预收款项、应交税费、其他应付款、管理费用、财务费用、营业外收入和营业外支出等进行分析，找出其可能存在的重大错报。

例如，对往来科目 2015—2020 年多科目联动的趋势分析，如图 5-8 所示。

操作步骤如下：

①单击"查证分析"→"科目趋势分析"；

②选择年度：2020，分析选项：多科目联动，分析口径：年度；

③单击"科目选择"，进入科目选择界面，勾选应收账款、应收票据、预付账款、应付票据、应付账款、预收款项科目；

④单击折线图表进行分析。

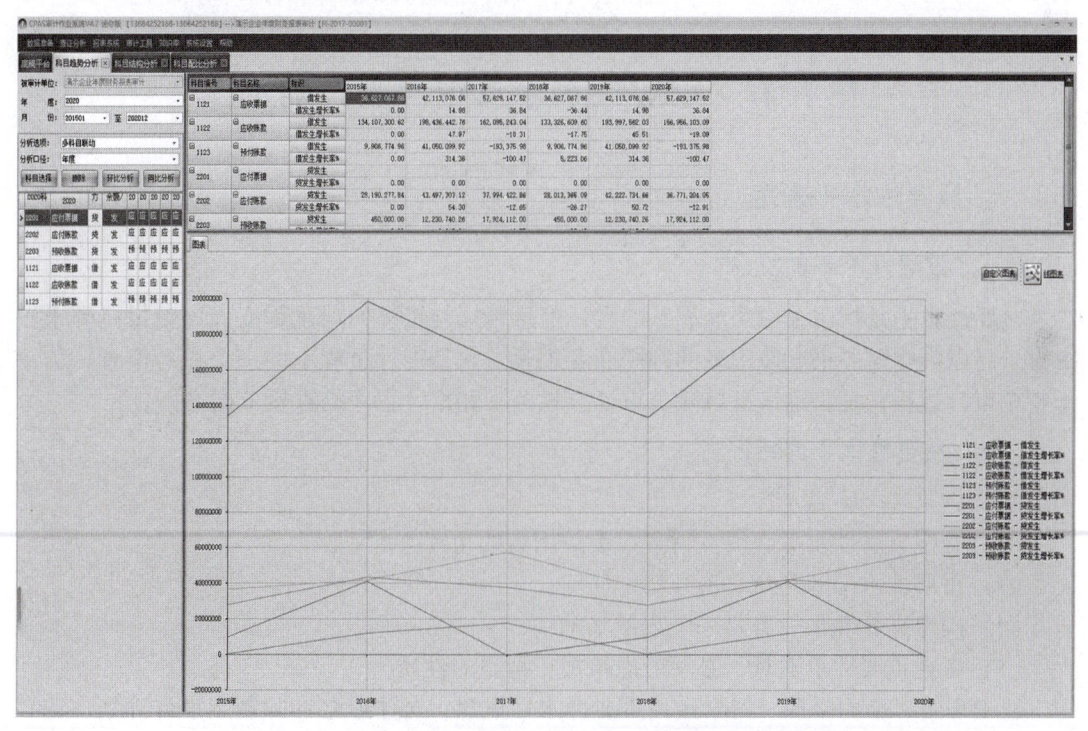

图 5-8　往来科目 2015—2020 年多科目联动的趋势分析图

（2）按照审计准则要求，识别明康生物公司由于舞弊导致的重大错报，在用友 CPAS 审计作业系统底稿平台，完成"2300 识别由于舞弊而导致的重大错报风险并确定应对措施"中的"舞弊风险评估与应对.xlsx"底稿的填写，如图 5-9 所示。

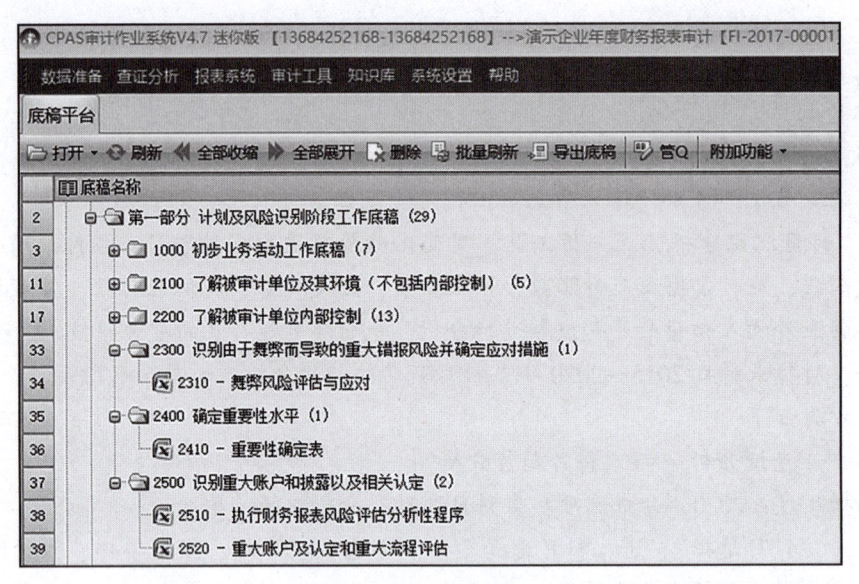

图 5-9 2300 识别由于舞弊而导致的重大错报风险并确定应对措施工作底稿界面

第五节　重要性水平及重大账户确定

一、重要性水平确定

（一）重要性水平的概念

重要性水平是指用金额额度表示的会计信息错报与错弊的严重程度，该错报错弊未被揭露，足以影响财务报表使用者的判断或者决策。它是审计过程中的一个核心概念，贯穿于整个审计过程，是决定审计风险、审计查核范围和审计程序的直接依据之一。

（二）重要性水平的特征

（1）它是一个临界点；
（2）确定重要性水平必须从财务报表使用者的角度考虑；
（3）重要性水平的判断离不开特定环境；
（4）确定重要性水平需要一个数量基础；
（5）考虑重要性水平时，必须考虑错报、漏报的性质。

正确理解、全面掌握、科学运用重要性水平概念，对注册会计师制定审计计划、选择审计方法、提高审计效率、降低审计成本和审计风险都有重要的意义。

（三）确定财务报表重要性的方法

确定财务报表重要性的方法如下：

1. 选择基准

注册会计师通常先选定一个基准，如资产、负债、所有者权益、收入和费用等财务报表要素，或特定会计主体的财务报表使用者特别关注的项目，如利润、收入或净资产等。

同时，还需考虑被审计单位的性质、所处的生命周期阶段、行业和经济环境、所有权结构和融资方式，以及基准的相对波动性。

2. 确定百分比

选用适当的百分比乘以该基准，得到一个恰当的金额，将其作为财务报表整体的重要性。确定百分比时，需要考虑被审计单位是否为上市公司或公众利益实体、财务报表使用者的范围、被审计单位的融资情况，以及财务报表使用者对基准数据的敏感性。

通过上述方法，可以综合确定财务报表的重要性水平，为审计工作和相关决策提供有力依据。

（四）在审计实务中常用基准举例

在审计实务中，常用基准的选择依据被审计单位的特定情况而定。以下是一些常用基准举例：

1. 盈利水平稳定的企业

常选择经常性业务的税前利润作为基准。

2. 经营状况波动大的企业

可能采用过去 3~5 年经常性业务的平均税前利润或亏损（取绝对值），或其他基准如营业收入。

3. 新设企业

处于开办期，尚未开始经营，可能选择总资产作为基准。

4. 新兴行业企业

侧重于抢占市场份额，可能选择营业收入作为基准。

5. 开放式基金

致力于优化投资组合，可能选择净资产作为基准。

6. 研发中心

主要为集团提供研发服务，可能选择成本与营业费用总额作为基准。

7. 公益性质的基金会

可能选择捐赠收入或捐赠支出总额作为基准。

【实务案例】

明康生物近几年盈利水平保持稳定，因此审计人员选择"税前利润"作为基准，按照 8% 来估算确定财务报表整体重要性水平，经前期的初步业务活动后，发现整体的审计风险属中等，选择 60% 实际执行的重要性水平，根据财务报表整体重要性的 1% 计算出明显微小错报临界点。

【审计操作】

1. 设置重要性水平前，需确保完成数据转换

即查看用友 CPAS 项目管理工具系统界面对应的项目信息是否完整。打开对应项目，在用友 CPAS 审计作业系统中，单击查看"报表系统"→"未审财务报表"中的基础数据是否完整，当基础财务报表数据准备完毕后，单击"首页导航"→"重要性"，打开明康

生物 2017 年年报的重要性设置窗口，依据上述实务案例中的相关信息进行设置，如图 5-10 所示。设置完后单击"锁定"按钮，"锁定"变为"解锁"，表示保存成功。

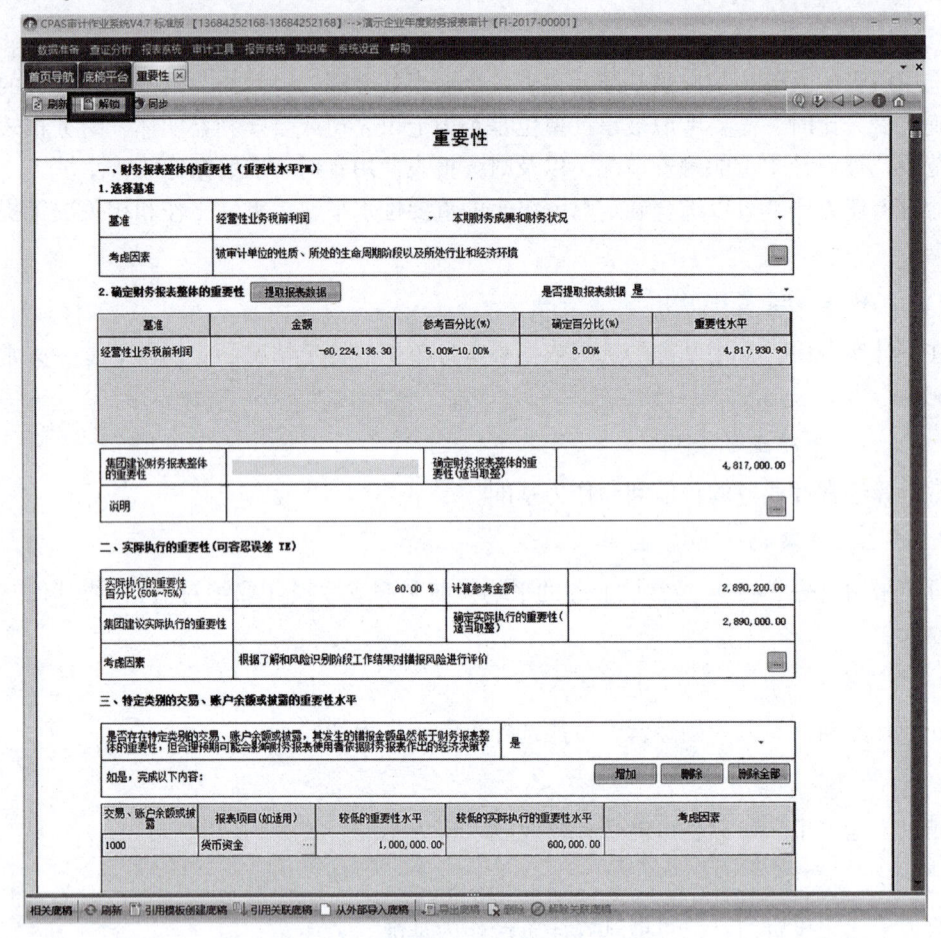

图 5-10 首页导航中的重要性设置界面

设置首页导航中的重要性的具体方法如下：

（1）财务报表整体重要性水平计量基础的考虑。

①选择基准。如图 5-10 所示，可以选择"经营性业务税前利润""收入"或"毛利"等相关基准。重要性水平默认取数"本期财务成果和财务状况"，也可以选择"前期财务成果和财务状况"或"本期预算和预测结果"等。

②确定财务报表整体重要性。如果基准选择为"经营性业务税前利润"，重要性水平默认为"本期财务成果和财务状况"，在"确定财务报表整体的重要性"单击"提取报表数据"后，就会自动从报表数据里提取税前利润数据。设置好"确定百分比"，如 8.00%，后面的重要性水平就自动按税前利润报表数据的 8% 进行取值计算。如果当前项目是单体项目，"集团建议财务报表整体的重要性"文字显示灰色。"确定财务报表整体重要性（适当取整）"会自动取值"重要性水平"数值。

（2）实际执行的重要性。

实际执行的重要性按 50%~75% 取值，如设置为 60%，系统会根据财务报表整体重要性的 60% 进行计算。

(3) 特定类别的交易、账户余额或披露的重要性水平。

如图 5-10 所示，当选择"是"时，在"交易、账户余额或披露"下方如果输入"账户余额"，在"项目报表"下方如果单击按钮选择"应收账款"，输入较低的重要性水平数值后，系统会根据前面设置的 60% 进行取值计算，得到较低的实际执行的重要性水平。

(4) 明显微小错报临界值。

明显微小错报临界值根据前面设置的财务报表整体重要性的 1%~10% 取值计算。如设置为 1%，系统会根据财务报表整体重要性的 1% 计算出明显微小错报临界点。

(5) 修改重要性。

在"确定重要性水平是否适当"后面如果选择"是"，说明当前重要性水平数值无须修改。如果选择"否"，就可以对财务报表整体重要性、实际执行的重要性、特定类别交易账户余额或披露的重要性水平、明显微小错报临界值进行修改。

(6) 修改重要性对之前确定的进一步审计程序的性质、时间安排和范围的影响。

在这一步，如果审计人员需要修改重要性对之前确定的进一步审计程序的性质、时间安排和范围的影响，则直接在空白处输入文字，或者单击后面的按钮，在弹出的对话框中输入或粘贴相关文字即可。

(7) 按审定数重新计算重要性。

单击"提取审定数"按钮，可以按审定数重新计算重要性。

(8) 评价审计结果。

单击"提取未更正错报金额"按钮，可以提取到相关数据。如果在调整分录时有未更正错报金额，这里会提取未更正错报金额数据。

(9) 重要性水平下方界面按钮介绍。

①引用模板创建底稿：如果删除了某一个底稿并且在底稿平台的回收站里也清空了这张底稿，这时如果想再次生成这张底稿的初始文件，单击"引用模板创建底稿"按钮，在出现的底稿平台界面相应阶段下可以再次添加这张底稿。

②引用关联底稿：有些底稿存在于其他操作环节中，如果当前功能也需要这张底稿文件，可以单击"引用关联底稿"按钮，将其他操作环节底稿引用过来。

③从外部导入底稿：单击此按钮后，将系统外部的文件导入当前操作环节中。

④导出底稿：将底稿导出至系统外部相关路径存放。导出时要选择好被导出的底稿文件，如果要导出一张只包含底稿公式不包括底稿内容的底稿，可以将"取数公式转化为内容"前面的复选勾去掉。底稿也可以导出成 Office 格式文件。

⑤删除：审计步骤下的底稿删除后，会进入底稿平台的回收站，清空回收站后，该底稿彻底删除，需要一个新的底稿模板文件，使用"引用模板创建底稿"方式创建底稿模板文件。

⑥解除关联底稿：使用"引用关联底稿"功能关联其他操作环节的底稿后，单击"解除关联底稿"按钮，可以解除这种关联引用。

⑦底稿批量签名：审计底稿经过编辑和保存后，单击"底稿批量签名"按钮，可以设置底稿的编制人和编制日期。

2. 填写审计底稿

在用友 CPAS 审计作业系统底稿平台，如图 5-11 所示，单击打开"重要性确定表.xlsx"工作底稿，在如图 5-12 所示重要性水平设置底稿表中可进行重要性水平设置。

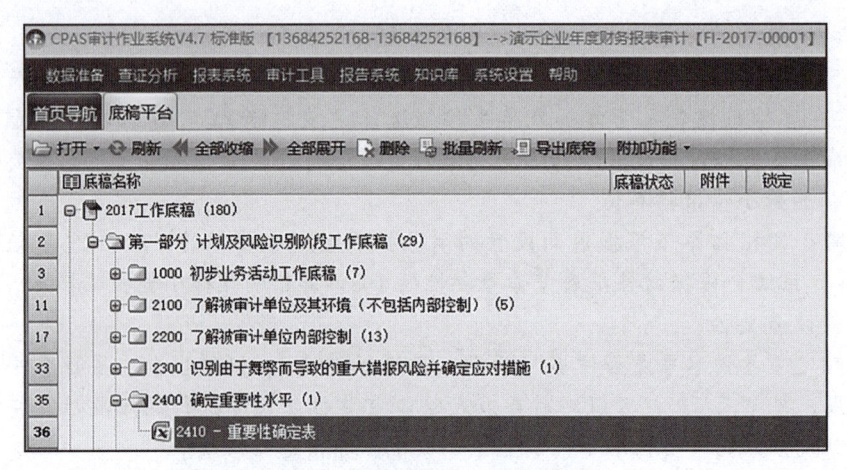

图 5-11 重要性水平设置底稿界面

图 5-12 重要性水平设置底稿表

二、重大账户确定

重大账户确定就是确定整个审计过程中的重点审计领域。确定重点审计领域的意义如下：

1. 提高审计效率

通过集中审计资源于关键领域，减少不必要的工作，确保审计工作的针对性和有效性。

2. 降低审计风险

重点审计领域往往涉及企业的重要财务活动和潜在风险，通过深入审计，可以及时发现并纠正问题，降低企业的财务风险。

【实务案例】

明康生物2017年年报审计的重点领域数据取自报表基础数据，如图5-13所示。财务报表整体重要性水平（PM）和实际执行的重要性水平（TE）数据取自重要性水平数据。当未审计数据大于TE数据时，“金额大于可容忍错报（TE）”显示为“是”，“识别为重要账户”显示“√”。当未审计数据小于TE数据时，“金额大于可容忍错报（TE）”显示为“否”，“识别为重要账户”显示为空白。后面针对重要账户相关认定会有默认勾选，相关重要业务循环会有默认选择的业务循环名称。识别重要账户和相关认定以及业务流程循环也可以根据实际情况进行修改。

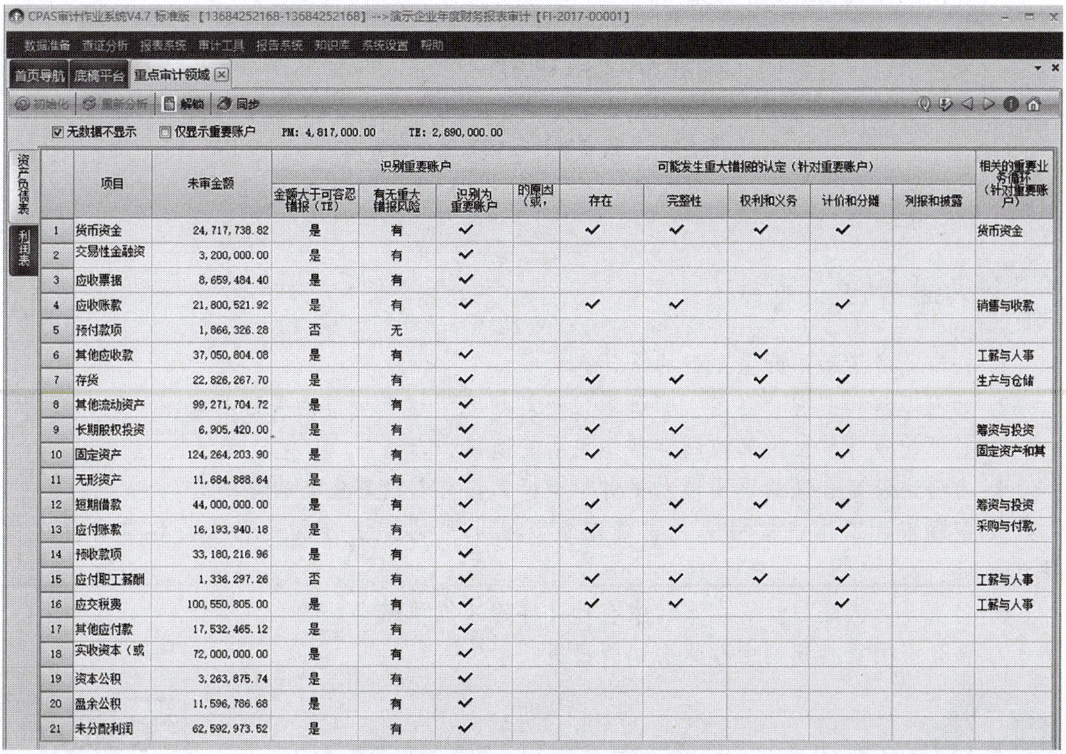

	项目	未审金额	识别重要账户				可能发生重大错报的认定（针对重要账户）					相关的重要业务循环（针对重要账户）
			金额大于可容忍错报（TE）	有无重大错报风险	识别为重要账户	的原因（或，	存在	完整性	权利和义务	计价和分摊	列报和披露	
1	货币资金	24,717,738.82	是	有	✓		✓	✓	✓	✓		货币资金
2	交易性金融资	3,200,000.00	是	有	✓							
3	应收票据	8,659,484.40	是	有	✓							
4	应收账款	21,800,521.92	是	有	✓		✓	✓		✓		销售与收款
5	预付款项	1,866,326.28	否	无								
6	其他应收款	37,050,804.08	是	有	✓				✓			工薪与人事
7	存货	22,826,267.70	是	有	✓		✓	✓	✓	✓		生产与仓储
8	其他流动资产	99,271,704.72	是	有	✓							
9	长期股权投资	6,905,420.00	是	有	✓		✓	✓		✓		筹资与投资
10	固定资产	124,264,203.90	是	有	✓		✓	✓	✓	✓		固定资产和其
11	无形资产	11,684,888.64	是	有	✓							
12	短期借款	44,000,000.00	是	有	✓		✓	✓	✓	✓		筹资与投资
13	应付账款	16,193,940.18	是	有	✓		✓	✓		✓		采购与付款
14	预收款项	33,180,216.96	是	有	✓							
15	应付职工薪酬	1,336,297.26	否	有	✓		✓	✓	✓	✓		工薪与人事
16	应交税费	100,550,805.00	是	有	✓		✓	✓		✓		工薪与人事
17	其他应付款	17,532,465.12	是	有	✓							
18	实收资本（或	72,000,000.00	是	有	✓							
19	资本公积	3,263,875.74	是	有	✓							
20	盈余公积	11,596,786.68	是	有	✓							
21	未分配利润	62,592,973.52	是	有	✓							

图5-13　重点审计领域设置窗口

【操作步骤】

（1）单击"首页导航"→"重点审计领域"，打开明康生物2017年年报的重点审计领域设置窗口，依据上述实务案例中的相关信息进行设置后，在图5-13界面，单击"初始化"→"重新分析"，最后单击"锁定"按钮，"锁定"按钮变为"解锁"，表示保存成功。

（2）重点审计领域设置，需在审计底稿"2500 识别重大账户和披露以及相关认定"下的"执行财务报表风险评估分析性程序.xlsx"和"重大账户及认定和重大流程评估.xlsx"进行，如图5-14所示。

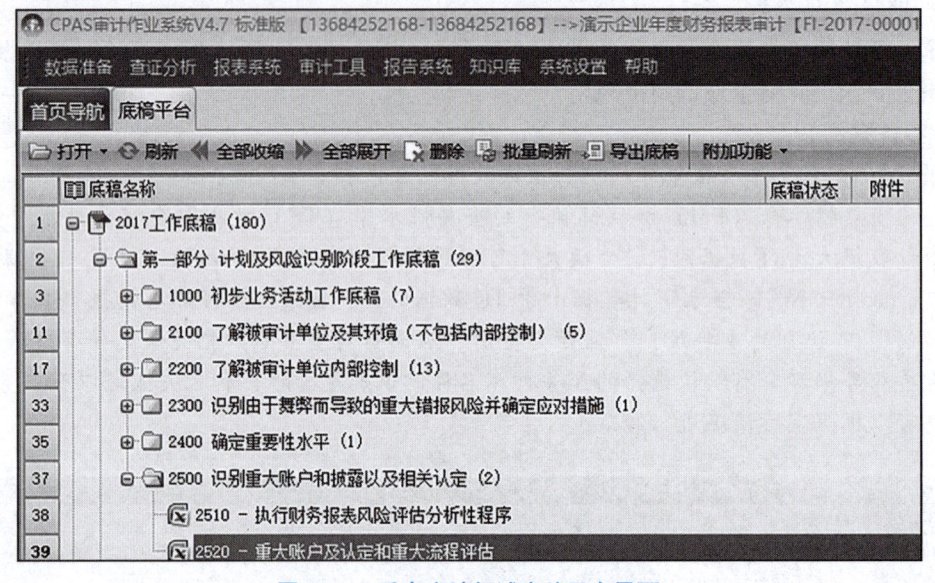

图5-14 重点审计领域底稿平台界面

复习思考题

1. 初步业务活动中的主要目的是什么？
2. 如何理解和把握"了解被审计单位及其环境"这个环节的关键要点？
3. 了解被审计单位内部控制有哪些主要的途径和方法？
4. 为何说设定合理的重要性水平对于审计工作有着极其重要的作用？
5. 实际审计工作中常用的几种确定重要性水平的方法分别是什么？各自有什么优缺点？
6. 什么是重大账户？它在审计中有什么样的地位和影响力？
7. 为什么要重视识别由欺诈引起的错报？

参考答案

实务自测题

一、填空题

1. "查证分析"→"科目趋势分析"具有_____和_____两种分析选项。
2. 在"数据分析"→"账簿查询"→"余额表"界面里双击,可以穿透到_____查看相关数据。
3. 用友 CPAS 审计作业系统里可以按_____和_____两种分式查看固定资产信息。
4. 按照审计准则要求,对明康生物公司业务流程各环节展开调查和评价,在用友 CPAS 审计作业系统底稿平台,应完成_____相关底稿的填写。
5. 利用_____中_____、_____、_____等分析工具,对变化趋势超过 50%的项目进行分析,找出其可能存在的重大错报。
6. 确定财务报表的重要性主要包括_____和_____两个步骤。
7. 重点审计领域设置,需在审计底稿的_____下的_____和_____进行。

二、单选题

1. 初步业务活动底稿在(   )。
   A. 1000 阶段底稿
   B. 3000 阶段底稿
   C. 2000 阶段底稿
   D. 4000 阶段底稿
2. (   )属于能在用友 CPAS 审计作业系统编制的初步业务活动底稿。
   A. 4021 总体审计策略(集团)
   B. 2010D 了解组成部分注册会计师
   C. 2010 了解被审计单位及其环境
   D. 1010 初步业务活动程序表

三、多选题

1. 初步业务活动程序表里的审计工作核对表应核对的信息有(   )。
   A. 审计的目标与服务
   B. 审计收费计算基础和收费安排
   C. 与前任注册会计师沟通的函件
   D. 适用的编报基础
2. 3800 编制总体审计策略底稿要填写的内容包括(   )。
   A. 审计范围
   B. 审计时间
   C. 人员安排
   D. 收费标准
3. 在审计实务中,常用基准的选择依据被审计单位的特定情况而定。以下(   )可作为确定财务报表重要性水平的基准。
   A. 盈利水平稳定企业的税前利润
   B. 经营状况波动大的企业过去 3~5 年经常性业务的平均税前利润或亏损(取绝对值)
   C. 新设企业的总资产
   D. 新兴行业企业的主营业务收入

四、判断题

1. 通过"第一部分 审计计划及风险识别阶段工作底稿"→"2100 了解被审计单位及其环境(不包括内部控制)"→"未审财务报表的总体分析",可展开对未审财务报表的总体分析。(   )

2. 在打开"1025 接受委托后与前任注册会计师的沟通"底稿后，可单击增加审计程序加载项。（　　）

3. 在用友 CPAS 管理系统不能填写初步业务活动底稿。（　　）

参考答案

第六章 审计策略和风险评估

学习导航

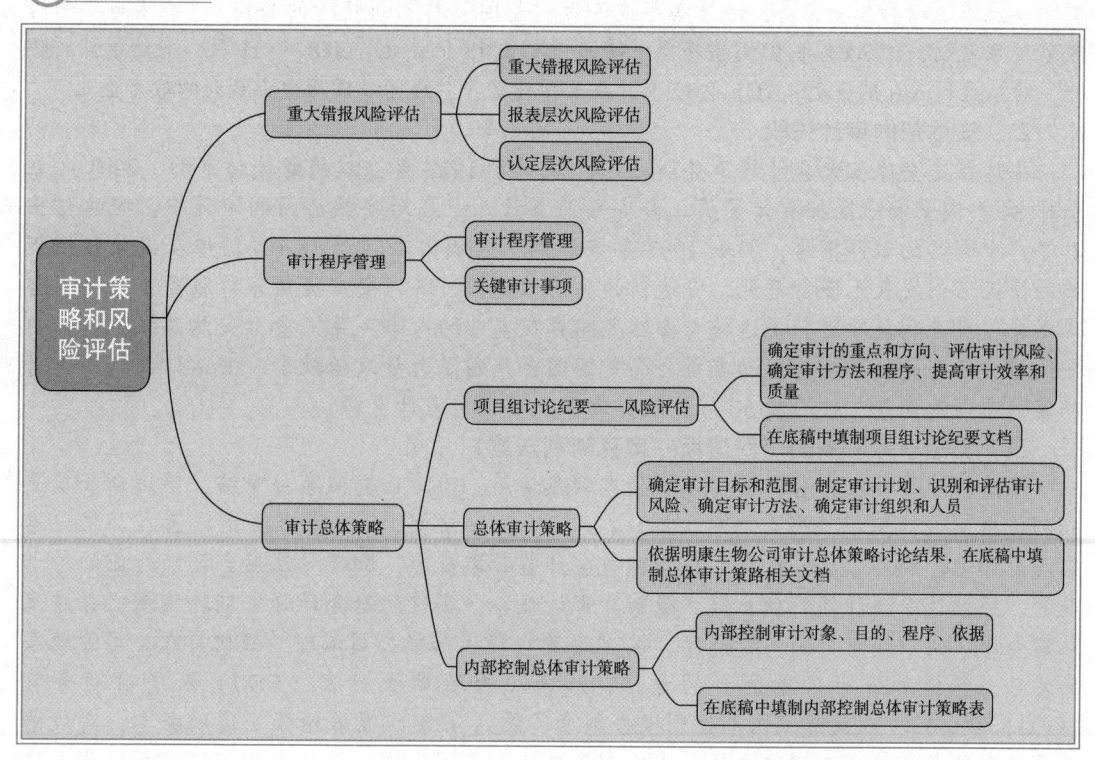

```
                          ┌─ 重大错报风险评估
         ┌─ 重大错报风险评估 ─┼─ 报表层次风险评估
         │                 └─ 认定层次风险评估
         │
         │                 ┌─ 审计程序管理
         ├─ 审计程序管理 ───┤
         │                 └─ 关键审计事项
审计策略 │
和风险   │                                    ┌─ 确定审计的重点和方向、评估审计风险、
评估     │                ┌─ 项目组讨论纪要 ──┤   确定审计方法和程序、提高审计效率和质量
         │                │     ——风险评估   │
         │                │                  └─ 在底稿中填制项目组讨论纪要文档
         │                │
         │                │                   ┌─ 确定审计目标和范围、制定审计计划、识别和评估审计
         └─ 审计总体策略 ─┼─ 总体审计策略 ────┤   风险、确定审计方法、确定审计组织和人员
                          │                   │
                          │                   └─ 依据明康生物公司审计总体策略讨论结果,在底稿中填
                          │                      制总体审计策略相关文档
                          │
                          │                      ┌─ 内部控制审计对象、目的、程序、依据
                          └─ 内部控制总体审计策略 ┤
                                                 └─ 在底稿中填制内部控制总体审计策略表
```

审计信息化实务
ShenJi XinXiHua Shi Wu

学习目的及要求

1. 理解重大错报风险评估、报表层次风险评估和认定层次风险评估的作用。
2. 掌握重大错报风险评估、报表层次风险评估和认定层次风险评估及其审计工作底稿的填制，掌握审计程序的管理和关键审计事项的识别和处理。
3. 掌握制定项目组讨论纪要、总体审计策略和内部控制总体审计策略的方法，以及填制审计工作底稿的方法。

导读案例

安然事件分析

一、安然公司的辉煌与破产

安然公司（以下简称安然）是世界最大的能源交易商，2000年总收入高达1 010亿美元，位列《财富》杂志"美国500强"第7名。安然掌控美国20%的电能和天然气交易，股票被所有证券评级机构推荐，股价高达70多美元。安然业务多元化，包括能源批发与零售、宽带、能源运输和金融交易，连续四年被评为"美国最具创新精神的公司"。安然与小布什政府关系密切，但2001年10月宣布第三季度亏损6.18亿美元。2001年11月，安然承认作假账，虚报盈利近6亿美元。2001年12月，安然申请破产，成为美国历史上最大的破产企业。

二、安达信的审计失职

安达信是全球五大会计师事务所之一，成立于1913年，以稳健诚信著称，2001年在全球84个国家和地区拥有大量员工和高额业务收入。在对安然公司的审计中，安达信出具了严重失实的审计报告，例如1997年审计调整金额占净利润48.6%，但在安然拒绝调整的情况下仍发表无保留意见。安达信的独立性受损，既为安然提供审计服务，又提供咨询服务，存在利益冲突。安达信与安然之间存在复杂的人事关系，多名安然高级职员来自安达信，且安达信的政治行动委员会向美国国会捐赠了大量政治献金。安达信因销毁审计档案妨碍司法调查，被罚款50万美元并剥夺上市公司审计资格。

三、安然事件引发的《萨班斯—奥克斯利法案》

安然倒闭导致投资者恐慌，美国股市剧烈动荡，为防止类似事件重演，萨班斯和奥克斯利提出了《萨班斯—奥克斯利法案》（以下简称《法案》）。该《法案》旨在加强证券市场会计审计的监管，包括成立公众公司会计监管委员会，加强对注册会计师行业的外部监管。强调注册会计师的独立性，限制非审计服务，实行注册会计师定期轮换制，并建立注册会计师同审计客户的回避制度。该《法案》提出加强公司治理，强化公众公司管理层的责任，包括加强审计委员会的责任，加强公司首席执行官（CEO）及首席财务官（CFO）的责任，以及建立内部控制报告制度。该《法案》显著增强了违规成本，对故意进行证券欺诈、破坏或捏造文件、违反审计工作底稿保存规定以及未能保证财务报告合法性和公允表达的行为制定了严厉的处罚措施。

四、《萨班斯—奥克斯利法案》的具体措施

成立公众公司会计监管委员会（PCAOB），负责监管执行公众公司审计的会计师事务所及注册会计师，对《法案》的设立、运行机制、权力做了详尽规定。强化注册会计师的独立性，包括限制会计师事务所提供非审计服务，实行审计项目合伙人定期轮换制，以及建立注册会计师同审计客户的回避制度。加强公司治理，包括加强审计委员会的责任，要

求审计委员会成员独立且不受公司影响；加强 CEO 和 CFO 的责任，要求他们对定期报告的准确性负责；建立内部控制报告制度，要求公司管理层评估和报告内部控制的有效性。增强违规成本，包括对故意证券欺诈的个人和公司设定高额罚款和最长 25 年监禁，对破坏或捏造文件的行为设定严重刑事处罚，对审计工作底稿的保存规定违反者设定严厉惩罚，以及要求 CEO 和 CFO 对财务报告的合法性和公允表达进行保证，违者将面临罚款或监禁。

结合本章风险主题，从审计风险的讨论上升到对国家治理体系中的风险治理的思考。通过关注审计时政和习近平总书记关于"国家经济安全""防范经济风险"的论述，提高学生的政治站位，内化社会主义核心价值观，强化风险意识、监督意识。

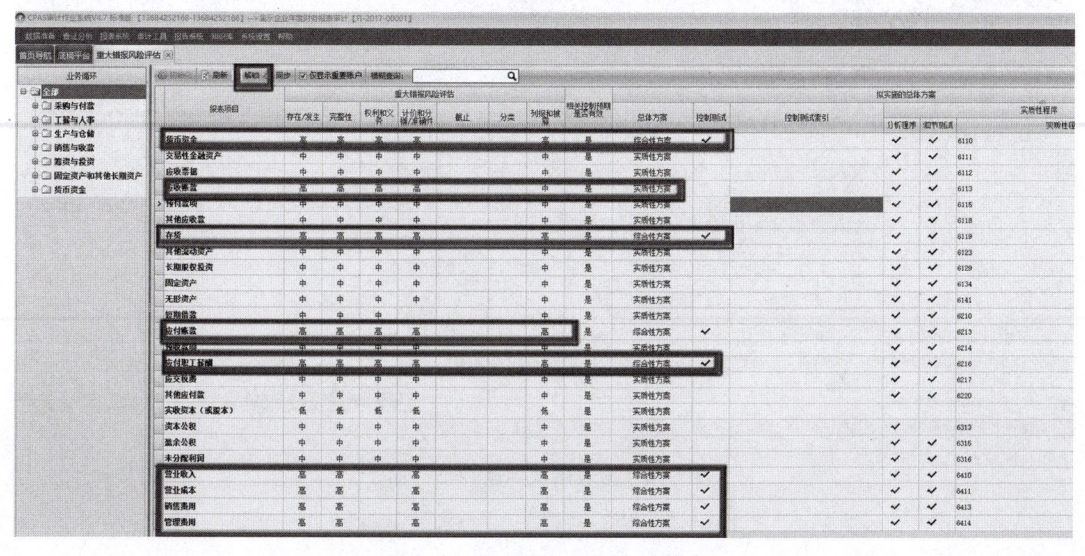

第一节 重大错报风险评估

一、重大错报风险评估

重大错报风险是指财务报表在审计前存在重大错报的可能性，这是企业的风险，不受审计师的控制。审计师在审计过程中，需要通过实施风险评估程序来正确评估重大错报风险。评估过程中，审计师会考虑财务报表层次和各类交易、账户余额以及披露认定两个层次的重大错报风险，并分别采取相应的应对措施。重大错报风险可能由错误或舞弊导致，审计师需要特别关注可能导致重大错报的风险因素，如事项的复杂性、主观性、变化性和不确定性等。在实际操作中，审计师还会关注特别风险，这是指根据固有风险因素或其他审计准则规定，审计师应当将其作为特别关注的重大错报风险。

【实务案例】

明康生物公司在采购与付款、工资与人事、生产与仓储、销售与收款、筹资与投资、固定资产和其他长期资本、货币资金等业务环节的重大错报风险评估界面如图 6-1 所示。

图 6-1 重大错报风险评估界面

【审计操作】

按照审计准则要求，依据明康生物公司的实际情况对其重大错报风险进行评估，在用友 CPAS 审计作业系统首页导航，单击"重大错报风险评估"，打开其设置界面，进行相关设置。

如图 6-1 所示，如果在重大审计领域界面中，报表项目被识别为重要账户，重大错报风险评估界面中的报表项目就会加粗显示。如果在重大审计领域界面，报表项目有相关认定的勾选，在重大错报风险评估界面中的相关认定会加粗显示。

风险级别设置完毕后，可以回写底稿，将界面内容回写至对应的底稿。报表项目的重大错报风险评估设置完毕后，相应的实质性底稿的审计程序表页会更新相关数据。

二、报表层次风险评估

【实务案例】

经前期对明康生物公司的初步业务活动后，审计人员发现其在报表层次可能存在的风险有：关联方交易的会计处理和披露不恰当、管理层凌驾于控制之上的风险和管理层成员个性傲慢专制。

【审计操作】

按照审计准则要求，依据明康生物公司的实际情况，对报表层次风险进行评估。在用友 CPAS 审计作业系统首页导航，单击"报表层次风险评估"，打开其设置界面，如图 6-2 所示，进行相关设置，单击"新增"按钮，可以新增报表层次风险，新增报表层次风险设置界面如图 6-3 所示。在新增报表层次风险界面可以选择新增风险名称、选择风险领域、设置风险水平、设置是否为特别风险、设置是否为已识别风险、填写风险说明、增加总体应对措施、设置相关底稿。新增报表层次风险后，可以将界面内容回写至相应底稿。

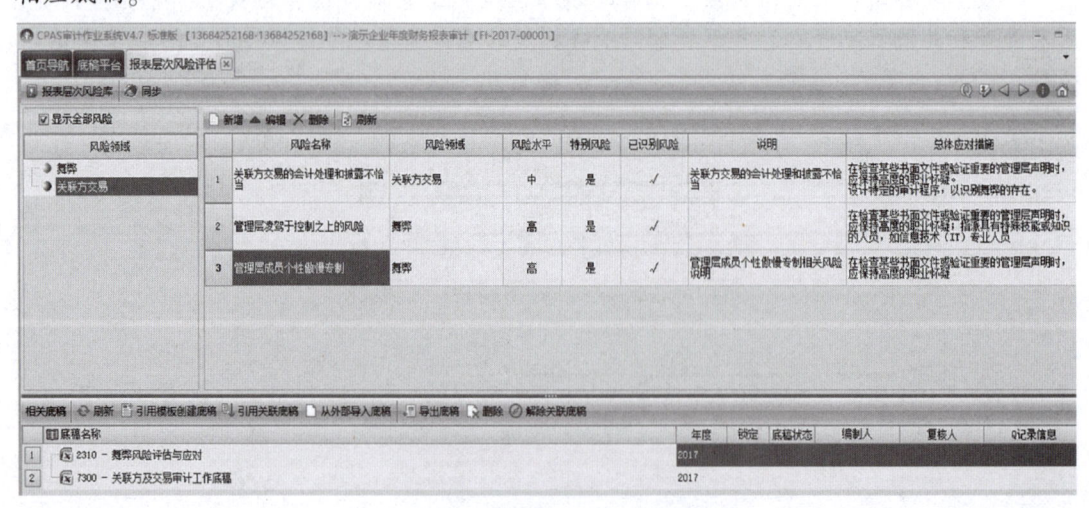

图 6-2 报表层次风险评估界面

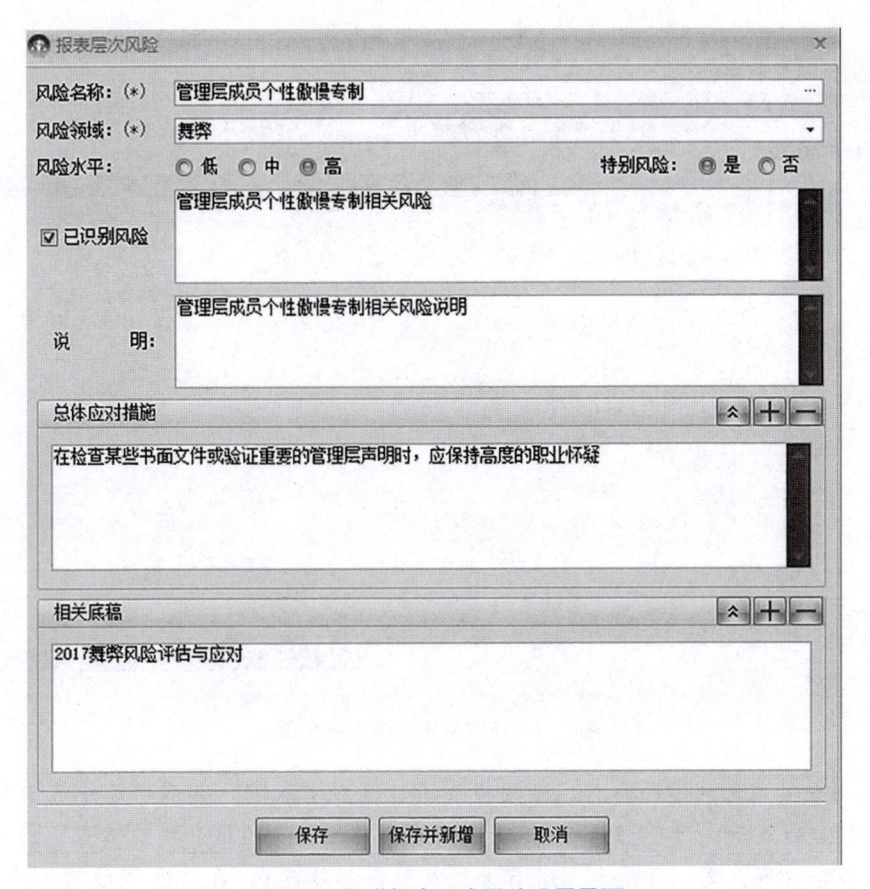

图 6-3 新增报表层次风险设置界面

三、认定层次风险评估

在对重大错报风险进行识别和评估后,审计师应当确定,识别的重大错报风险是与特定的某类交易、账户余额和披露的认定相关,还是与财务报表整体广泛相关,进而影响多项认定。认定层次重大错报风险是指某些重大错报风险可能与特定的某类交易、账户余额、披露的认定相关。

【实务案例】

经前期对明康生物公司的初步业务活动后,发现其在认定层次可能存在的风险有:记录未经许可的离职和付款记录不真实。

【审计操作】

(1) 按照审计准则要求,依据明康生物公司的实际情况对认定层次风险进行评估。在用友 CPAS 审计作业系统首页导航,单击"认定层次风险评估",打开其设置界面,如图 6-4 所示,进行相关设置,单击"新增"按钮,可以新增认定层次风险,新增认定层次风险设置界面如图 6-5 所示。

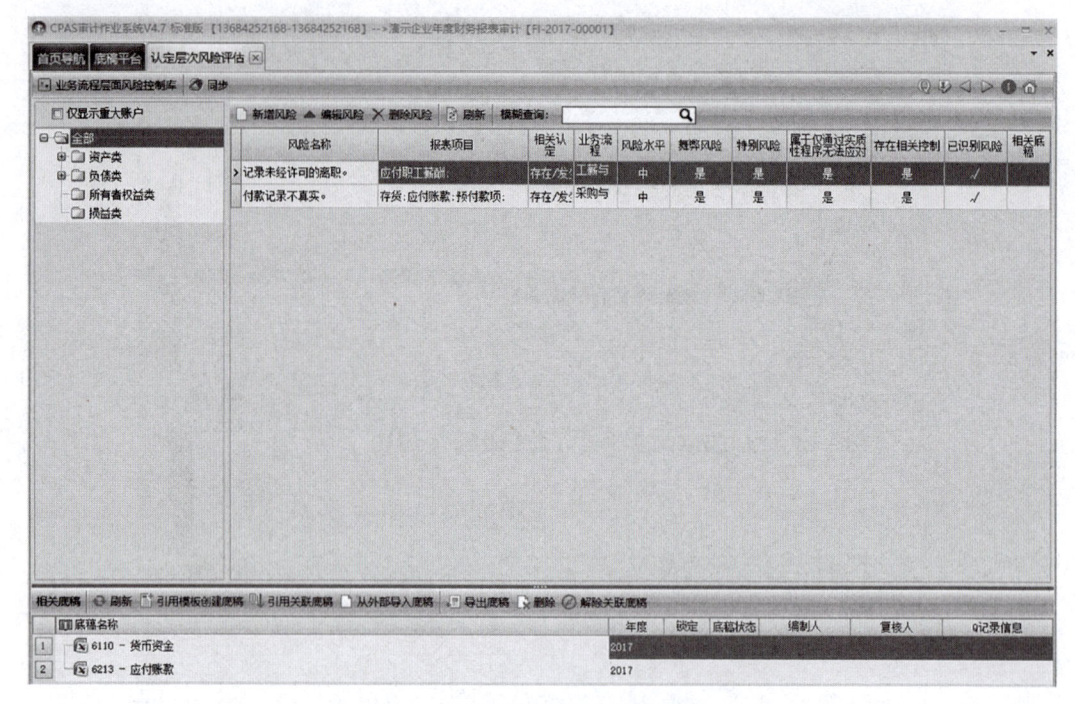

图 6-4　认定层次风险评估界面

(2) 图 6-4 左侧列示已增加风险的报表项目（在重点审计领域功能中已识别出的重要账户字体加粗显示），即左侧的报表项目树为已增加风险的报表项目节点，否则默认只有类别的节点（资产类、负债类、所有者权益类和损益类）。在勾选"仅显示重大账户"复选框状态下，将从已增加风险的报表项目中过滤出已识别的重要账户（过滤的结果以当前重点审计领域功能识别的重要账户为准，若尚未做重点审计领域功能，过滤结果为空）；右侧为左侧选中的报表项目增加的风险及评估结果。

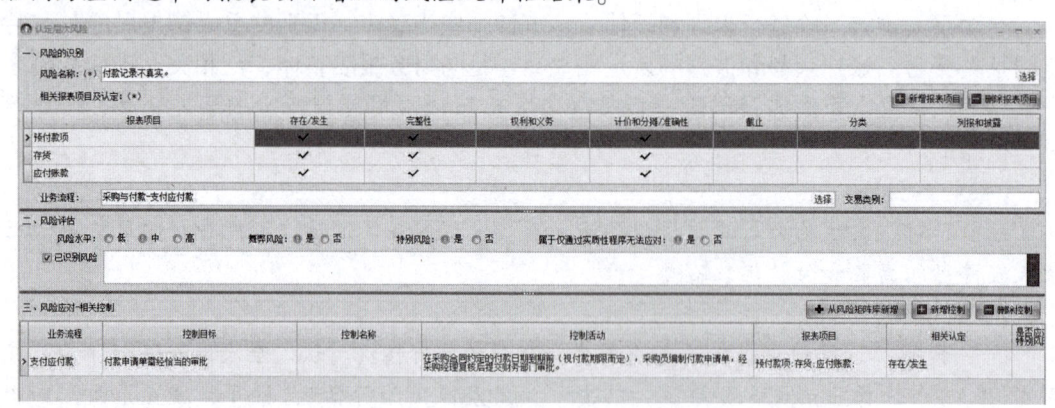

图 6-5　新增认定层次风险设置界面

新增认定层次风险设置界面相关说明：

①单击"新增风险"按钮，弹出"认定层次风险"界面，单击"选择"按钮，弹出"选择风险点"界面，从业务流程层面风险控制库中选择风险点（每次只能单选），也可以手工录入。风险名称为必填项，单击"保存""保存并新增"按钮时，系统会校验风险

名称，不保存风险名称相同的风险。从业务流程层面风险控制库中选择风险点后，会根据控制目标，将相同控制目标的控制自动带出，根据报表项目和相关认定将审计程序自动带出。切换风险点后，会重新推荐，弹出提示："重新选择风险点后，原风险点相关的报表项目及认定、相关控制、应对程序都会被更新，是否继续？"选择"是"后，会按照新的风险点匹配相关的报表项目及认定、相关控制、应对程序（原手工编辑的结果不予保留），选择"否"，则取消重新选择风险点操作。

②单击"新增报表项目"按钮，弹出"选择相关报表项目及认定"界面（重大错报风险评估界面重大错报风险部分，仅用于选择，不允许修改重大错报风险评估结果），可以勾选多个认定，切换报表项目时，可以保存认定的选择结果。

当从业务流程层面风险控制库中选择风险点时，系统会自动带出报表项目及相关认定。

③在"业务流程"处，单击"选择"按钮，弹出"选择业务流程"界面，选择相关的业务流程，支持多选，在"选择业务流程"界面可以维护业务流程（新增、编辑、删除）。如果是从业务流程层面风险控制库中选择风险点，系统会自动带出风险点所挂接的业务流程。

④在"风险评估"处，有风险水平、舞弊风险（如果是舞弊风险，默认为特别风险允许修改）、特别风险、属于仅通过实质性程序无法应对、已识别风险（默认为勾选，如是勾选状态，表示当前风险作为已识别风险，如是未勾选状态，表示当前风险作为未识别风险）情况需设置维护。

⑤在"风险应对→相关控制"处，单击"新增控制"按钮，弹出"选择控制点"界面，从业务流程层面风险控制库中选择控制点，支持多选，多选控制点后将创建多行，选择控制点后带出控制目标，也可以单击"增加一行"按钮，创建一个数据行，手工录入控制目标。单击控制目标表格中的"…"按钮，弹出"选择控制点"界面，从业务流程层面风险控制库中选择控制点，但只能单选，替换当前行的控制目标和控制活动。从业务流程层面风险控制库中选择控制点，系统会自动带出相关认定。

⑥在"风险应对→实质性程序"处，单击"新增审计程序"按钮，弹出"选择审计程序"界面，从审计程序库中选择风险应对审计程序，支持多选，多选审计程序后将创建多行，选择审计程序后带出审计程序的审计目标编码、相关认定、报表项目、底稿表页、执行人、执行日期、是否完成信息。

⑦在"相关底稿"处，单击"新增底稿"按钮，弹出"选择底稿"窗口，从当前组成部分年度底稿中选择风险应对的相关底稿，与风险相关的底稿需要在下方"相关底稿"列表中列示。

在图6-4认定层次风险评估界面，单击"编辑风险"按钮时，弹出编辑认定层次风险界面，修改编辑风险的相关信息，单击"删除风险"按钮，可以将选中的已增加的风险删除（支持批量行选）。

第二节　审计程序管理

一、审计程序管理

审计程序管理中的审计程序来源于系统预置通用的审计程序库，也可以在审计程序管理中新增。

识别的认定层次风险可添加风险应对的审计程序，在审计程序管理界面作为已选的审计程序，并用特别颜色标识出来"风险应对审计程序"；也可以通过审计程序管理功能手工增减审计程序。

【实务案例】

经前期对明康生物公司的初步业务活动、对其风险识别和评估后，按照审计准则风险导向审计要求，依据明康生物公司的实际情况，在用友 CPAS 审计作业系统自动生成后续审计程序。

【审计操作】

(1) 在用友 CPAS 审计作业系统首页导航，单击"审计程序管理"，打开审计程序管理界面，如图 6-6 所示，单击"新增"按钮，可以新增审计程序，新增审计程序界面如图 6-7 所示。

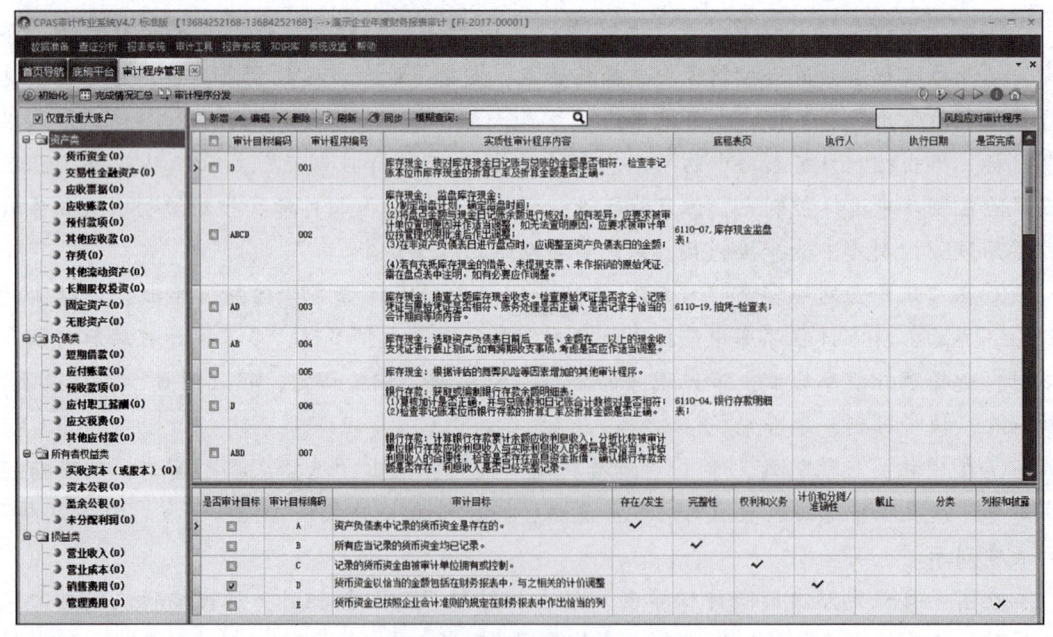

图 6-6　审计程序管理界面

第六章 审计策略和风险评估

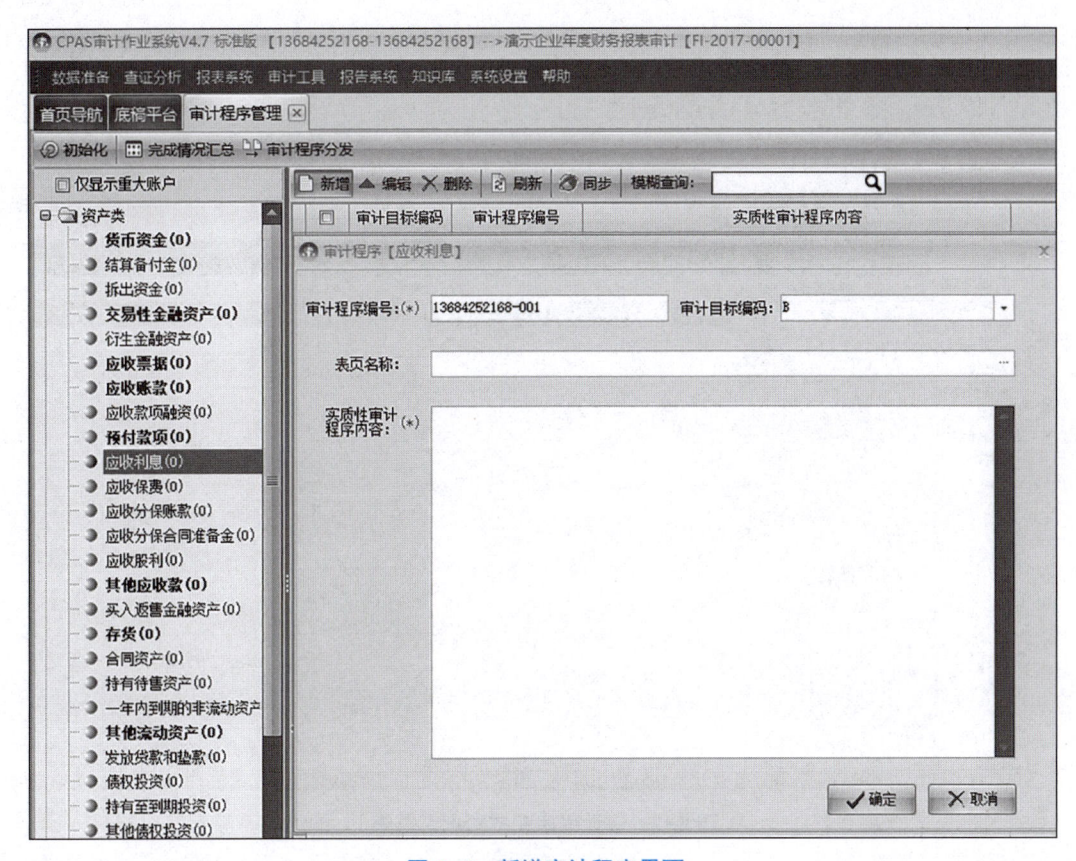

图 6-7 新增审计程序界面

（2）图 6-6 的界面为左右结构布局，左侧默认为当前财报体系下的全部报表项目（在重点审计领域功能中已识别出的重要账户字体加粗显示），在勾选"仅显示重大账户"复选框状态下，将过滤出已识别的重要账户（过滤的结果以当前重点审计领域功能识别的重要账户为准，若尚未做重点审计领域功能，过滤结果为空）。当切换选择报表项目节点时，需要判断是否已存在审计目标，如不存在，需要按照审计目标与认定对应关系表自动生成审计目标。右侧为左侧选中的报表项目在审计程序库中可供选择的审计程序、审计目标编码、审计程序编号底稿表页、执行人、执行日期、是否完成等。

对于审计程序库中可供选择的审计程序，可以实现新增、删除、编辑的操作。选择左侧某报表项目，单击"新增""编辑""删除"按钮，可以直接对该报表项目增加审计程序，可对审计目标、表页名称及实质性审计程序内容进行维护。

所有途径（风险识别、审计程序管理）的裁剪结果，后续都汇总在审计程序管理界面，视为必做程序（已选程序即为必做程序）。如删除在风险界面选择的程序，系统会有提示信息："不允许在此删除，如需删除，需要去风险相关界面删除"。

（3）在审计程序管理功能中可对拟执行的审计程序和完成情况进行监控，如图 6-8 所示。通过审计程序管理还可以维护程序的目标编码以及关联的底稿表页，实质性底稿完成后，将底稿目录补充完整，即可回写到此界面。审计人员从组成部分层面了解审计程序的执行状况，可以按照是否完成过滤查看。

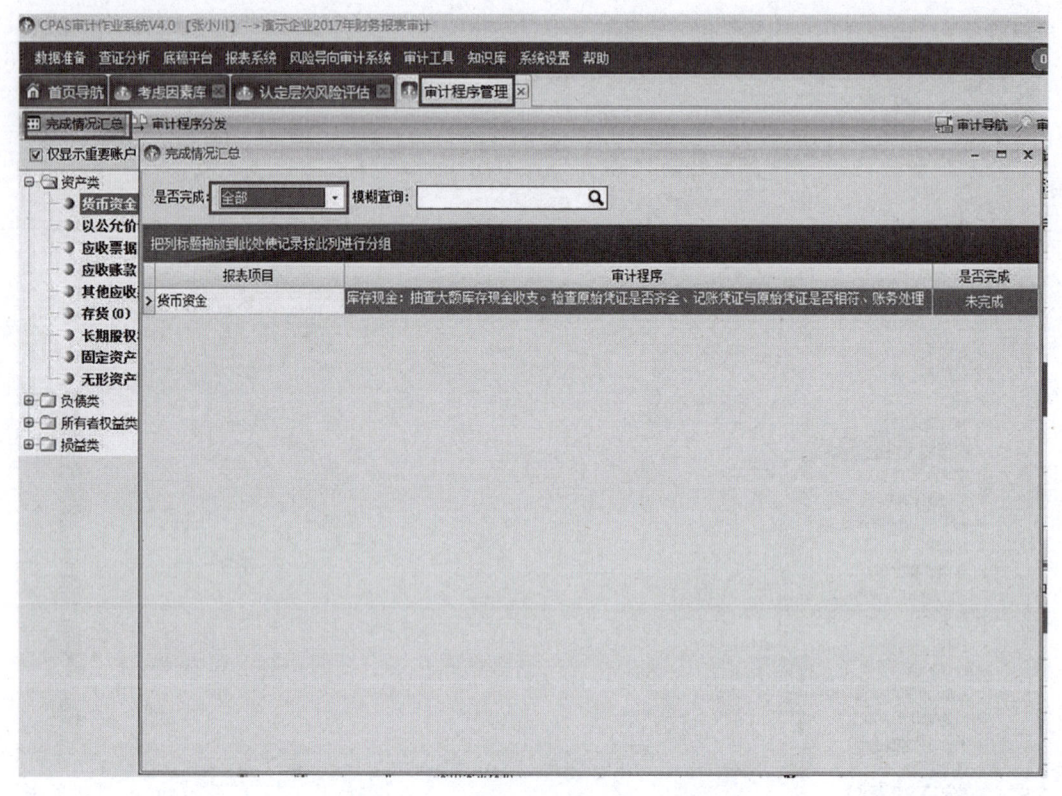

图 6-8　审计程序完成情况汇总表

（4）可将审计程序分发给下级组成部分（包括审计程序库和审计程序的裁剪结果），审计程序分发后，接收方的审计程序库会被完全覆盖，单击"审计程序分发"，执行审计程序分发操作，末级组成部分不能分发审计程序。

二、关键审计事项

根据《中国注册会计师审计准则第 1504 号——在审计报告中沟通关键审计事项》这一审计准则，要在软件中体现关键审计事项。

关键审计事项，是指注册会计师根据职业判断认为对本期财务报表审计最为重要的事项。关键审计事项从注册会计师与治理层沟通过的事项中选取。注册会计师的目标是，确定关键审计事项，并在审计财务报表后形成审计意见，以在审计报告中描述关键审计事项的方式沟通这些事项。

【审计操作】

在用友 CPAS 审计作业系统首页导航，单击"关键审计事项"，打开其管理界面，单击"新增"按钮，可以新增关键审计事项，如图 6-9 所示。

在图 6-9 中，手动添加事项描述（必填项）、确定原因、审计应对、相关底稿、相关披露，填好这些字段后，单击"确定"按钮，即可完成一个关键审计事项的添加，所有关键审计事项添加完成后，可以单击该界面上面的"回写底稿"，可以将该界面的关键审计事项信息回写到 EC 关键审计事项中。关键审计事项回写底稿界面如图 6-10 所示。

第六章 审计策略和风险评估

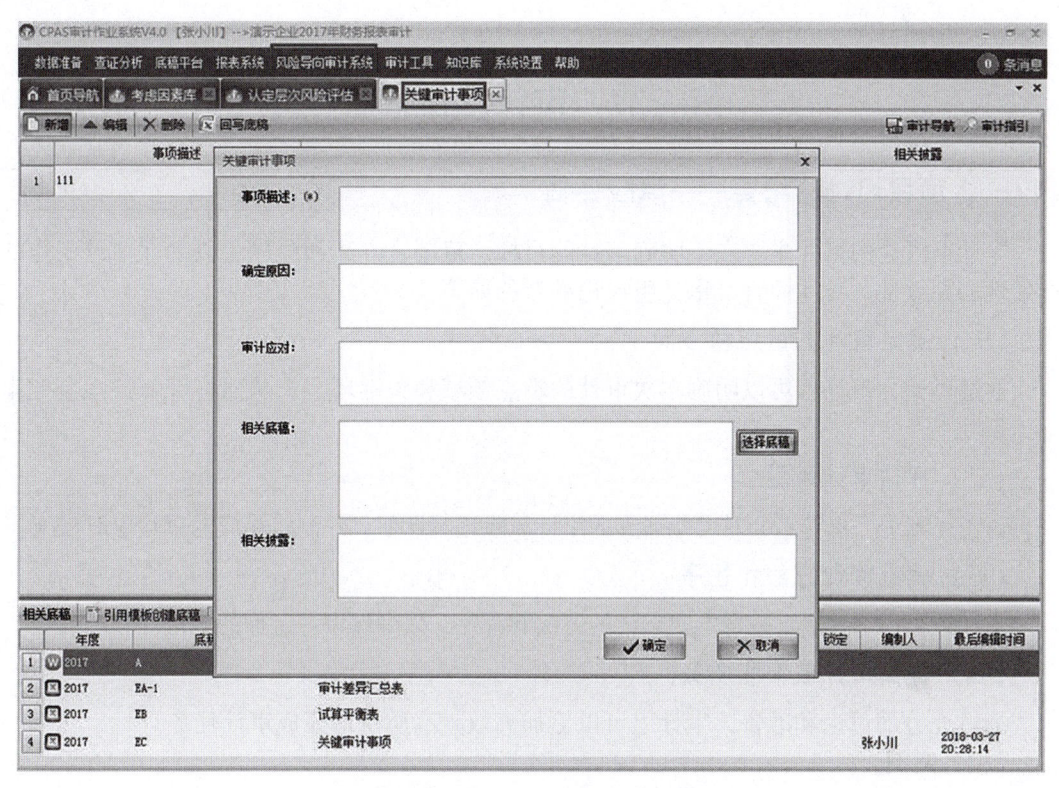

图6-9 新增关键审计事项界面

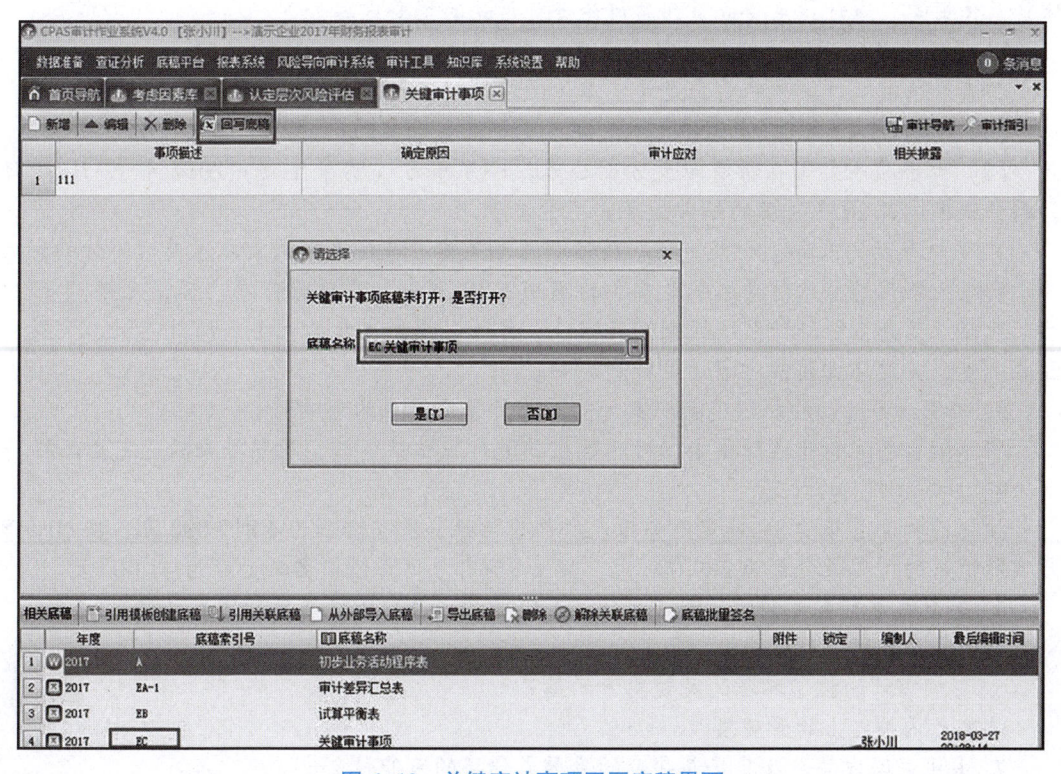

图6-10 关键审计事项回写底稿界面

第三节　审计总体策略

一、项目组讨论纪要——风险评估

审计组讨论的目的主要在于明确审计的目标、范围、方法和程序，以确保审计工作的有效性和高效性。具体而言，审计组讨论的目的如下：

（一）确定审计的重点和方向

通过讨论，审计组可以明确本次审计的重点领域和关键环节，从而有针对性地制定审计计划。

（二）评估审计风险

讨论过程中，审计组会对可能遇到的审计风险进行评估，并制定相应的风险应对措施。

（三）确定审计方法和程序

审计组会讨论并确定适合本次审计的方法和程序，以确保审计工作的规范性和准确性。

（四）提高审计效率和质量

通过充分的讨论和准备，审计组可以更加高效、高质量地完成审计任务。

【实务案例】

华光所经初步业务活动后，决定接受明康生物公司 2017 年年报的审计业务，为制定审计总体策略，审计组主要成员列席讨论会，讨论的主要内容如下：

1. 明康生物的总体情况和对审计报告的要求

明康生物对审计报告的要求是希望审计组对其财务报表在下列方面发表审计意见：

（1）财务报表是否在所有重大方面按照《企业会计准则》的规定编制；

（2）财务报表是否在所有重大方面公允反映了甲方（明康生物）2017 年 12 月 31 日的财务状况以及 2017 年度的经营成果和现金流量。

2. 明康生物的业务、所处市场、关键利益相关者、其他环境因素以及其对审计的影响

明康生物用的会计信息系统是常见的通用 ERP 系统，无自行开发内容，无须 IT 部门协助对会计信息系统进行系统性测试和审计。另外，明康生物的业务、所处市场、关键利益相关者、其他环境因素对审计无特别影响。

3. 初步业务活动的执行情况以及可能对审计策略产生的影响

审计组能遵守职业道德要求，对明康生物进行独立性审计，对项目条款能完全理解。

4. 重要性水平的设定

按税前利润总额的 8% 确定财务报表整体重要性，取整金额为 4 817 000 元，按 60% 确定实际执行的重要性金额为 289 000 元，按 1% 确定未更正错报名义金额为 48 000 元。

5. 是否发现有重大会计和审计问题，及可能构成关键审计事项的问题的情况

暂无相关问题。

6. 影响审计的控制环境的关键要素的结论

凌驾于内控之上的管理层。

7. 由于关联方关系及其交易导致的舞弊或错误的可能性

可能性较大，审查所有关联交易业务。

【审计操作】

在用友 CPAS 审计作业系统首页导航，单击“总体审计策略”，打开其管理界面，单击相关底稿中的“3810–项目组讨论纪要—风险评估 . docx”，依据前述相关内容填制项目组讨论纪要。

二、总体审计策略

总体审计策略是审计人员对一次完整审计的预期范围、重点领域、实施方式、人员和进度等各个方面所作的总体性规划，主要包括以下内容：

（一）确定审计目标和范围

了解被审计单位的业务性质、规模、风险等情况，明确审计的具体目标和范围。

（二）制定审计计划

规划审计程序、时间表、资源分配等，以确保审计工作的有序进行。

（三）识别和评估审计风险

识别和评估审计风险，包括业务风险、控制风险和检查风险等，以制定适当的审计程序。

（四）确定审计方法

选择适当的审计方法，如测试、抽样、比较等，以获取足够的审计证据。

（五）确定审计组织和人员

确定审计组织和人员，包括审计师、助理审计师等，以确保审计工作的顺利开展。

【审计操作】

在用友 CPAS 审计作业系统首页导航，单击“总体审计策略”，打开其管理界面，单击相关底稿中的“3820–总体审计策略 . docx”，打开文档，依据前述相关内容填制总体审计策略，结果如图 6–11～图 6–13 所示。

总体审计策略

被审计单位：	演示企业 2017 年财务报表审计	索引号：	3820
项目：	项目组讨论纪要——风险评估	报表期间：	2017-01-01 至 2017-12-31
编制：	13684252168	复核：	张某
日期：	2018-3-1	日期：	2018-3-1

一、审计范围

报告要求	内容
适用的财务报告编制基础（包括是否需要将财务信息按照其他财务报告编制基础进行转换）	企业会计制度、财政部颁布的《企业会计准则–基本准则》和具体会计准则、应用指南、会计准则解释等
适用的审计准则	新修订的审计准则
与财务报告相关的行业特别规定	监管机构发布的有关信息披露的法规、特定行业主管部门发布的与财务报告相关的法规等

二、审计时间安排

（一）报告时间要求

审计工作	时间
1. 提交审计报告草稿	5 月 10 日
2. 签署正式审计报告	5 月 20 日
3. 公布已审计报表和审计报告	5 月 27 日

（二）执行审计工作的时间安排

审计工作	时间
1. 制定总体审计策略	3 月 3 日
2. 制定具体审计计划	3 月 15 日
3. 执行存货监盘	3 月 20 日

图 6–11　总体审计策略①

(三) 沟通的时间安排

沟通	时间
与管理层沟通	3月1日
与治理层沟通	3月1日
项目组会议（包括预备会和总结会）	3月2日
与注册会计师专家沟通	3月2日
与组成部分注册会计师沟通	3月2日
与前任注册会计师沟通	3月2日

三、影响审计业务的重要因素

(一) 重要性

重要性	索引号
财务报表整体重要性	2400 确定重要性水平
特别类别的交易、账户余额或披露的一个或多个重要性水平（如适用）	2500 识别重大账户和披露以及相关认定
实际执行的重要性	2400 确定重要性水平
明显微小错报临界值	2400 确定重要性水平

(二) 可能存在较高重大错报风险的领域

可能存在较高重大错报风险的领域	索引号
付款记录不真实。	6110 货币资金.xlsx
记录未经许可的离职。	6216 应付职工薪酬.xlsx

图 6-12　总体审计策略②

(三) 识别重要组成部分

组成部分名称	索引号
采购与付款	
销售与收款	
工薪与人事	

(四) 识别重要的交易、账户余额和披露及相关认定

重要的交易、账户余额和披露及相关认定	索引号
应收账款	
主营业务收入	
银行存款	

四、人员安排

(一) 项目组主要成员

姓名	职级	主要职责
陈明	项目经理	负责与客户沟通，了解公司业务和行业情况。编制审计计划，评估审计风险，并制定审计方案。负责一级复核工作和确定审计报告类型，并对审计结果负责
车冬晴	审计员	按照审计计划，负责主要科目的审计，包括控制测试和实质性程序。提出审计中发现的重要问题的处理意见
许天超	审计助理	协助审计员完成凭证抽查、实物资产的抽盘等实质性程序工作

(二) 质量控制复核人员

姓名	职级	主要职责
陈泽思	质控经理	对审计项目进行复核，评价项目合伙人的工作，提出疑问并寻求解决

图 6-13　总体审计策略③

三、内部控制总体审计策略

(一) 内部控制审计对象

内部控制审计对象是企业的内部控制体系。

(二) 内部控制审计目的

内部控制审计旨在评估内部控制的有效性和合规性。

(三) 内部控制审计程序

内部控制审计主要评估内部控制的设计和运行。

(四) 内部控制审计依据

内部控制审计依据企业内部控制制度和相关法规,财务报表审计则依据国际和国家会计准则及相关法规。

【审计操作】

在用友 CPAS 审计作业系统首页导航,单击"总体审计策略",打开其管理界面,单击相关底稿中的"3822内部控制总体审计策略.docx",打开文档,依据前述相关内容填制内部控制总体审计策略表。

复习思考题

1. 什么是重大错报风险?
2. 如何理解报表层次风险?
3. 何谓认定层次风险?
4. 为什么需要重视特殊风险的存在?
5. 怎样才能有效地管理和降低审计过程中的各种风险呢?
6. 审计人员在面对复杂的商业环境中应该如何作出正确的决策?
7. 审计工作中有哪些常见的技术工具可以帮助我们更好地完成工作任务?

参考答案

实务自测题

一、填空题

1. 重大错报风险是指财务报表在_____的可能性,这是企业的风险,不受_____的控制。

2. 风险评估及应对措施包括_____和_____。

3. 在用友 CPAS 审计作业系统首页导航，单击_____，打开其设置界面，单击"新增"按钮，可以新增报表层次风险。

4. 在认定层次风险评估界面，单击_____按钮，弹出编辑认定层次风险界面，修改编辑风险的相关信息，单击_____按钮，可以将选中的已增加的风险删除。

二、单选题

1. 在风险评估模块中，（　　）不是财务报表分析包括的内容。
   A. 资产负债表　　　　　　　　　　B. 利润表
   C. 现金流量表　　　　　　　　　　D. 所有者权益变动表

2. 重要账户及相关流程，对（　　）进行勾选，会使相应的内控底稿变成实色。
   A. 审计程序管理　　　　　　　　　B. 重大事项
   C. 内控缺陷　　　　　　　　　　　D. 确定业务流程循环

3. （　　）不是报表层次风险点。
   A. 重点错报　　　　　　　　　　　B. 舞弊
   C. 关联方交易　　　　　　　　　　D. 认定错误

4. 报表认定层次风险，在新增控制界面，控制性质不包括（　　）。
   A. 自动　　　　　　　　　　　　　B. 人工化成分的自动控制
   C. 人工　　　　　　　　　　　　　D. 自动化成分的人工控制

5. 在风险评估模块中，报表预测分析回写底稿到（　　）。
   A. 2010B 未审财务报表的总体分析
   B. 2010C 了解合并过程
   C. 2010D 了解组成部分注册会计师
   D. 2010A 了解被审计单位及其环境

6. 在重要性水平中，（　　）不是必须输入的。
   A. 财务报表整体的重要性
   B. 实际执行的重要性
   C. 明显微小错报的临界值
   D. 特定类别的交易、账户余额或披露的重要性

7. 设置新增报表层次风险时，在新增风险界面可以不选择和设置（　　）。
   A. 新增风险名称　　　　　　　　　B. 设置风险领域
   C. 设置风险水平　　　　　　　　　D. 认定特别风险

三、判断题

1. 在风险评估模块中，报表预测分析、财务报表分析、经济指标分析回写底稿都是 2010B 未审财务报表的总体分析。（　　）

2. 重要账户和相关流程必须是在重要性水平执行之后才可以操作。（　　）

3. 在财务报表分析中回写底稿会覆盖掉已有数据。（　　）

4. 重要性水平基准数据来自未审财务报表。（　　）

5. 财务报表分析，包括资产负债表分析、利润表分析、现金流量表分析、减值准备

表分析。 (　　)
6. 风险评估及应对措施,增加的风险是由项目经理执行的。 (　　)

参考答案

第七章 执行实质性审计

学习导航

```
执行实质性审计
├─ 货币资金审计
│   ├─ 货币资金审计的含义及主要内容
│   │   ├─ 对现金、银行存款、其他货币资金进行审计
│   │   ├─ 保护资金安全，揭露违法行为
│   │   └─ 审计程序包括余额表核对、监盘库存现金、核对银行对账单等
│   ├─ 库存现金审计
│   └─ 银行存款审计
├─ 往来款项审计
│   ├─ 往来款项审计的含义及审计要点
│   │   ├─ 审查合理性、合法性、正确性、可收回性、真实性
│   │   └─ 分析账龄，审查关联方交易
│   ├─ 应收账款审计
│   │   ├─ 方法：核对法、账龄分析法、函证法、内部控制制度
│   │   ├─ 实例：审查明康生物公司2017年应收账款
│   │   └─ 操作：函证设置、回函信息处理、替代测试、账龄分析
│   ├─ 应付账款审计
│   │   ├─ 方法：核对账目、分析性复核、函证确认、查找未入账应收账款、检查特殊事项
│   │   ├─ 实例：审查明康生物公司2017年应付账款
│   │   └─ 操作：函证设置、回函信息处理、账龄分析
│   └─ 其他往来款项审计 — 关注除主营业务外的款项，如保证金、备用金等
├─ 存货审计
│   ├─ 存货审计的含义及审计要点 — 数量、质量、成本、流转、报废和损失审计
│   ├─ 存货监盘 — 监盘程序、评价管理和程序、观察盘点执行、检查存货、抽盘
│   └─ 存货抽盘 — 增加审计程序的不可预见性、获取盘点记录复印件、双向抽盘、处理抽盘差异
├─ 固定资产审计
│   ├─ 固定资产审计的含义及审计要点 — 核查购建、实际成本、使用效能、折旧、所有权、出售和报废等
│   └─ 固定资产审计的流程 — 获取资料与复核、分析程序与执行、实地查看与确认、检查所有权与记录、编制审计报告
├─ 负债审计
│   ├─ 负债审计的含义及主要内容 — 审查负债的真实性和合规性、评估偿还能力、风险控制
│   ├─ 短期借款审计 — 审查短期借款期末余额的真实性、偿还的及时性和合规性、入账的完整性
│   └─ 应付职工薪酬审计
├─ 收入审计
│   ├─ 收入审计的含义及方法 — 分析方法、往来款项函证法、科目分析法、截止测试
│   └─ 营业收入审计 — 核对、合同审查、函证回函、趋势分析
└─ 费用审计
    ├─ 费用审计的含义及要点 — 合法性审查、费用界别划分、具体费用审查
    ├─ 营业成本审计 — 核对、合同审查、倒轧验证
    ├─ 管理费用审计 — 核对、对方科目分析、抽凭检查
    └─ 销售费用审计 — 审查费用范围、明细账与付款凭证、分配方法
```

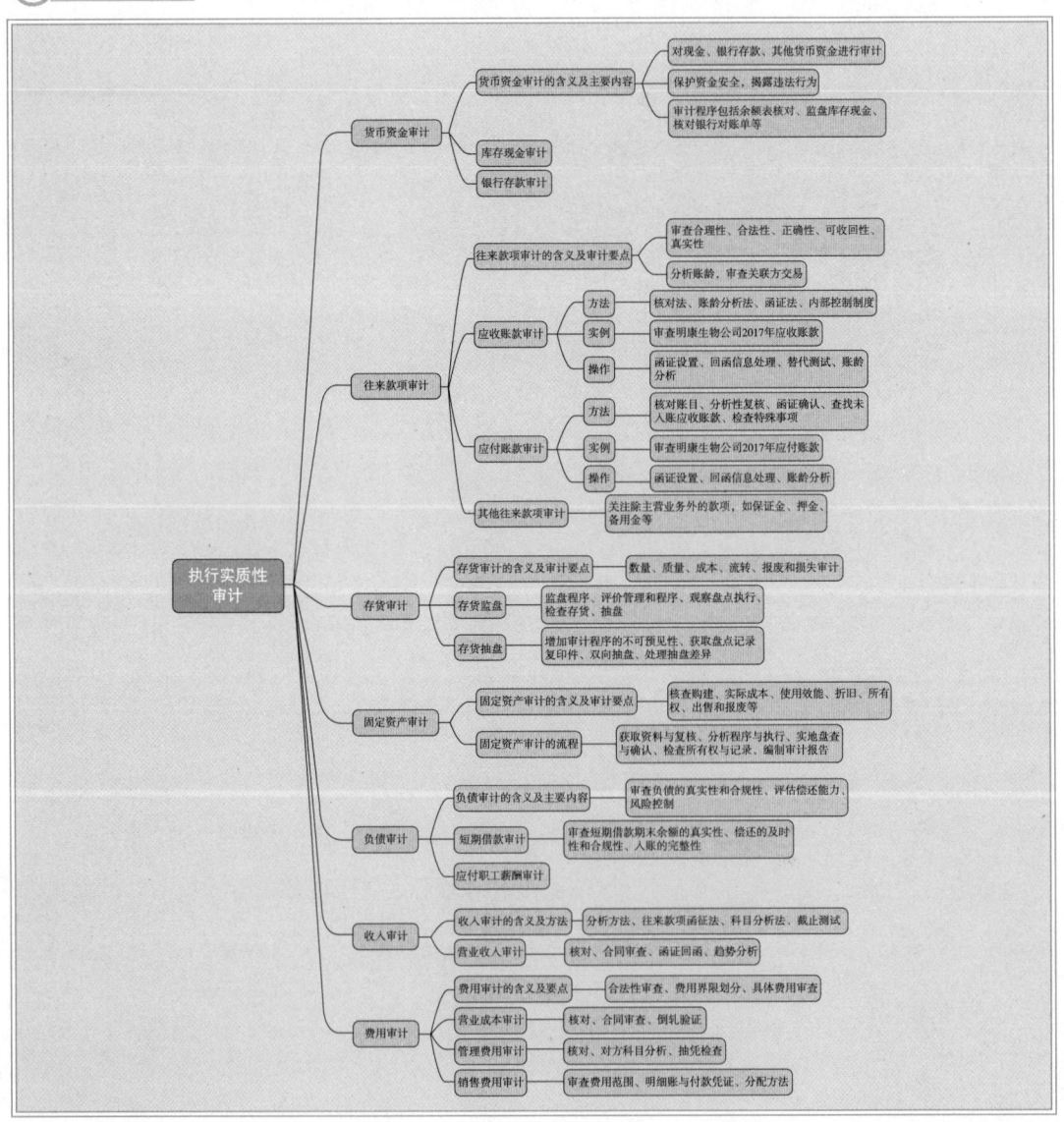

第七章 执行实质性审计

学习目的及要求

1. 理解货币资金审计的目的、程序和方法。掌握如何获取明细账、监盘库存现金、检查有无充抵库存现金的借条;核对银行存款日记账与总账的金额、填写银行询证函等。
2. 理解往来款项审计的含义及审计要点,掌握应收账款、应付账款合理合法性审查、正确性审查、可收回性审查等。
3. 理解存货、固定资产审计的含义及审计要点,掌握存货监盘和存货抽盘,掌握固定资产购建的合理性和合法性、实际成本和净值的查证等。
4. 理解负债审计的含义及主要内容,掌握短期借款审计和应付职工薪酬审计的具体程序和方法。
5. 理解收入审计、费用审计的含义及审计要点,掌握营业收入审计的具体步骤和注意事项,掌握营业成本审计和管理费用审计的具体步骤和方法。

导读案例

销售与收款循环审计:九好集团审计案例

一、九好集团通过财务造假进行"忽悠式"重组案

浙江九好办公服务集团有限公司(以下简称九好集团)成立于2010年3月,主要从事后勤托管服务,首创后勤托管平台服务模式。九好集团实现了"后期+互联网"的改革,打造了极具公信力的采购与销售平台。九好集团的改革实现了与客户、供应商之间的多方共赢。但后来九好集团通过虚增收入、虚构银行存款等手段,将自己包装成价值37.1亿元的"优良"资产。九好集团与鞍山重型矿山机器股份有限公司联手进行"忽悠式"重组,企图实现重组上市。

二、九好集团虚增服务费收入的具体情况

九好集团通过虚构业务、改变业务性质等方式虚增服务费收入总计 264 897 668.7 元。虚增服务费收入包括与125家供应商和84家客户核实确认的金额,以及通过资金循环证据印证的金额。供应商和客户核实确认的虚增服务费收入金额分别为 191 524 278.2 元和 50 991 653.19 元。经过九好集团员工核实并且通过资金循环证据印证的虚增服务费收入金额涉及19家供应商,总计 22 381 737.41 元。虚增服务费金额的确认基于九好集团公开披露的服务费结算模式和收入确认会计政策。

三、九好集团虚增贸易收入的情况

杭州融康信息技术有限公司(以下简称融康信息)与九好集团之间存在资金循环,导致九好集团虚增2015年销售收入 574 786.32 元。融康信息向九好集团采购的货物未实际收货,支付的货款已退回,但九好集团仍确认销售收入及应收账款收回。

四、利安达会计师事务所在审计中存在的问题

利安达会计师事务所(以下简称利安达)对九好集团2013年至2015年度财务报表审计时未勤勉尽责,出具的审计报告存在虚假记载。对银行存款审计程序不到位,未收到兴业银行杭州分行3亿元定期存款的回函,未能发现虚增银行存款及存单质押的事实。对函证审计程序不到位,包括未按拟定的选样标准发函、未保持对函证的有效控制、未充分关注函证回函的疑点。对收入的审计程序不到位,未充分关注与营业收入相关的合同、用印及收入证据不足等疑点。利安达对供应商和客户的现场走访工作存在瑕疵和矛盾,走访记录的真实性受到质疑。

五、审计人员应如何有效地进行应收账款函证

审计人员应当严格按照选定的发函标准执行，确保所有符合条件的应收账款都得到函证。应当保持对函证过程的有效控制，避免让被审计单位参与函证的发送和回收过程，以防止操纵和舞弊。需要充分关注函证回函中的疑点，如盖章不符、邮寄信息相同、快递员集中收件等情况，及时进行调查和核实。应当对比发函与回函地址的一致性，确保回函的真实性和可靠性。

六、对于平台型业务模式的收入审计方法

审计人员需要深入了解平台型业务的商业模式，包括服务费的收取方式、平台交易的流程等。应当对平台上的交易进行抽样检查，验证交易的真实性和准确性，包括检查交易记录、合同、发票等相关文件。需要关注平台与供应商和客户之间的关系，评估是否存在关联方交易或利益输送的情况。应当对平台的收入确认政策进行审查，确保其符合会计准则的要求，并且收入确认是基于真实的交易。

七、审计中需要注意的细节

审计人员应当关注合同条款的一致性，确保合同中的日期、金额、期限等信息准确无误。需要仔细核对供应商和客户的印章，确保其与被审计单位的记录一致，防止伪造或使用错误的印章。应当注意发票、发货单、收款凭证等原始凭证的完整性和真实性，确保所有交易都有充分的证据支持。需要警惕同一控制下的企业之间的异常交易，这些交易可能存在利益输送的风险，应当进行深入调查。审计人员应当关注收入确认的依据，确保所有确认的收入都有合理的理由和充分的证据支持。

销售与收款循环审计：九好集团审计案例

讨论九好集团审计案例，针对注册会计师在大量审计细节上的失败，教育学生无论从事什么工作岗位，都应具备工匠精神，勤勉尽责，爱岗敬业，对工作负责、对单位负责、对社会负责。

分析九好集团审计案例，针对北京银行未能如实回复审计询证函信息，未能对上市公司的资金业务进行有效监管，引导学生对社会诚信环境和注册会计师执业环境的思考。

第一节　货币资金审计

一、货币资金审计的含义及主要内容

货币资金审计是指对企业的现金、银行存款和其他货币资金收付业务及其结存情况的真实性、正确性和合法性所进行的审计。其目的在于保护货币资金的安全完整，揭示违法犯罪行为，维护财经法纪，并如实反映被审计单位的即期偿债能力。审计过程中，审计人员需关注货币资金的内部控制制度的健全性和有效性，通过实质性测试和控制测试来验证货币资金结存数额的真实性和货币资金收付业务的合法性。具体审计程序主要包括获取或编制货币资金余额明细表、核对总账金额与日记账合计数、监盘库存现金、核对银行对账单等，以确保审计结果的准确性和可靠性。

【实务案例】

审查明康生物公司2017年货币资金账表是否相符。

【审计操作】

（1）在用友 CPAS 审计作业系统，单击"报表系统"→"未审财务报表"，打开资产负债表，查看货币资金金额，如图 7-1 所示；单击"查证分析"→"科目余额表"，打开余额表，查看库存现金、银行存款和其他货币资金金额，如图 7-2 所示，进行汇总后与资产负债表金额核对。

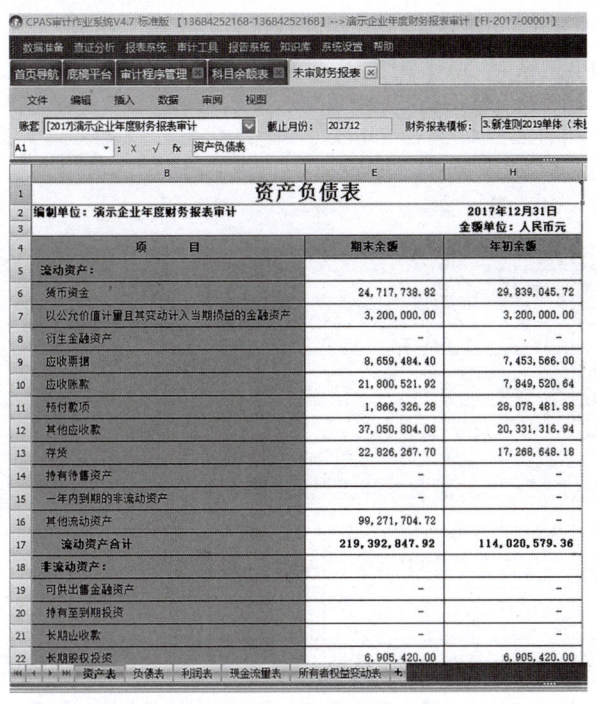

图 7-1　未审财务报表

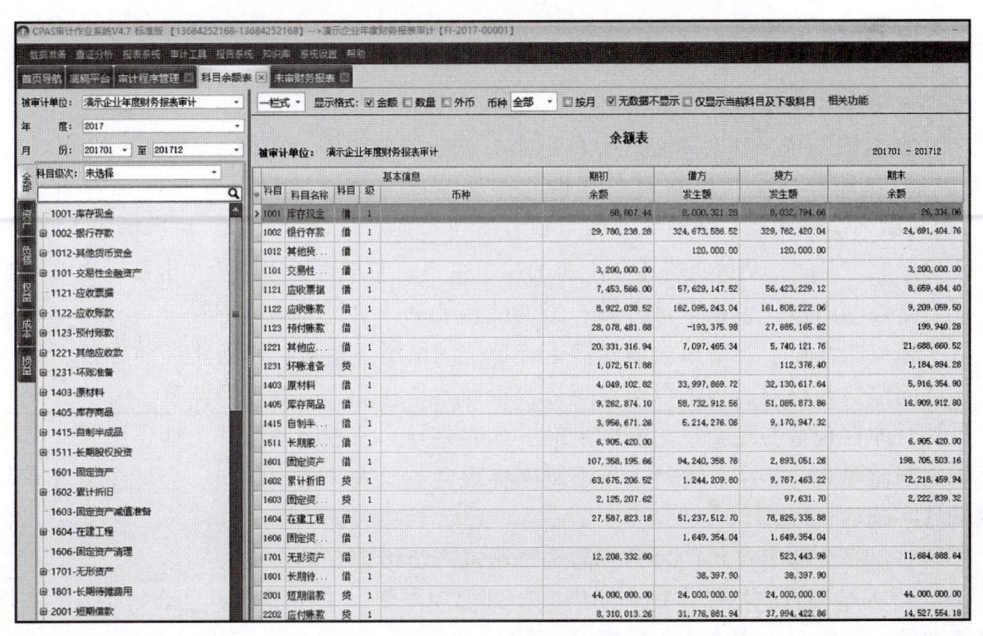

图 7-2　科目余额表

（2）在用友 CPAS 审计作业系统，单击“底稿平台”→“第三部分 进一步审计程序工作底稿”→“6000 执行实质性审计程序”→“6100 资产类”→“货币资金. xlsx”，打开“2017-货币资金. xlsx”表，单击工具栏“CPAS 系统”→“刷新数据”→“刷新所有页”，刷新数据后，单击底稿目录中的审计程序，查阅审计程序，单击“审定表”和“账项明细表”，查看货币资金相关数据，填写审计说明为“报表数、总账、明细账核对相符”，审计结论为“经审计，未发现重大异常情况”，如图 7-3 所示。

（注意：用友 CPAS 系统工作底稿处理兼容 Office 2007、Office 2010、Office 2016、Office 2019 等多个版本，不支持 WPS 版。）

货币资金 - 账项明细表

被审计单位：演示企业年度财务报表审计　　索引号：6110-03　　页次：03
项目：货币资金-账项明细表　　编制人：13684252168　　日期：2024-09-25
账务报表截止日/期间：2017-01-01至2017-12-31　　复核人：　　日期：

科目编码	项目	是否函证	审定期初数			未审借方发生额	未审贷方发生额	审定借方发生额	审定贷方发生额	账面期末数			账表差异期末调整数	未审期末数		
			原币金额	汇率	本位币金额					原币金额	汇率	本位币金额	本位币金额	原币金额	汇率	本位币金额
1001	库存现金				58,807.44	8,000,321.28	8,032,794.66	8,000,321.28	8,032,794.66			26,334.06	-			26,334.06
现金小计					58,807.44	8,000,321.28	8,032,794.66	8,000,321.28	8,032,794.66			26,334.06	-			26,334.06
科目编码	项目/开户银行	是否函证	审定期初数			未审借方发生额	未审贷方发生额	审定借方发生额	审定贷方发生额	账面期末数			账表差异期末调整数	未审期末数		
			原币金额	汇率	本位币金额					原币金额	汇率	本位币金额	本位币金额	原币金额	汇率	本位币金额
100204	银行存款-苏州国开行				6,183.66	29,400,017.16	29,401,968.00	29,400,017.16	29,401,968.00			4,232.82	-			4,232.82
100201	银行存款-交行基本户	是			29,369,442.46	204,021,144.06	209,115,322.50	204,021,144.06	209,115,322.50			24,275,264.02	-			24,275,264.02
100202	银行存款-建行纳税户				79,086.54	19,901,831.64	19,840,142.40	19,901,831.64	19,840,142.40			140,775.78	-			140,775.78
100203	银行存款-工行贷款户				325,525.62	71,350,593.66	71,404,987.14	71,350,593.66	71,404,987.14			271,132.14	-			271,132.14
银行存款小计					29,780,238.28	324,673,586.52	329,762,420.04	324,673,586.52	329,762,420.04			24,691,404.76	-			24,691,404.76
科目编码	项目/开户银行	是否函证	审定期初数			未审借方发生额	未审贷方发生额	审定借方发生额	审定贷方发生额	账面期末数			账表差异期末调整数	未审期末数		
			原币金额	汇率	本位币金额					原币金额	汇率	本位币金额	本位币金额	原币金额	汇率	本位币金额
101202	其他货币资金-银行本票				-	120,000.00	120,000.00	120,000.00	120,000.00			-	-			-
其他货币资金小计					-	120,000.00	120,000.00	120,000.00	120,000.00			-	-			-
货币资金合计					29,839,045.72 c	332,793,907.80	337,915,214.70	332,793,907.80	337,915,214.70			24,717,738.82	-			24,717,738.82

图 7-3　货币资金审计工作底稿-账项明细表填制界面

二、库存现金审计

库存现金审计的基本程序如下：

（1）获取明细账，核对库存现金日记账与总账的金额是否相符。

（2）监盘库存现金，检查其存在性，并编制库存现金监盘表（又叫库存现金盘点表），由出纳、会计主管、审计人员签字确认。进行库存现金的监盘，需遵循以下步骤：

①确定监盘时间，最好选择上午上班前或下午下班时进行，以避免现金变动影响核对。

②安排参与人员，包括审计人员、出纳员和被审计单位的会计主管。

③实施突击盘点。在不事先通知被审计单位的情况下盘点，以防止提前准备。

④共同监督与核对。出纳员清点现金，审计人员和会计主管在旁监督。

⑤核对库存现金与现金日记账的余额，如有差异，需查明原因并调整。

⑥编制监盘表并签字。审计人员编制库存现金监盘表，由出纳员、会计主管和审计人员共同签字确认。

⑦若监盘日为非资产负债表日，需调整至资产负债表日的金额。

（3）检查是否有充抵库存现金的借条、未提现支票、未作报销的原始凭证等，查明原因及真实性，并在盘点表中予以说明。

【实务案例】

审查明康生物公司 2017 年现金账。

(1) 核对库存现金日记账与总账的金额是否相符;

(2) 通过扫描二维码"现金盘点",观看情景动画,了解监盘库存现金,检查其存在性,并编制库存现金监盘表;

(3) 检查是否有充抵库存现金的借条、未提现支票、未作报销的原始凭证等。

现金盘点

【审计操作】

(1) 在用友 CPAS 审计作业系统,单击"查证分析"→"明细账",打开明细账后,单击"库存现金",将右边的滚动条拉到最下面,查看库存现金结存金额,如图 7-4 所示;单击"查证分析"→"科目余额表",打开科目余额表,查看库存现金金额,并进行库存现金账账核对。

图 7-4 库存现金明细日记账

(2) 2018 年 3 月 1 日前,经监盘明康生物公司库存现金实存金额为 121 062.70 元,比账上余额 121 061.76 元多 0.94 元。追溯到 2017 年 12 月 31 日余额应为 26 335.00 元,比账上 26 334.06 元多 0.94 元,经与出纳核实,确认属于找零未收,因此,此次库存现金清查结果属于账实相符。

在用友 CPAS 审计作业系统,单击"底稿平台"→"第三部分 进一步审计程序工作底稿"→"6000 执行实质性审计程序"→"6100 资产类"→"货币资金.xlsx",打开"2017 货币资金.xlsx"表,单击"库存现金监盘表",编制库存现金盘点表,如图 7-5 所示。

(3) 经检查,明康生物公司没有充抵库存现金的借条、无未提现支票、无未作报销的原始凭证等。

货币资金 － 库存现金监盘表

被审计单位：演示企业年度财务报表审计　　索引号：6110-08　　页次：08
项目：货币资金-库存现金监盘表　　编制人：张某　　日期：2024-09-24
账务报表截止日/期间:2017-01-01至2017-12-31　　复核人：　　日期：

检查盘点记录						实有库存现金盘点记录						
项目		项次	人民币	美元	某外币	面额	人民币		美元		某外币	
上一日账面库存余额		①	121,061.76				张	金额	张	金额	张	金额
盘点日未记账传票收入金额		②	-			1000元		-		-		-
盘点日未记账传票支出金额		③	-			500元		-		-		-
盘点日账面应有金额		④=①+②-③	121,061.76		-							
盘点实有库存现金数额		⑤	121,062.70		-	100元	260	26,000.00		-		-
盘点日应有与实有差异		⑥=④-⑤	-0.94		-	50元	4	200.00		-		-
差异原因分析	白条抵库（张）					20元	5	100.00		-		-
	找零未收		-0.94			10元	3	30.00		-		-
						5元		-		-		-
						2元		-		-		-
						1元	5	5.00		-		-
						5角		-		-		-
						2角		-		-		-
追溯调整	报表日至审计日库存现金付出总额		1,285,602.30			1角		-		-		-
	报表日至审计日库存现金收入总额		1,380,330.00			5分		-		-		-
	报表日库存现金应有余额		26,334.06		-	2分		-		-		-
	报表日账面汇率					1分		-		-		-
	报表日余额折合本位币金额		-		-	合计	277	26,335.00	-	-	-	
本位币合计												

出纳员：李　　会计主管人员：陈　　监盘人：账　　检查日期：2018.3.1

审计说明：

对库存现金进行盘点，经盘点，盘点日库存现金实存121 062.70元，账面余额121 061.76元，差异为0.94元。盘点日至资产负债表日库存现金明细账借方1 380 330.00元，贷方1 285 602.30元，资产负债表日应有余额26 334.06元，与资产负债表日库存现金余额一致。

审计结论：

上述发现的问题涉及金额较小且低于SAD，对审计结果无重大影响。除上述问题外未发现其他重大异常情况。

底稿目录 | 审计程序 | 审定表 | 账项明细表 | 银行存款明细表 | 披露表-上市 | 披露表-标准 | 披露表-国企 | 库存现金监盘表 | 外币货币资金核查表 | 银行存单检查表 | 银行存款未达账项调节表 | 对银行存款余

图 7-5　货币资金审计工作底稿-库存现金监盘表填制界面

三、银行存款审计

银行存款审计的基本程序如下：

（1）获取明细账，核对银行存款日记账与总账的金额是否相符。

（2）获取银行对账单、银行存款明细表，检查银行存款余额调节表，检查调节事项，关注长期未达账项。

（3）填写银行询证函，函证信息包括余额情况、款项性质等。核对回函的银行账户余额，若有差异，查明原因。

（4）抽查大额银行存款收支的原始凭证，检查与生产经营无关的收支情况，检查银行账户存款人是否为被审计单位等。

（5）分析银行存款累计余额应收利息收入，评估利息收入合理性。

【实务案例】

审查明康生物公司2017年银行存款，明康生物公司已开立银行结算账户清单，如表7-1所示。

（1）获取明细账，核对银行存款日记账与总账的金额是否相符；

（2）查阅12月底的银行存款余额调节表，检查调节事项。明康生物公司除交行基本存款户对账单余额25 902 829.00元，存在以下未达账项外，其余银行对账单余额均与公司账户余额相等。交通银行已收客户-姚淑珠-宣武邦保医药有限公司的应收账款的231 000.00元，企业未收。明康生物公司已支付12月工资、加班费1 396 564.98元，交通银行未付。

（3）填写银行询证函，函证信息包括余额情况、款项性质等。核对回函的银行账户余额，若有差异，查明原因。

表 7-1 已开立银行结算账户清单

存款人姓名		河北明康生物制药股份有限公司				
基本存款账户开户许可证核准号		0078129307				
顺序	开户银行名称	账号	账户性质	开户日期	账户状态	销户日期
1	国家开发银行苏州市分行	1491022111069325417	一般存款户	2013. 7. 17	正常	
2	交通银行石家庄正定支行	3011213507932435297	基本存款户	2009. 6. 30	正常	
3	中国建设银行石家庄南环支行	3829587366748930196	一般存款户	2010. 7. 1	正常	
4	中国工商银行石家庄中华支行	2138574635287364589	一般存款户	2009. 6. 30	正常	

【审计操作】

(1) 在用友 CPAS 审计作业系统，单击“查证分析”→“明细账”，打开明细账后，单击“银行存款”，将右边的滚动条拉到最下面，查看银行存款结存金额；单击“查证分析”→“科目余额表”，打开余额表，查看银行存款金额，并进行银行存款账账核对。

(2) 在用友 CPAS 审计作业系统，单击“底稿平台”→“第三部分 进一步审计程序工作底稿”→“6000 执行实质性审计程序”→“6100 资产类”→“货币资金 . xlsx”，打开“2017-货币资金 . xlsx”表，逐一单击底稿目录中的“银行存款明细表”和“银行存款未达账项调节表”，依据前述资料补充填写相关内容，查阅 12 月底的银行存款余额调节表及其检查表，如图 7-6 所示，检查调节事项。

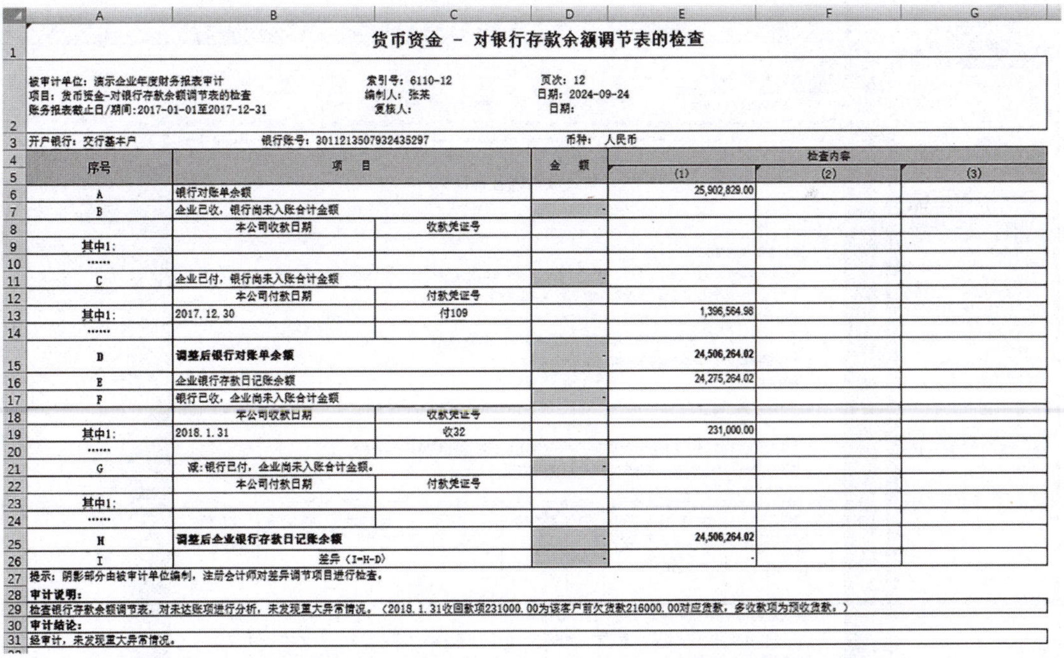

货币资金 - 对银行存款余额调节表的检查

被审计单位：演示企业年度财务报表审计　　索引号：6110-12　　页次：12
项目：货币资金-对银行存款余额调节表的检查　　编制人：张英　　日期：2024-09-24
账务报表截止日/期间：2017-01-01至2017-12-31　　复核人：　　日期：

开户银行：交行基本户　　银行账号：3011213507932435297　　币种：人民币

序号	项　目		金　额	检查内容 (1)	(2)	(3)
A	银行对账单余额			25,902,829.00		
B	企业已收，银行尚未入账合计金额		-			
	本公司收款日期	收款凭证号				
其中1:						
······						
C	企业已付，银行尚未入账合计金额		-			
	本公司付款日期	付款凭证号				
其中1:	2017. 12. 30	付109		1,396,564.98		
······						
D	**调整后银行对账单余额**		-	24,506,264.02		
E	企业银行存款日记账余额			24,275,264.02		
F	银行已收，企业尚未入账合计金额		-			
	本公司收款日期	收款凭证号				
其中1:	2018. 1. 31	收32		231,000.00		
······						
G	减:银行已付，企业尚未入账合计金额。		-			
	本公司付款日期	付款凭证号				
其中1:						
······						
H	**调整后企业银行存款日记账余额**		-	24,506,264.02		
I	差异（I=H-D）		-	-		

提示：阴影部分由被审计单位编制，注册会计师对差异调节项目进行检查。

审计说明：

检查银行存款余额调节表，对未达账项进行分析，未发现重大异常情况。（2018. 1. 31收回款项231000. 00为该客户前欠货款216000. 00对应货款，多收款项为预收货款。）

审计结论：

经审计，未发现重大异常情况。

图 7-6 货币资金审计工作底稿—对银行存款余额调节表的检查界面

(3) 在用友 CPAS 审计作业系统，单击“审计工具”→“函证工具”，打开函证设置界面，单击“银行函证（通用格式）”，单击“函证控制表”下的“增加”→“从总账科目/辅助账项目”，打开选择科目界面，单击总账科目树，勾选 1002 银行存款和 2001 短期借款科目编号前的方框，单击“确定”返回选择生成函证文件界面，依据前述相关信息填写银行账号、账户名称等，如图7-7所示。

图7-7 银行函证选择科目界面

在图7-7中，勾选所有项目后，单击"生成函证文件"，在弹出的窗口中，填写事务所、收函信息等相关内容，填写完成后，单击"确定"生成函证。在打开的银行询证函文件中，依据明康生物公司银行开户清单、征信报告、借款合同以及对账单等内容填写银行询证函中银行存款、银行借款等详细内容，填写完成后，单击"底稿阶段"后面的选择，单击阶段名称下底稿目录前的"+"号，依次打开"第三部分 进一步审计程序工作底稿"→"6000 执行实质性审计程序"→"6100 资产类"，单击"确定"，单击"保存为底稿"后，导出文件，如图7-8所示。

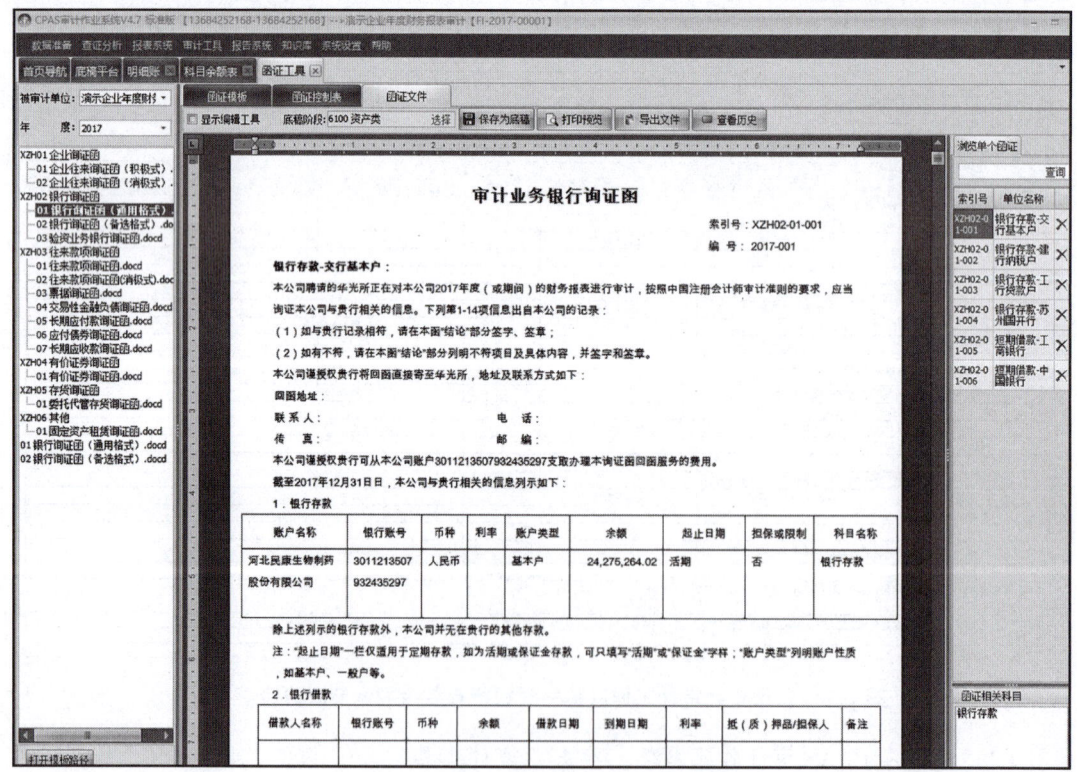

图7-8 银行询证函基本信息填制界面

（4）银行回函信息处理。收到银行回函信息后，在函证控制表编辑页面，向右拉动函证控制表下方的滚动条，进入函证信息编辑页面，依据银行回函信息，填写回函金额、回函日期信息。交行回函金额为 25 902 829.00 元，其他银行回函金额与公司账面金额相同，回函日期：2018 年 2 月 27 日。回函信息填写完后，单击"保存"按钮。单击"底稿平台"，依次打开"第三部分 进一步审计程序工作底稿"→"6000 执行实质性审计程序"→"6100 资产类"，双击"6113 应收账款"，打开该底稿。在底稿下方的 Sheet 明细中，单击打开"银行存款（其他货币资金）函证结果汇总表"，单击导航菜单中的用友 CPAS 系统，单击刷新数据，系统自动填充函证数据。

（5）对银行存款 2017.12.31 截止前后 10 天内收付款项进行测试。

（6）对借贷方发生额大于 1 000 万元的所有凭证逐一抽凭审查，对 100 万~1 000 万元的凭证按 30%随机抽查。

第二节 往来款项审计

一、往来款项审计的含义及审计要点

往来款项审计是指对企业在生产经营过程中发生的各种应收、应付款项及预收、预付款项进行的审计。审计要点如下：

（一）合理性、合法性审查

检查往来款项的发生原因是否合理合法，手续是否完备。

（二）正确性审查

核对往来款项的数额和账务处理是否正确。

（三）可收回性审查

评估应收款项的回收可能性，关注长期拖欠的款项。

（四）真实性审查

确认应付款项是否真实存在，防止虚列。

（五）分析账龄

分析往来款项的账龄，识别潜在风险。

（六）审查关联方交易

特别关注与关联方的往来款项，防止利益输送。

通过往来款项审计，可以揭示企业资金流动的真实情况，评估企业的财务状况和经营风险。

二、应收账款审计

应收账款审计是企业财务审计中的重要内容，主要审计企业因销售商品、产品或提供劳务而形成的债权。具体审计方法如下：

（一）核对法

取得或编制应收账款明细表进行复核加总，并与企业总账、明细账合计数进行核对，同时核对坏账准备余额是否与会计报表相符。

（二）账龄分析法

编制应收账款账龄分析表，分析应收账款收回的可能性，对久欠不还、有纠纷、催收情况不明的应收账款进行重点审查。

（三）函证法

向债务人函证应收账款账户余额的真实性、正确性，防止或发现差错及舞弊行为。

（四）审查内部控制制度

了解并评价被审计单位的应收账款内部控制制度，找出薄弱环节作为审计重点。

【实务案例】

审查明康生物公司2017年应收账款。

（1）核对应收账款明细账与总账、报表对应项目的金额是否相符；

（2）向债务人函证应收账款账户余额的真实性、正确性；

（3）编制应收账款账龄分析表，分析应收账款收回的可能性，对久欠不还、有纠纷、催收情况不明的应收账款进行重点审查。

【审计操作】

（1）在用友CPAS审计作业系统，单击"查证分析"→"明细账"，打开明细账后，单击"应收账款"，将右边的滚动条拉到最下面，查看应收账款结存金额；单击"查证分析"→"科目余额表"，打开余额表，查看应收账款金额；单击"报表系统"→"未审财务报表"，打开未审财务报表，查看应收账款金额；并进行应收账款账账、账表核对。

（2）在用友CPAS审计作业系统，单击"审计工具"→"函证工具"，打开函证设置界面，单击"往来款项询证函"，单击"函证控制表"下的"增加"→"从账面金额按比率查询"，打开选择科目界面，单击"辅助账"，勾选1122应收账款，如果其他科目处于勾选状态，则单击取消。在右侧查询条件下的操作符中，选择借方余额、大于等于，在金额框中输入200 000，单击"查询"，系统自动计算查询结果，如图7-9所示，单击"确认"，系统返回，待函证列表，单击"保存"。弹出保存成功消息过后，单击"确定"。单击"生成函证文件"，在弹出的窗口中输入会计师事务所收函信息后，单击"生成函证"，单击"选择"，单击阶段名称下底稿目录前的"+"号，依次打开"第三部分 进一步审计程序工作底稿"→"6000 执行实质性审计程序"→"6100 资产类"，单击"确定"，单击"保存为底稿"，在弹出的提示框中，单击"是"，系统弹出保存成功提示框后，单击"确定"，完成该底稿的编制；单击"导出文件"，导出应收账款函证文件。

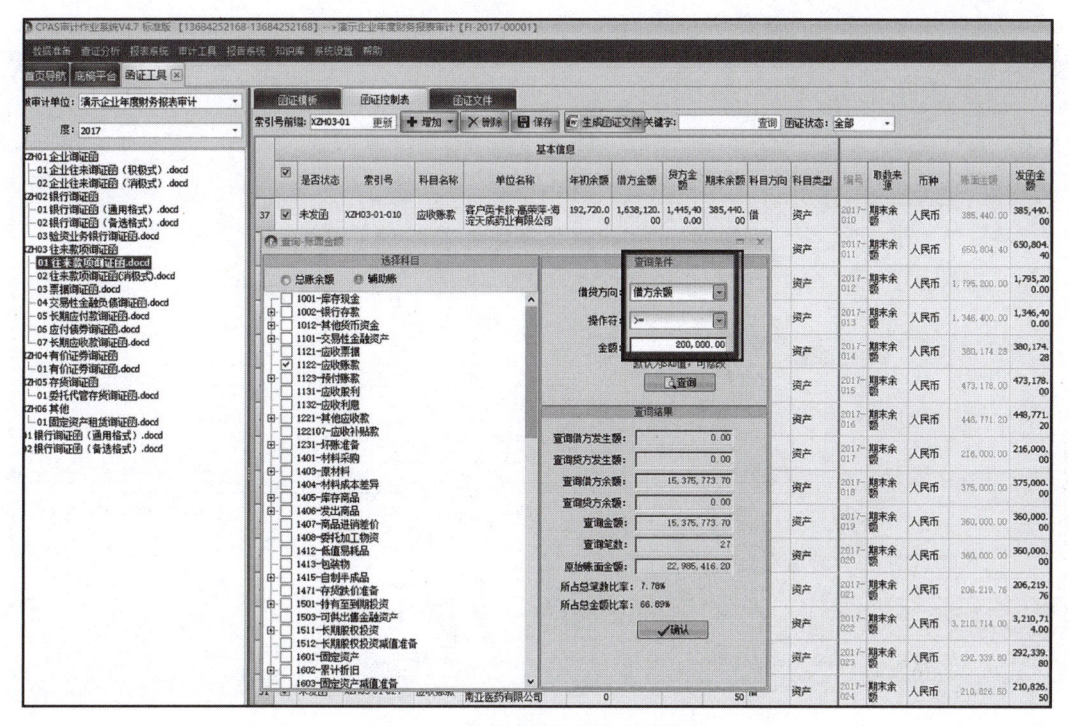

图 7-9 应收账款函证设置界面

（3）应收账款回函信息处理。

收到客户回函信息后，在函证控制表编辑页面，向右拉动函证控制表下方的滚动条，进入函证信息编辑页面，依据应收账款回函信息，填写回函金额、回函日期信息。比如，客户英卡胺-高荣萍-海淀天成药业有限公司金额为 385 440 元，回函日期：2018 年 2 月 9 日。本实务案例中，除客户-姚淑珠-宣武邦保医药有限公司并未收到回函外，其他回函金额均是发函金额，回函日期均为 2018 年 2 月 11 日，回函信息填写完后，单击"保存"按钮。单击"底稿平台"，依次打开"第三部分 进一步审计程序工作底稿"→"6000 执行实质性审计程序"→"6100 资产类"，双击"6113 应收账款"，打开该底稿。

在底稿下方的 Sheet 明细中，单击打开函证结果汇总表，单击导航菜单中的用友审计 CPAS 系统。单击刷新数据，系统自动填充函证数据。依据应收账款回函，填写底稿中"是否收到回函、索引号、起止日期、可以确认金额"等信息。

（4）对未收到回函的应收账款进行替代测试。

在用友 CPAS 审计作业系统，单击"审计工具"→"替代测试"，打开替代测试设置界面，在页面左下方，底稿文件选择框中单击"选择"，在弹出的对话框中，单击底稿名称下底稿目录前的"+"号，依次打开"第三部分 进一步审计程序工作底稿"→"6000 执行实质性审计程序"→"6100 资产类"，单击"6113 应收账款"，单击"确定"。单击导航菜单中的"增加账户"→"从科目或辅助账选择"，弹出选择科目对话框后，在查找关键字输入框中输入：客户-姚淑珠-宣武邦保医药有限公司，按下 Enter 键，系统自动搜索符合条件的信息，勾选客户-姚淑珠-宣武邦保医药有限公司，单击"确定"，双击导航菜单中的"凭证日期"，使凭证日期按照递增排序，如图 7-10 所示。单击导航菜单中"保存为底稿"，系统自动打开底稿并写入相关数据。

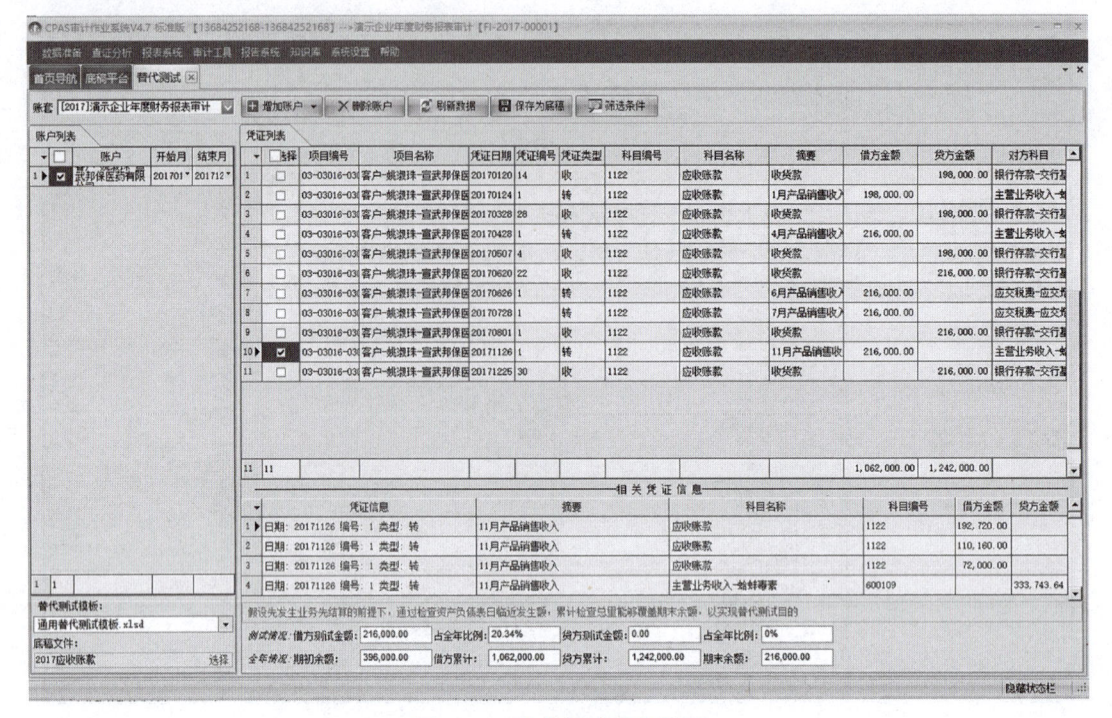

图 7-10　替代测试设置界面

(5) 为确定未回函应收账款余额被收回，需要复核期后即 2018 年的收款情况。

单击"查证分析"→"辅助账明细账"，打开明细账后，在下拉菜单中选择 2018，单击"辅助账按项目"，在查找关键字中输入：客户-姚淑珠-宣武邦保医药有限公司，按 Enter 键，在凭证列表下方，可以看到期后最先被收回的款项，及期后发生的业务，如图 7-11 所示，复核报告期 2017 年客户-姚淑珠-宣武邦保医药有限公司的应收账款余额 216 000 元已被收回，勾选凭证列表中可以证明应收账款余额已收回的凭证，单击"保存为底稿"，系统自动将相关数据写入底稿。

图 7-11　辅助账明细账-期后发生的业务查询界面

(6) 对未回函对应业务 2017.11.26 转 1 号凭证和期后已回款 2018.1.31 收 32 号凭证进行抽凭检查，同时检查 2017.11.26 转 1 号凭证业务对应的销售订单、合同、出库单及销售发票等原始凭证，2018.1.31 收 32 号凭证对应的销售回款银行回单等原始凭证。依据检查结果，在审计说明下的输入框中，输入详细说明："此笔未回函应收账款客户已付款。客户多付款为预付后期购货的预付款 231 000-216 000 = 15 000"，如图 7-12 所示。

图 7-12 未回函替代测试底稿界面

(7) 编制应收账款账龄分析表。在用友 CPAS 审计作业系统，单击"审计工具"→"账龄分析"，打开账龄分析设置界面，依次选择账套、分析方式和科目，设置账龄期间，并重新计算，分析结果如图 7-13 所示。

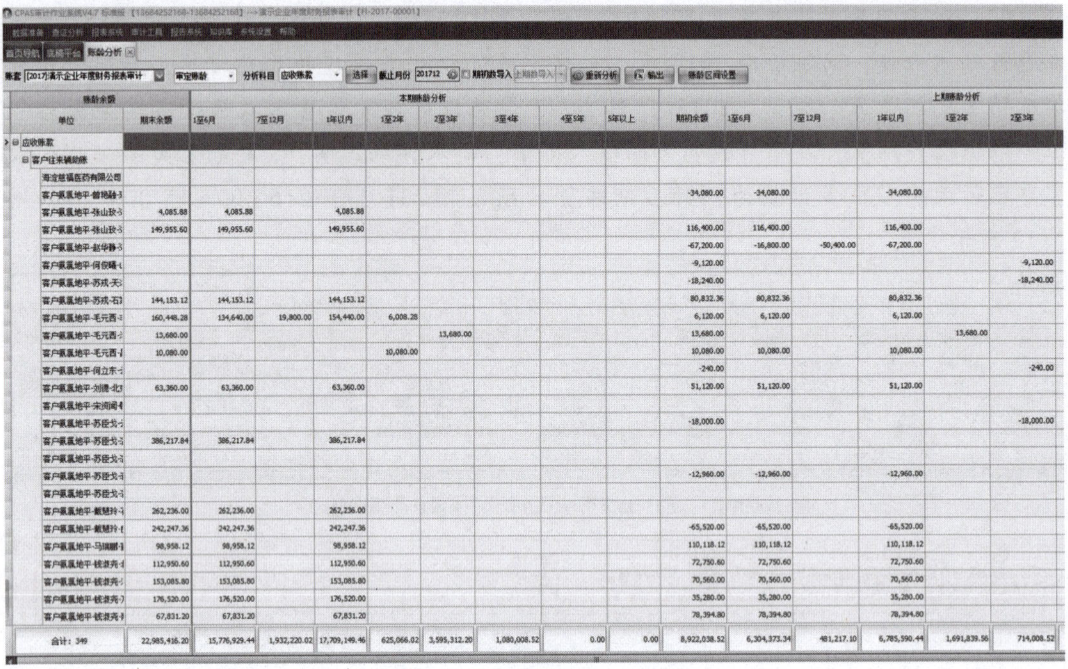

账龄余额		本期账龄分析								上期账龄分析					
单位	期末余额	1至6月	7至12月	1年以内	1至2年	2至3年	3至4年	4至5年	5年以上	期初余额	1至6月	7至12月	1年以内	1至2年	2至3年
应收账款															
客户往来辅助账															
海淀慈福医药有限公司															
客户氨氯地平-曾艳龄-										-34,080.00	-34,080.00		-34,080.00		
客户氨氯地平-张山玖-	4,085.88	4,085.88		4,085.88											
客户氨氯地平-张山玖-	149,955.60	149,955.60		149,955.60						116,400.00	116,400.00		116,400.00		
客户氨氯地平-赵华静-										-67,200.00	-16,800.00	-50,400.00	-67,200.00		
客户氨氯地平-何俊曦-										-9,120.00					-9,120.00
客户氨氯地平-苏戎-天										-18,240.00					-18,240.00
客户氨氯地平-苏戎-石	144,153.12	144,153.12		144,153.12						80,832.36	80,832.36		80,832.36		
客户氨氯地平-毛元西-	160,448.28	134,640.00	19,800.00	154,440.00	6,008.28					6,120.00	6,120.00		6,120.00		
客户氨氯地平-毛元西-	13,680.00					13,680.00				13,680.00				13,680.00	
客户氨氯地平-毛元西-	10,080.00				10,080.00					10,080.00	10,080.00		10,080.00		
客户氨氯地平-何立东-										-240.00					-240.00
客户氨氯地平-刘德-北	63,360.00	63,360.00		63,360.00						51,120.00	51,120.00		51,120.00		
客户氨氯地平-宋阅闻-															
客户氨氯地平-苏臣戈-										-18,000.00					-18,000.00
客户氨氯地平-苏臣戈-	386,217.84	386,217.84		386,217.84											
客户氨氯地平-苏臣戈-															
客户氨氯地平-苏臣戈-										-12,960.00	-12,960.00		-12,960.00		
客户氨氯地平-苏臣戈-															
客户氨氯地平-戴慧玲-	262,236.00	262,236.00		262,236.00											
客户氨氯地平-戴慧玲-	242,247.36	242,247.36		242,247.36						-65,520.00	-65,520.00		-65,520.00		
客户氨氯地平-马瑞娜-	98,958.12	98,958.12		98,958.12						110,118.12	110,118.12		110,118.12		
客户氨氯地平-铁淑亮-	112,950.60	112,950.60		112,950.60						72,750.60	72,750.60		72,750.60		
客户氨氯地平-铁淑亮-	153,085.80	153,085.80		153,085.80						70,560.00	70,560.00		70,560.00		
客户氨氯地平-铁淑亮-	176,520.00	176,520.00		176,520.00						35,280.00	35,280.00		35,280.00		
客户氨氯地平-铁淑亮-	67,831.20	67,831.20		67,831.20						78,394.80	78,394.80		78,394.80		
合计：349	22,985,416.20	15,776,929.44	1,932,220.02	17,709,149.46	625,066.02	3,595,312.20	1,080,008.52	0.00	0.00	8,922,038.52	6,304,373.34	481,217.10	6,785,590.44	1,691,839.56	714,008.52

图 7-13　应收账款账龄分析界面

三、应付账款审计

应付账款审计是指审计人员以企业应付账款为对象所进行的独立监督和评价活动。应付账款审计主要关注以下几个方面：

（一）核对账目

获取或编制应付账款明细表，与会计报表数、总账数、明细账进行核对，确保账账、账表相符。

（二）分析性复核

对比本期与上期的应付账款余额，分析长期挂账的应付账款，评估应付账款的整体合理性。

（三）函证确认

选择大额债权人进行函证，确认应付账款的真实性。

（四）查找未入账应付账款

通过检查购货发票、验收单等，防止企业低估负债。

（五）检查特殊事项

检查特殊事项，如现金折扣、债务重组、关联方交易等，确保会计处理正确。

通过这些审计程序，可以揭示应付账款的潜在问题，确保企业财务报告的准确性和合规性。

【实务案例】

审查明康生物公司 2017 年应付账款。

(1) 核对应付账款明细账与总账的金额是否相符，与报表项目数据是否相符；
(2) 向大额债权人函证应付账款账户余额的真实性、正确性；
(3) 编制应付账款账龄分析表，对有纠纷的应付账款进行重点审查。

【审计操作】

审计操作与应收账款类似。

四、其他往来款项审计

其他往来款项审计主要关注除主营业务外的款项，包括保证金、押金、备用金等，旨在揭示企业经营的实际情况。

审计过程中，需对其他应收款和其他应付款进行细致审查。这包括对其他应收款项的合理性、合法性、正确性、可收回性，以及对结算纪律遵守情况的审查。同时，还应关注其他应付款项的真实性，以及是否有通过其他应付款来调节损益、截留利润等情况。备用金的审查也是重要一环，需检查其支付是否合理合法，备用金的设立和借支是否超过规定，以及是否存在被挪用现象。

通过审计，可以发现企业资金、费用内控制度的问题，以及会计做账的水平，进而揭示企业经营的实际情况和风险点。

第三节　存货审计

一、存货审计的含义及审计要点

存货审计是指对企业存货增减变动及结存情况的真实性、合法性和正确性进行审计。存货审计直接影响被审计单位的财务状况，对于揭示存货业务中的差错弊端、保护存货的安全完整、降低存货成本和费用以及提高企业经济效益等具有重要意义。

存货审计是企业审计活动中的重要环节，涉及多个关键方面。

（一）数量审计

核实存货数量，包括进厂验收记录、领料单、存货记账等，确保存货报告中的数量准确无误。

（二）质量审计

检查存货的品质、规格、质量，确保存货报告中反映的质量真实可靠。

（三）成本审计

核查存货成本，包括物流费用、仓储费用、采购成本等，确保计价方法和折旧方法的合理性。

（四）流转审计

审查存货从采购到销售前的各个环节，确保存货流转情况真实、可靠、准确。

（五）报废和损失审计

审查存货报废和损失的情况，分析原因，审核报废和赔偿措施以及预防措施是否到位。

二、存货监盘

存货监盘是指审计人员现场监督被审计单位各种原材料等实物资产的盘点，并进行适当抽查的过程。其主要目的是确定被审计单位存货计量和存货记录程序的运作是否有效，以获取充分、适当的审计证据。存货监盘程序包括评价管理层的指令和程序、观察盘点执行情况、检查存货、执行抽盘等步骤。监盘过程中，审计人员需关注存货的数量、质量、状况及盘点范围，确保审计结果的准确性和可靠性。

三、存货抽盘

存货抽盘是指对仓库存货进行随机抽查盘点，以确定存货数量和状态的过程。存货抽盘是审计过程中的一个重要环节，以下是存货抽盘时需要注意的事项：

（一）增加审计程序的不可预见性

尽可能避免让被审计单位事先了解将抽盘的存货项目。

（二）获取盘点记录复印件

获取管理层完成的存货盘点记录的复印件，有助于日后实施审计程序。

（三）双向抽盘

从存货盘点记录追查至存货实物，确认存货盘点记录的准确性；从存货实物追查至存货盘点记录，确认存货盘点记录的完整性。

（四）处理抽盘差异

查明原因，及时提请被审计单位更正；考虑错误的潜在范围和重大程度，必要时扩大检查范围或要求被审计单位重新盘点，等等。

【实务案例】

审查明康生物公司2017年存货。

（1）通过扫描二维码"盘点访谈"，观看情景动画，了解明康生物公司的存货盘点制度，再核对存货各明细账与总账的金额是否相符，与报表项目数据是否相符；

（2）通过扫描二维码"存货监盘"，观看情景动画，了解如何对存货全面盘点，审查存货账户余额的真实性、正确性；

（3）通过扫描二维码"存货抽盘"，观看情景动画，了解如何对存货双向抽盘，确认存货盘点记录的准确性和完整性。

盘点访谈	存货监盘	存货抽盘

【审计操作】

（1）在用友 CPAS 审计作业系统，单击"查证分析"→"明细账"，打开明细账后，逐一单击存货科目：原材料、库存商品、自制半成品、生产成本和制造费用，统计其结存金额合计数；单击"查证分析"→"科目余额表"，打开余额表，查看存货科目：原材料、库存商品、自制半成品、生产成本和制造费用，统计其结存金额合计数；单击"报表系统"→"未审财务报表"，打开未审财务报表，查看存货金额；并进行存货账账、账表核对。

（2）通过存货全面盘点和双向抽盘后，得知存货相关账户余额均真实和正确。在用友CPAS审计作业系统，单击"底稿平台"，单击底稿名称下底稿目录前的"+"号，依次打开"第三部分 进一步审计程序工作底稿"→"6000执行实质性审计程序"→"6100资产类"，双击"6119存货"，打开该底稿。在底稿下方的Sheet明细中，单击打开存货监盘报告，填写底稿中以下内容："一、盘点日期；二、盘点仓库名称等相关信息；三、参加人员等相关信息；四、监盘开始前的工作；五、监盘进行中的工作等相关信息。"填写完成后，单击导航菜单中的"保存"按钮，保存底稿，单击"关闭"按钮，关闭底稿。

第四节　固定资产审计

一、固定资产审计的含义及审计要点

固定资产审计是指对固定资产购建、使用、折旧、实有数、调拨、报废、清理的全面审查。其审计要点如下：

（1）核查固定资产购建的合理性和合法性，包括资金来源、可行性和经济效益。
（2）查证固定资产的实际成本和现值，确保实际成本的准确性。
（3）审查固定资产的购建和使用效能，检查其实际生产能力和利用情况。
（4）查证固定资产折旧和折旧基金、减值准备计提的准确性。
（5）查证固定资产的实有数和所有权。
（6）审查固定资产出售、转让、报废的准确性，并查明变价收入和清理费用支出的合规性。
（7）评估固定资产内部控制制度的健全性和有效性。

二、固定资产审计的流程

固定资产审计的流程如下：

（一）获取资料与复核

获取或编制固定资产及累计折旧明细表，复核加计是否正确，并与总账数、报表数和明细账合计数核对是否相符。

（二）分析程序与执行

执行实质性分析程序，如比较本期计提折旧额与固定资产原值的比率，以及计算固定资产修理及维护费用占原值的比例，并进行各期比较。

（三）实地盘查与确认

实地盘查重要的、新增的固定资产，确定其是否实际存在，并关注是否存在已报废但

仍未核销的固定资产。

(四) 检查所有权与记录

抽查有关所有权证明文件,确定固定资产是否归被审计单位所有,并检查固定资产的增减变动记录是否完整。

(五) 编制审计报告

根据审计结果,编制审计报告,对固定资产的现状、存在的问题、风险和建议予以说明。

【实务案例】

审查明康生物公司2017年固定资产。

(1) 核对固定资产、累计折旧明细账与总账的金额是否相符,与报表项目数据是否相符;

(2) 通过对固定资产全面实地盘查,审查其账户余额的真实性、正确性;

(3) 重新测算固定资产折旧。

【审计操作】

(1) 在用友CPAS审计作业系统,单击"查证分析"→"明细账",打开明细账后,逐一单击固定资产和累计折旧,统计其结存金额;单击"查证分析"→"科目余额表",打开余额表,查看固定资产和累计折旧,统计其结存金额;单击"报表系统"→"未审财务报表",打开未审财务报表,查看固定资产金额;并进行固定资产账账、账表核对。

(2) 通过固定资产全面实地盘查后,得知存货相关账户余额均真实和正确。在用友CPAS审计作业系统,单击"底稿平台",单击底稿名称下底稿目录前的"+"号,依次打开"第三部分 进一步审计程序工作底稿"→"6000 执行实质性审计程序"→"6100 资产类",双击"6119 存货",打开该底稿。单击底稿上方"CPAS系统"→"刷新数据"→"刷新所有页面",逐一单击底稿下方的 Sheet 明细,查看数据关联状况。单击打开存货监盘报告,填写底稿中以下内容:"一、盘点日期;二、盘点仓库名称等相关信息;三、参加人员等相关信息;四、监盘开始前的工作;五、监盘进行中的工作等相关信息。"填写完成后,将鼠标放到审计说明输入框中,单击导航菜单中CPAS系统下的"结论与说明",单击"审计说明",选择并修改说明为:"对固定资产进行盘点,经检查,未发现重大异常情况。"单击"审计结论",选择"经审计,未发现重大异常情况。"单击导航菜单中的"保存"按钮,保存底稿。

(3) 在审计项目工作台中,单击导航菜单中的"审计工具"→"固定资产"→"折旧测算",打开折旧测算设置界面,如图7-14所示,单击折旧设置以下的"设置折旧方法",单击"批量设置折旧方法",单击折旧方法选择框下拉菜单,单击选择年限平均法,依次填列,全部填写完成后,单击"保存";单击"折旧设置"→"设置年初数",再选择设置年初数下的方案二,依次执行,依据"购置日期"重算"年初测算已计提月份",采用"年限平均法"重算"年初应提累计折旧",保存执行结果,单击"折旧测算",重新计算折旧,再单击"本期差异"栏中的"定制过滤"条件,如图7-14所示。

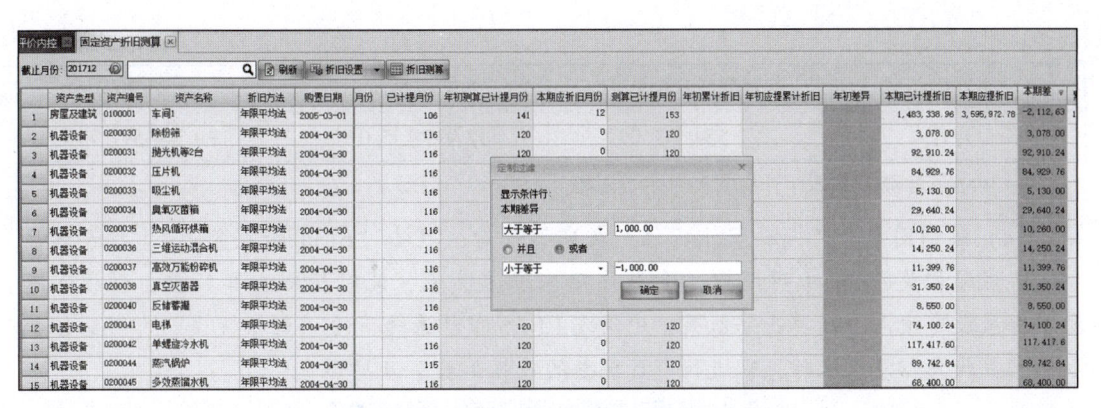

图 7-14 折旧测算设置及差异统计界面

将鼠标放在表体任意位置，单击右键，单击打印输出下的"输出"，输出成 Excel 文件，选择输出文件的存储位置，单击"保存"，打开固定资产折旧测算表后，对本期差异进行分析。也可直接单击"本期差异"右下方的倒三角，在定制过滤条件框中设置为：大于等于1 000，小于等于-1 000，如图 7-14 所示，输入完成后，单击"确定"按钮，可以发现筛选出的数据中有部分固定资产已提足月份，但本期仍在计提折旧，还有较多资产本期少提折旧。

对已提足折旧月份的本期已提折旧进行审计调整冲回。对少提折旧的如车间1，固定资产编码为0100001，双击该资产所在行，可以查看该资产的折旧测算明细。可以发现这些资产少计提折旧的情况，对此向被审计单位相关人员咨询后，进行审计调整，补提折旧。

2017 年每项资产多提折旧大于等于 1 000 的汇总如表 7-2 所示。

表 7-2 2017 年每项资产多提折旧大于等于 1 000 的汇总   元

资产类型	本期已计提折旧	本期应提折旧	本期差异
机器设备	292 131.66	23 222.22	268 909.44
运输工具	102 842.82	0.00	102 842.82
办公设备	3 249 229.26	0.00	3 249 229.26
合计	3 644 203.74	23 222.22	3 620 981.52

注：其中机器设备-尘埃粒子计数器，2017-1-26 购入，本期多计提一个月折旧，其余均属于折旧月份年初已提足，本期多计提 12 个月的折旧。

2017 年每项资产少提折旧大于等于 1 000 的汇总如表 7-3 所示。

表 7-3 2017 年每项资产少提折旧大于等于 1 000 的汇总   元

资产类型	本期已计提折旧	本期应提折旧	本期差异
房屋及建筑物	1 483 338.96	3 595 972.78	-2 112 633.82
机器设备	1 760 589.96	8 930 289.14	-7 169 699.18
运输工具	8 118.00	16 236.07	-8 118.07
办公设备	402 510.36	456 657.09	-54 146.73

续表

资产类型	本期已计提折旧	本期应提折旧	本期差异
合计	3 654 557.28	12 999 155.07	-9 344 597.79

注：少提折旧资产均属于计提折旧月份数不够。

（4）编制固定资产折旧审计底稿。在底稿平台，双击"6134 固定资产"，打开该底稿，在底稿相关的 Sheet 明细中，单击打开 SLN 直线表，此时折旧测算数据自动填入底稿，如果没有填入，则单击导航菜单中用友 CPAS 审计系统下的"刷新数据"即可。依据折旧差异较大信息表统计，需进行审计调整的数据如表 7-4 所示。

表 7-4 折旧差异较大需进行审计调整信息表   元

资产类型	本期已计提折旧	本期应提折旧	本期差异	用途	计提折旧科目
办公设备	3 651 739.62	456 657.09	3 195 082.53	办公	管理费用
房屋及建筑物	1 483 338.96	3 595 972.78	-2 112 633.82	生产占用2/3 办公占用1/3	制造费用 管理费用
机器设备	2 052 721.62	8 953 511.36	-6 900 789.74	生产使用	制造费用
运输工具	110 960.82	16 236.07	94 724.75	生产和销售各占用一半	制造费用 销售费用
合计	7 298 761.02	13 022 377.29	-5 723 616.27		

单击导航菜单中 CPAS 系统下的审计调整，在右侧科目名称下选择科目，在输入框中输入"管理费用-折旧费"，单击搜索，可以快速定位到该科目，填写完成，单击"保存"按钮后，如图 7-15 所示。系统弹出设置自动结转科目提示，单击期初结转科目对应的按钮，在选择科目列表中双击选择"410415 利润分配-未分配利润"，同上，单击期末结转科目对应的按钮，双击选择"4103 本年利润"，单击"确定"按钮，完成审计调整。

图 7-15 折旧差异较大的审计调整分录设置界面

（5）返回固定资产直线法表格。

将鼠标放到审计说明输入框中，单击导航菜单中CPAS系统下的"结论与说明"，单击"审计说明"，选择并修改说明为："对累计折旧进行测算，经测算，差异较大的项目进行审计调整。"单击"审计结论"，选择："除上述问题需进行相应调整外，未发现其他重大异常情况。"单击导航菜单中的"保存"按钮，保存底稿，单击"关闭"按钮，关闭底稿。

第五节　负债审计

一、负债审计的含义及主要内容

负债审计是指对企业或机构债务承担能力的全面审核，以确保所有负债都在有效的管理范围内并按时还款。负债审计主要关注企业的短期负债和长期负债的真实性与合规性，审计人员需核实负债的来源、用途以及偿还能力，评估企业的财务风险。它有助于降低企业负债风险、节约债务成本和提高财务效率。

负债审计的主要内容如下：

（一）审查负债的真实性和合规性

确保负债的存在是合法且合规的，没有虚假或不合规的负债。

（二）评估偿还能力

分析企业的财务状况和现金流，以确定其是否有能力按时偿还债务。

（三）风险控制

识别与负债相关的潜在风险，并提出相应的风险控制措施。

二、短期借款审计

短期借款审计是指对被审计单位借入的期限在一年以内的各种借款所开展的审查监督活动。短期借款审计的核心内容如下：

（一）审查短期借款期末余额的真实性

通过核对账簿记录、借款凭证及相关文件，确保借款业务的真实性，并核对短期借款总账余额与其明细账的一致性。

（二）审查短期借款偿还的及时性和合规性

验证短期借款账户借方发生额与付款凭证的相符性，核对还款日期与借款合同内容，确保还款的及时性。

（三）审查短期借款入账的完整性

分析利息费用账户，了解利息支出、利率及利息支付期限等，验证利息支出是否合理，并确认有无未登记的短期借款负债。

【实务案例】

审查明康生物公司2017年短期借款。

(1) 核对短期借款明细账、总账的金额是否相符，与报表项目数据是否相符；

(2) 通过对短期借款合同及其函证回函情况的全面审查，审查其账户余额的真实性、正确性；

(3) 重新测算短期借款利息。(明康生物公司2017年存在短期借款情况：2016年10月19日向工行借入2 400万元，8个月年利率6%；2017年5月31日向工行借入2 400万元，12个月年利率6%；2016年11月7日向中行借入2 000万元，9个月年利率7%。)

【审计操作】

(1) 短期借款账账、账表核对，银行函证及回函情况登记等操作与银行存款相似。

在用友CPAS审计作业系统，单击"底稿平台"→"第三部分 进一步审计程序工作底稿"→"6000 执行实质性审计程序"→"6200 负债类"→"6210-短期借款.xlsx"，打开"2017-短期借款.xlsx"表，单击工具栏"CPAS系统"→"刷新数据"→"刷新所有页"，刷新数据后，单击底稿目录中的"审计程序"，查阅审计程序，单击"审定表"和"账项明细表"，查看短期借款相关数据后，填写审计说明为："报表数、总账、明细账核对相符。"审计结论为："经审计，未发现重大异常情况。"

(2) 通过对应付利息和财务费用-利息支出两科目进行抽凭检查，审查利息费用的提取和支付情况。在抽凭时发现"应付利息"科目没有发生额，说明明康生物公司未按照权责发生制计提借款利息费用。对"财务费用-利息支出"科目抽凭情况如图7-16所示，单击"保存"按钮后，到"2017-短期借款.xlsx表"中刷新并查看抽凭检查表。

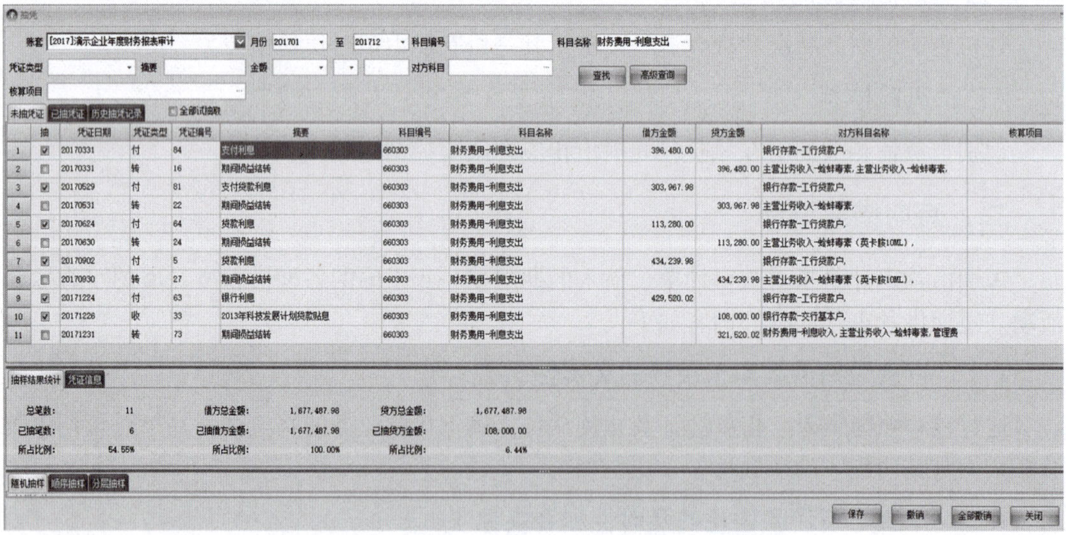

图7-16 "财务费用-利息支出"科目抽凭检查界面

(3) 重新测算短期借款利息。在2017-短期借款.xlsx表中单击"利息计算检查表"，依据明康生物公司2017年存在的短期借款的情况填写相关数据后，重新测算利息费用，如图7-17所示。

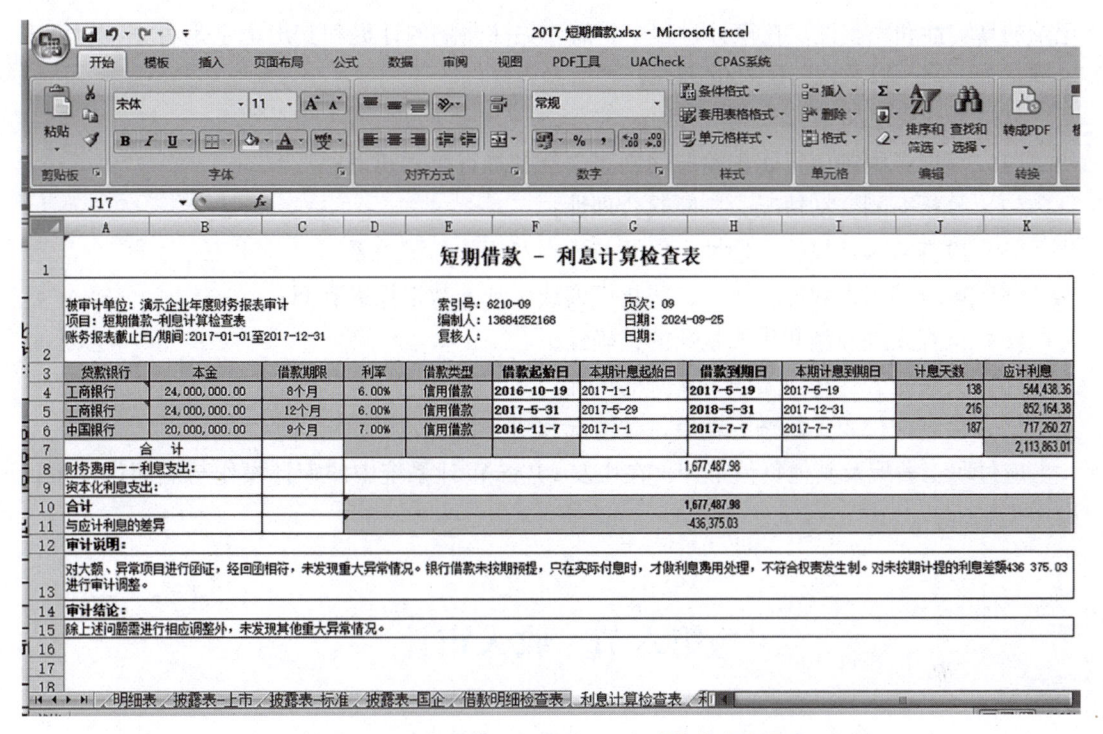

图 7-17 重新测算短期借款-利息计算检查表界面

(4)单击导航菜单中 CPAS 系统下的审计调整，在右侧科目名称下选择科目，在输入框中输入"应付利息"和"财务费用-利息支出"，单击搜索，可以快速定位到该科目，填写完成单击"保存"按钮后，如图 7-18 所示。

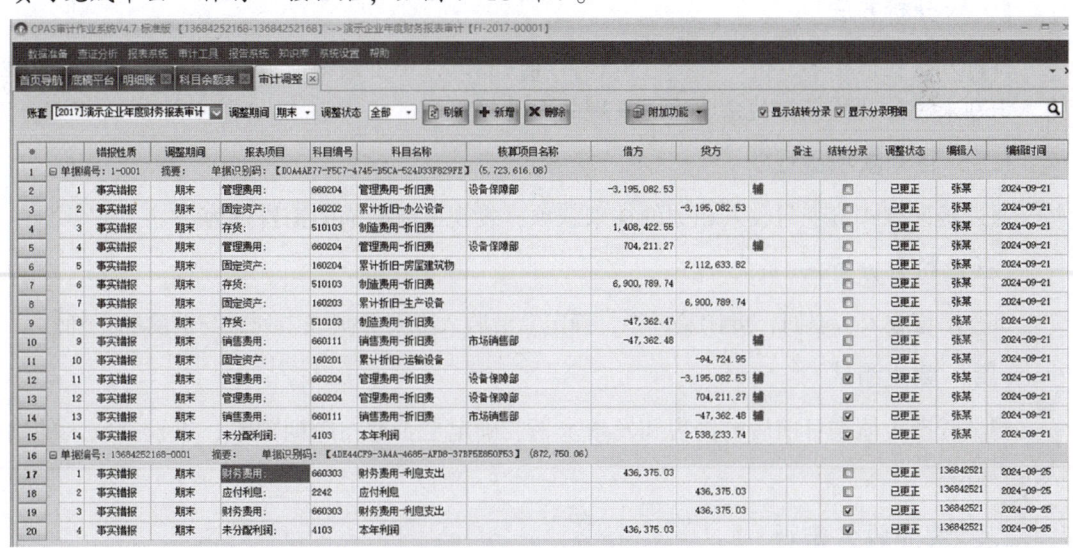

图 7-18 审计调整结果界面

三、应付职工薪酬审计

应付职工薪酬审计是指对企业应付给职工的各种薪酬进行审查的过程，旨在确保薪酬记录的真实性和完整性。在审计过程中，需要关注薪酬的计提和支出记录是否完整，期末余额是否正确，以及应付工资的披露是否恰当。

具体审计程序如下：
（1）获取或编制应付职工薪酬明细表，复核加计是否正确；
（2）分析薪酬变动情况，判断其合理性；
（3）检查薪酬计提的准确性，以及与成本费用的勾稽关系；
（4）审查员工人数的真实性，防止虚增或少计人数以操纵利润；
（5）检查发放金额和代扣款项的正确性；
（6）关注是否存在拖欠职工薪酬的情况；
（7）检查应付职工薪酬的期后付款情况和财务报表列报的恰当性。

应付职工薪酬及其他负债审计，在用友 CPAS 审计系统中的审计操作与短期借款审计操作类似。

第六节　收入审计

一、收入审计的含义及方法

收入审计是指对企业营业收入的真实性、合法性和正确性进行的审查，旨在确保财务报告的可靠性，并帮助企业改进内部管理，提高运营效率。具体审计方法如下：

（一）分析方法

分析方法包括比率分析、趋势分析和合理性测试，用于判断财务指标是否存在异常变化，识别未注意到的异常关系或难以发现的变动趋势。

（二）往来款项函证法

通过函证方式检查与收入相关的往来款项，发现可能隐瞒的销售行为。

（三）科目分析法

审查销售收入、退回、折让及折扣，确定营业收入在财务报表中列报与披露的正确性。

（四）截止测试

测试资产负债表日前后的销售和发货水平，确定是否存在跨期现象，以检查收入的确认是否恰当。

二、营业收入审计

【实务案例】

审查明康生物公司 2017 年营业收入。

（1）核对主营业务收入和其他业务收入明细账、总账的金额是否相符，与报表项目数据是否相符；

(2) 通过扫描二维码"了解客户、竞争因素对收入的影响"和"了解销售因素对收入的影响",观看情景动画,了解明康生物公司影响收入的因素,再对销售合同、出库单、发货单、收入往来款函证及回函情况进行全面审查,审查其账户余额的真实性和正确性;

了解客户、竞争因素对收入的影响　　　　　　　　　了解销售因素对收入的影响

(3) 通过科目趋势分析营业收入的变化是否正常。

【审计操作】

(1) 主营业务收入和其他业务收入账账、账表核对,收入往来款函证及回函情况登记等操作与银行存款相似。

(2) 在用友 CPAS 审计作业系统,单击"查证分析"→"科目趋势分析",打开科目趋势分析设置界面,选择分析年度、月份、分析选项、分析口径,单击打开"科目选择"后,勾选主营业务收入,进行趋势分析,如图 7-19 所示。

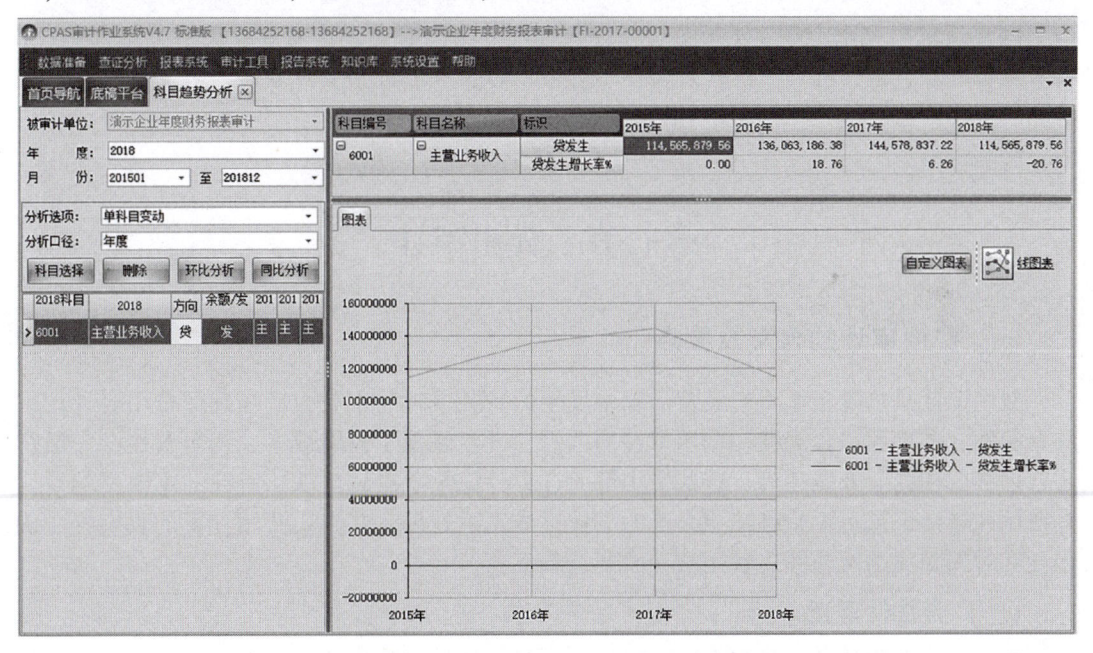

图 7-19　主营业务收入科目趋势分析图

(3) 单击工具栏"CPAS 系统"→"刷新数据"→"刷新所有页",刷新"2017-营业收入.xlsx"数据后,单击底稿目录中的"审计程序",查阅审计程序,单击"审定表""账项明细表",查看营业收入相关数据后,填写审计说明为:"报表数、总账、明细账核对相符。"审计结论为:"经审计,未发现重大异常情况。"单击"业务产品销售分析表",进行毛利率分析,如图 7-20 所示。

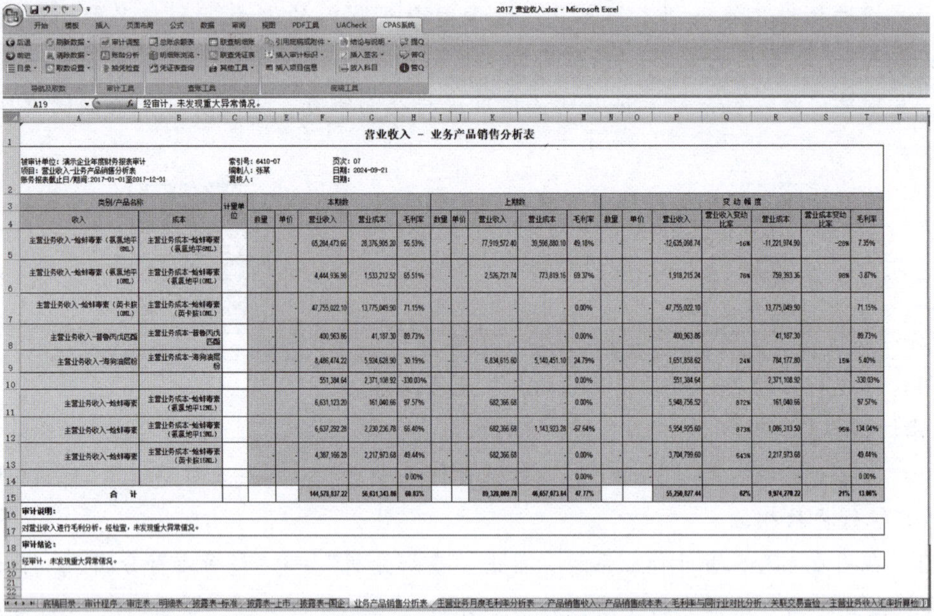

营业收入 - 业务产品销售分析表

被审计单位：满示企业年度财务报表审计　　索引号：6410-07　　页次：07
项目：营业收入-业务产品销售分析表　　编制人：张某　　日期：2024-09-21
账务报表截止日/期间：2017-01-01至2017-12-31　　复核人：　　日期：

类别/产品名称		计量单位	本期数					上期数					变动幅度						
收入	成本		数量	单价	营业收入	营业成本	毛利率	数量	单价	营业收入	营业成本	毛利率	数量	单价	营业收入	营业收入变动比率	营业成本	营业成本变动比率	毛利率
主营业务收入-蛤蚧毒素（氯虱地平8ML）	主营业务成本-蛤蚧毒素（氯虱地平8ML）		-	-	65,284,473.66	28,376,905.20	56.53%	-	-	77,919,572.40	39,598,880.10	49.18%	-	-	-12,635,098.74	-16%	-11,221,974.90	-28%	7.35%
主营业务收入-蛤蚧毒素（氯虱地平10ML）	主营业务成本-蛤蚧毒素（氯虱地平10ML）		-	-	4,444,936.98	1,533,212.52	65.51%	-	-	2,526,721.74	773,819.16	69.37%	-	-	1,918,215.24	76%	759,393.36	98%	-3.87%
主营业务收入-蛤蚧毒素（英卡胺10ML）	主营业务成本-蛤蚧毒素（英卡胺10ML）		-	-	47,755,022.10	13,775,049.90	71.15%	-	-	-	-	0.00%	-	-	47,755,022.10		13,775,049.90		71.15%
主营业务收入-普鲁丙戊四酯	主营业务成本-普鲁丙戊四酯		-	-	400,963.86	41,187.30	89.73%	-	-	-	-	0.00%	-	-	400,963.86		41,187.30		89.73%
主营业务收入-海狗油层粉	主营业务成本-海狗油层粉		-	-	8,486,474.22	5,924,628.90	30.19%	-	-	6,834,615.60	5,140,451.10	24.79%	-	-	1,651,858.62	24%	784,177.80	15%	5.40%
					551,384.64	2,371,108.92	-330.03%			-	-	0.00%			551,384.64		2,371,108.92		-330.03%
主营业务收入-蛤蚧毒素	主营业务成本-蛤蚧毒素（氯虱地平12ML）				6,631,123.20	161,040.66	97.57%			682,366.68	-	0.00%			5,948,756.52	872%	161,040.66		97.57%
主营业务收入-蛤蚧毒素	主营业务成本-蛤蚧毒素（氯虱地平13ML）				6,637,292.28	2,230,236.78	66.40%			682,366.68	1,143,923.28	-67.64%			5,954,925.60	873%	1,086,313.50	95%	134.04%
主营业务收入-蛤蚧毒素	主营业务成本-蛤蚧毒素（英卡胺15ML）		-	-	4,387,166.28	2,217,973.68	49.44%	-	-	682,366.68	-	0.00%	-	-	3,704,799.60	543%	2,217,973.68		49.44%
			-	-	-	-	0.00%	-	-		-	0.00%	-	-	-		-		0.00%
合　计					144,578,837.22	56,631,343.86	60.83%			89,328,009.78	46,657,073.64	47.77%			55,250,827.44	62%	9,974,270.22	21%	13.06%

审计说明：

对营业收入进行毛利分析，经检查，未发现重大异常情况。

审计结论：

经审计，未发现重大异常情况。

图 7-20　业务产品销售毛利率分析表界面

（4）通过对大于 100 万元的主营业务收入进行抽凭检查，填写审计说明为："对企业收入确认时点、条件进行了解，对大于 100 万元的收入进行抽凭检查后，未发现重大异常情况。"审计结论为："经审计，未发现重大异常情况。"

第七节　费用审计

一、费用审计的含义及要点

费用审计是指对企业生产经营活动中发生的各种损耗的审查，旨在确保费用会计记录的真实性、准确性和合规性。费用审计的范围广泛，涵盖了营业成本、销售费用、一般行政管理费用和营业外费用等，这些费用都应在会计记录上得到反映。审计的主要目的是检查费用的会计记录是否始终依照公正的会计标准正确处理，并查明费用计算的真实性、确切性和时间归属的适当性。费用审计的要点如下：

（一）合法性审查

审查各项费用的发生是否合法，对外支出是否按规定作为费用处理。

（二）费用界限划分

审查是否正确划分产品成本和期间费用的界限，以及是否严格划分本期生产费用和以后各期费用的界限。

（三）具体费用审查

1. 业务招待费

关注支出标准和范围、报销流程、与业务经营的相关性、发票真实性等。

2. 差旅费

关注报销的真实性、标准遵守情况、报销流程、发票及行程单的真实性、个人负担费用的处理等。

3. 办公费

关注开支的合规性、合理性、统一管理情况、办公用品申领及验收流程等。

4. 租赁费

关注费用的合理性、合规性，合同的全面性与合法性等。

5. 福利费

关注支出的真实性、是否符合公司相关制度要求等。

二、营业成本审计

营业成本审计是指对企业营业成本的真实性和合法性进行的审查。审计内容主要包括直接材料、直接人工、制造费用、生产成本、主营业务成本等项目的金额及账务处理。审计过程涉及审阅营业收入明细账、产成品（或库存商品）明细账的记录以及有关原始凭证和记账凭证，以核实营业成本与营业收入的比例是否合理，营业成本的计算是否正确，以及相关成本的核算方法是否符合要求。

【实务案例】

审查明康生物公司2017年营业成本。

（1）核对主营业务成本和其他业务成本明细账、总账的金额是否相符，与报表项目数据是否相符；

（2）通过对销售合同、出库单、发货单及其库存产品台账全面审查，审查其账户余额的真实性、正确性；

（3）通过主营业务成本倒轧法验证主营业务成本是否准确。

【审计操作】

（1）主营业务成本和其他业务成本账账、账表核对，审计操作与货币资金类似。

（2）在用友CPAS审计作业系统，单击"审计工具"→"费用分析"，打开费用分析设置界面，选择分析年度、月份、数据选项后，勾选"主营业务成本"，进行费用分析，如图7-21所示。

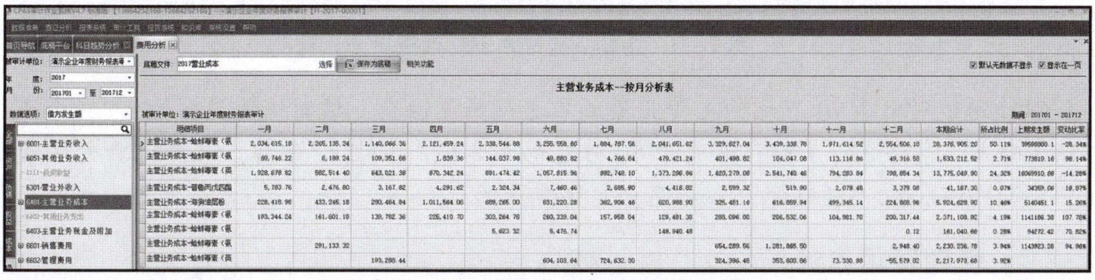

图7-21 主营业务成本费用分析界面

（3）倒轧主营业务成本。单击工具栏"CPAS系统"→"刷新数据"→"刷新所有页"，刷新"2017-营业成本.xlsx"数据后，单击底稿目录中的"主营业务成本倒轧表"，通过单击"CPAS系统"→"放入科目",将倒轧成本需要的科目放到对应位置后,即可倒轧出主营业务成本,如图7-22所示。填写审计说明为:"主营业务成本记录金额与存货本期结转金额勾稽存在170 288.76元的差额,经与明康生物公司库管人员详细核对后,再通过'对方科目分析'工具分析原材料、生产成本、制造费用、应付职工薪酬发生额的对方科目后,发现属于部分科目记录不规范,其中倒轧数中有重复部分导致的,由于差异不大,就不进行审计调整。"审计结论为:"除上述问题需进行相应调整外,未发现其他重大异常情况。"

图7-22 主营业务成本倒轧结果界面

(4)通过对大于70万元的主营业务成本进行抽凭检查,填写审计说明为:"对企业成本确认时点、条件进行了解,对大于70万元的成本进行抽凭检查后,未发现重大异常情况。"审计结论为:"经审计,未发现重大异常情况。"

三、管理费用审计

管理费用审计是指对企业行政管理部门为组织、管理生产经营活动所发生的各项费用进行的审计监督活动。审计的主要内容如下:

(1)审查管理费用和车间经费的控制制度及费用计划是否完善;

（2）审查费用计划的执行情况，各项费用开支是否合理合法；

（3）审查费用界限是否清晰，以及账务处理及有关凭证的真实性和正确性等。

审计目标在于确定利润表中记录的管理费用是否已发生且与被审计单位有关，所有应当记录的管理费用是否均已记录，以及管理费用是否已按照《企业会计准则》的规定在财务报表中作出恰当的列报等。通过审计，有利于促进被审计单位完善管理费用系统，提高管理费用项目信息的真实性及可靠性。

【实务案例】

审查明康生物公司2017年管理费用。

（1）核对管理费用明细账、总账的金额是否相符，与报表项目数据是否相符；

（2）通过对方科目分析工具分析管理费用借方发生额的对方科目，了解各项费用开支是否合理合法，费用界限是否清晰；

（3）通过抽查凭证了解账务处理及有关凭证的正确性和真实性。

【审计操作】

（1）管理费用账账、账表核对，审计操作与短期借款类似。

（2）在用友CPAS审计作业系统，单击"查证分析"→"科目结构分析"，打开科目结构分析设置界面，单击"科目选择"，分析管理费用构成，如图7-23所示。

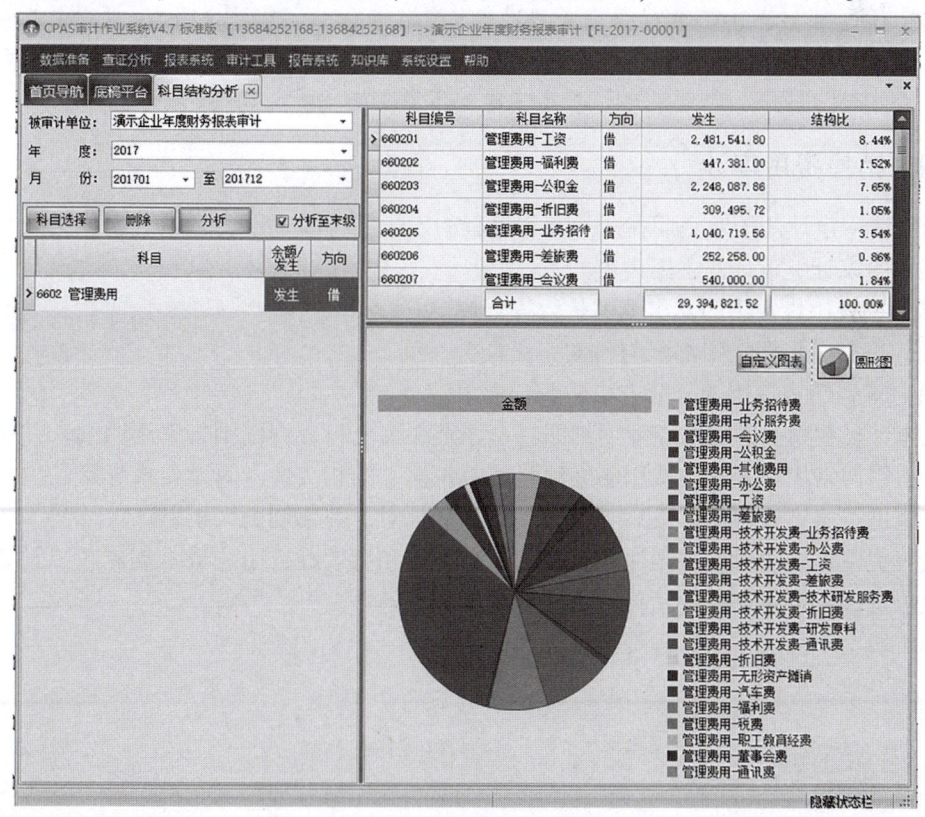

图7-23 管理费用构成分析图

（3）在用友CPAS审计作业系统，单击"查证分析"→"对方科目分析"，打开对方科目分析设置界面，单击"管理费用"科目，分析其对方科目构成，如图7-24所示。

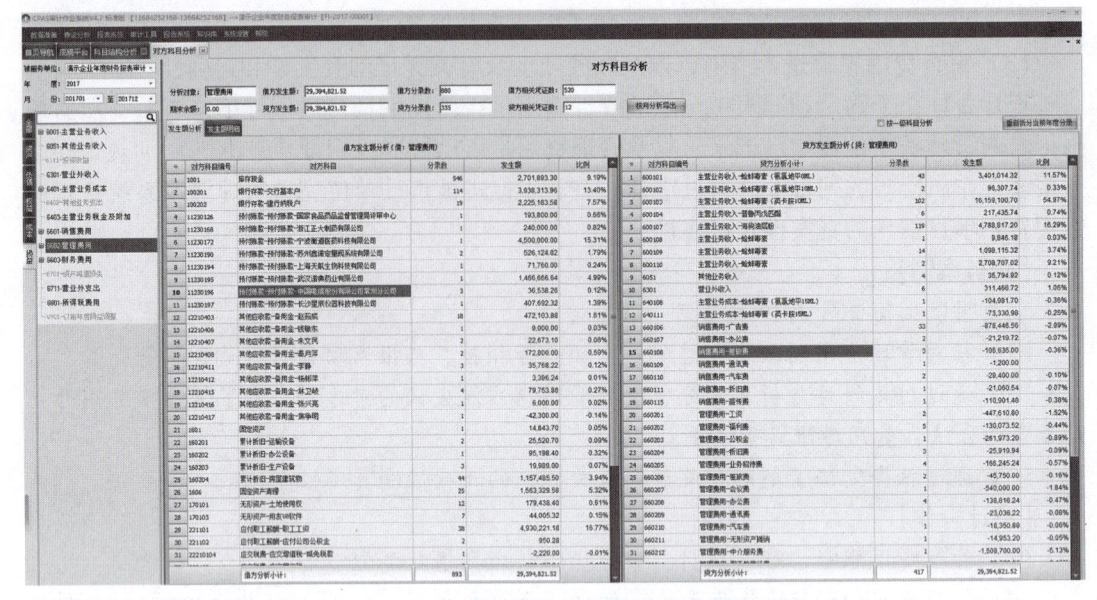

图 7-24　管理费用对方科目分析界面

　　(4) 通过对大于 20 万元的管理费用进行抽凭检查,填写审计说明为:"对企业管理费用确认时点、条件进行了解,对大于 20 万元的管理费用进行抽凭检查后,未发现重大异常情况。"审计结论为:"经审计,未发现重大异常情况。"

四、销售费用审计

　　销售费用审计是指对企业在产品销售过程中发生的各项费用(如包装费、运杂费、广告费等)的审计。审计的主要内容如下:

　　(1) 审查销售费用的支出范围是否符合规定;

　　(2) 审查销售费用明细账与付款凭证是否一致;

　　(3) 审查销售费用的分配方法是否合理等。

　　在审计过程中,需获取企业明细账、总账及相关资料,编制销售费用明细表并进行复核,分析销售费用,检查各费用明细项目与销售活动的相关性,对重要或异常的销售费用项目实施进一步审计程序,最后与其他相关科目核对,并编制交叉索引。

　　销售费用审计的目的是确保销售费用的合法性和有效性,阻止成本支出超出预算,并提供改善建议,以促进企业销售活动的合规性和有效性。

　　销售费用审计操作与管理费用审计操作类似。

复习思考题

　　1. 什么是货币资金审计?

　　2. 如何进行库存现金审计?

　　3. 应收账款审计的主要任务是什么?

　　4. 为什么需要对往来款项进行全面审计?

5. 存货审计的重要性体现在哪里？实施存货审计的具体做法有哪些？
6. 固定资产管理的关键要素有哪些？如何优化固定资产管理工作？
7. 负债审计的重点在哪里？短期借款审计的关注焦点是什么？
8. 应付职工薪酬审计的意义何在？
9. 收入审计有哪些要点和方法？
10. 费用审计有哪些要点和方法？

参考答案

实务自测题

一、填空题

1. 调整分录汇总表里面共有三种调整方式，即_____、_____和_____。
2. 在用友 CPAS 审计作业系统，单击"查证分析"→"_____"，打开对方科目分析设置界面，单击"管理费用"科目，分析其_____。
3. 利息测算工具中的利息包括_____和_____。

二、单选题

1. 账龄分析工具的取数来源是总账和（   ）。
   A. 明细账   B. 辅助账
   C. 余额表   D. 月明细账
2. 设置账龄区间，非一年以内的是（   ）。
   A. 3 个月以内   B. 3~6 个月
   C. 6~12 个月   D. 1~2 年
3. 在账龄分析工具中，当项目是做了（   ）的，不能设置坏账比例及账龄时段。
   A. 首次审计   B. 独立审计
   C. 调整分录   D. 其他

三、判断题

1. 在账龄分析工具中，当项目是保持审计的时候，可设置坏账比例及账龄时段。
                                                                （   ）
2. 调整分录汇总表里面只有两种调整方式，即账项调整和重分类调整。（   ）
3. 询证函汇总表的取数来源是辅助账和总账。   （   ）
4. 账龄分析工具的取数来源是总账。   （   ）
5. 关联方清单可直接增加，也可以 Excel 表格的形式导入进去。   （   ）
6. 调整分录汇总只可以制作期末的调整分录。   （   ）

参考答案

第八章　执行其他事项审计

学习导航

- 执行其他事项审计
  - 关联方及交易审计
    - 关联方及交易审计的含义 —— 审查关联方交易的完整性、存在性与合法性，重点在于识别关联方和关联交易
    - 关联方及交易审计的主要内容 —— 通过询问管理层、走访等途径了解被审计单位与关联方关系及其交易的性质和范围，审查核实关联交易、资金往来的凭证和记录
  - 会计估计审计
    - 会计估计审计的含义 —— 通过获取充分、适当的审计证据，对会计估计行为及结果再次确认和验证，形成审计意见
    - 会计估计审计的主要内容 —— 估计控制缺陷、财务报表重大偏差、审计证据获取不足、高风险领域、管理层不配合、会计政策变更
  - 期后事项
    - 期后事项的含义及类型
      - 期后事项的含义
      - 期后事项的类型
    - 期后事项审计的主要内容
      - 重大诉讼或法律纠纷
      - 重大灾害或事故
      - 重大业务变动
    - 期后事项审计的处理
      - 及时识别
      - 全面评估
      - 有效应对

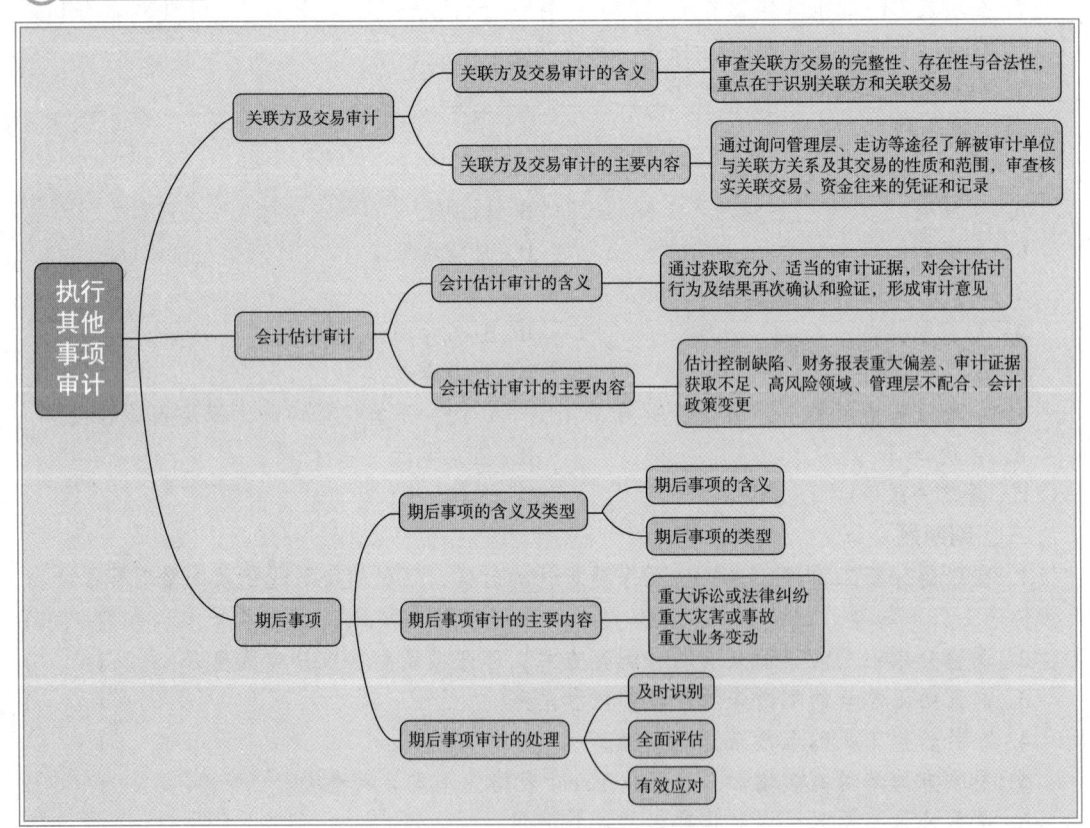

学习目的及要求

1. 理解关联方及交易审计的含义、主要内容，掌握审查关联方交易的凭证和记录，比较关联方交易与市场价格的差异，核实关联方资金往来的凭证和记录，评估关联方对企业财务报表的影响。
2. 理解会计估计审计的含义、主要内容，掌握对被审计单位的会计估计行为及其结果的再次确认和验证。
3. 理解期后事项的含义、类型以及主要内容，掌握及时了解和评估期后重大诉讼或法律纠纷、重大灾害或事故、重大业务变动等对审计意见的影响。

导读案例

生产与存货循环审计：獐子岛审计案例分析

一、獐子岛基本情况介绍

獐子岛集团股份有限公司（以下简称獐子岛）于2006年9月在深圳证券交易所中小板上市。公司主营业务包括海水养殖和海洋食品加工开发，拥有自己的海洋和淡水牧场。獐子岛还涉足渔业装备、冷链物流等行业，是一家实力雄厚的综合型海洋企业。上市后，獐子岛受到股票市场的追捧，成为我国农业企业首个百元股。

二、獐子岛"扇贝劫"事件概述

2014年10月，獐子岛因核查底播增值海域的重大事项停牌，并于10月31日发布公告称部分海域底播虾夷扇贝发生重大损失，核销大额存货，影响净利润7.63亿元。投资者对獐子岛的公告表示质疑，怀疑该公司涉嫌三年前虾夷扇贝底播苗种造假和大股东违规占用资金等问题。证监会成立专项核查组对獐子岛进行现场核查，未发现苗种采购和底播过程中的虚假行为，但指出该公司存在决策程序、信息披露和财务核算不规范等问题。深圳证券交易所对獐子岛及相关责任人给予通报批评处分，并将违规行为记入上市公司诚信档案。

三、獐子岛后续问题及监管措施

2018年1月，獐子岛发布公告称部分底播虾夷扇贝存货存在异常，预计业绩亏损，并计提跌价准备。獐子岛将扇贝再次"跑路"的原因归咎于降水减少和海水温度异常。证监会对獐子岛立案调查，并发出调查通知书，大连证监局对该公司和3名高管出具警示函。大连证监局指出獐子岛未及时修正业绩预告或进行风险提示。2019年和2020年，獐子岛继续报告海洋牧场受灾和扇贝死亡的情况。2020年6月，证监会对獐子岛下发行政处罚决定书和市场禁入决定书，并将案件移送公安机关。

四、獐子岛财务造假细节

獐子岛2016年年度财务报告存在虚假记载，通过虚减营业成本和营业外支出虚增利润13 114.77万元。獐子岛2017年年度财务报告也存在虚假记载，通过虚增营业成本、虚增营业外支出和虚增资产减值损失虚减利润27 865.09万元。獐子岛发布的《关于2017年秋季底播虾夷扇贝抽测结果的公告》存在虚假记载，实际未完成抽测工作。獐子岛发布的《年终盘点公告》和《核销公告》存在虚假记载，核销和减值海域中部分虾夷扇贝已在以往年度采捕。獐子岛未及时进行信息披露，延迟披露全年业绩，与预期存在较大差距。

五、审计意见及盘点方式

獐子岛 2014 年至 2020 年的审计意见均为保留意见，表明会计师事务所对财务报表的某些方面存在疑虑。盘点方式涉及獐子岛公司管理层组织盘点工作，制定盘点程序，并在指定海域进行下网、起网、点数、测标及称重等。盘点过程中，使用拖网船在预先随机选取的点位捕捞，捕捞后对扇贝进行除杂分拣、测量壳高、计数和称重。獐子岛的主要存货是生物资产，其监盘具有特殊性和挑战性，因为生物资产不能按照普通行业报表来认定。注册会计师在短时间内对不足 1% 的海域面积进行监盘，其可靠性和真实性受到质疑。

六、对生物资产类存货监盘的思考与讨论

注册会计师在进行生物资产类存货监盘时，需要考虑生物资产的特殊性和高风险等级。监盘方法应更加全面和细致，以确保监盘结果的可靠性和真实性。需要增加监盘的样本量和范围，以提高监盘的有效性。注册会计师应与专家合作，利用先进的技术和方法，如卫星遥感、无人机等，提高监盘的准确性和效率。加强内部控制系统，确保生物资产的管理和记录符合会计准则和法规要求。

分析獐子岛审计案例，6 年间扇贝 4 次跑路，最终证监会借助北斗导航定位系统揭开了獐子岛财务造假手段的谜题，激发学生的科技自信，引导学生思考"大智移云物"时代下审计技术的发展。

第一节 关联方及交易审计

一、关联方及交易审计的含义

关联方及交易审计是指审计单位对关联方交易完整性、存在性与合法性所进行的审查，重点在于识别关联方和关联方交易，并进行一系列符合性测试和实质性测试。

二、关联方及交易审计的主要内容

关联方及交易审计的主要内容如下：
(1) 了解关联方关系及其交易的性质和范围，评估潜在重大错报风险；
(2) 询问管理层关于关联方的名称、特征、关系性质以及交易类型、定价政策和目的；
(3) 了解与关联方的关系及其交易相关的控制，并识别可能表明控制存在缺陷的情形；
(4) 审查关联方交易的凭证和记录，比较关联方交易与市场价格的差异；
(5) 核实关联方资金往来的凭证和记录，评估关联方对企业财务报表的影响。

【实务案例】

审查明康生物公司 2017 年关联方及交易。

（1）询问管理层了解关联方的名称、特征、关系性质以及交易类型、定价政策和目的；

（2）审查关联方交易的凭证和记录，比较关联方交易与市场价格的差异；

（3）核实关联方资金往来的凭证和记录等。

【审计操作】

（1）在用友 CPAS 审计作业系统中，单击"底稿平台"，单击底稿名称下底稿目录下的"+"号，依次打开"第三部分 进一步审计程序工作底稿"→"7000 执行其他事项程序"→"7300 关联方及交易审计工作底稿"，打开"2017-关联方及交易审计工作底稿.xlsx"底稿。在底稿下方的 Sheet 明细中，单击打开"关联方关系统计表"，依据查询实收资本和长期股权投资明细科目结果、投资收益明细账，以及询问管理层了解相关情况后，填制关联方关系统计表，如图 8-1 所示。

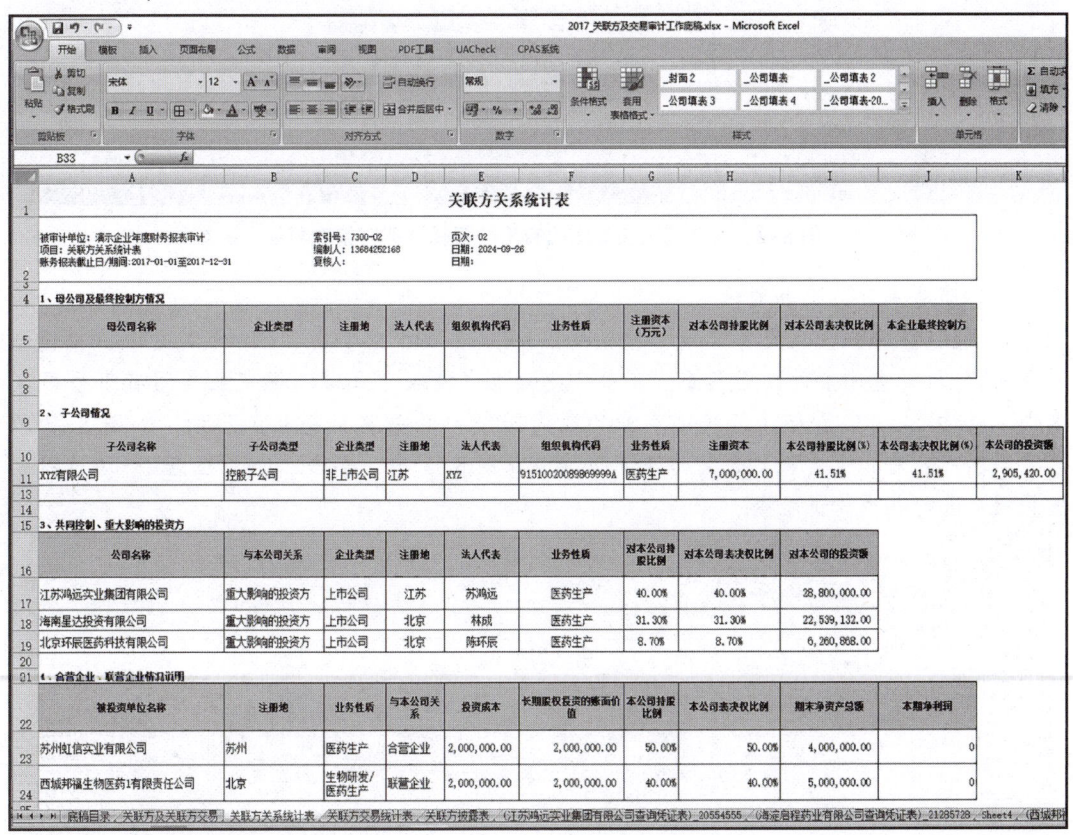

图 8-1 2017-关联方及交易审计工作底稿-关联方关系统计表界面

（2）审查关联方交易记录。

经全面核查后，得知关联方均采用赊销赊购的方式进行交易，因此，在用友 CPAS 审计作业系统，单击"查证分析"→"辅助账明细账"，在其搜索栏输入关联方名称："江苏鸿远实业集团有限公司"，单击搜索后，单击对应科目名，可查看其辅助账明细账，如图 8-2 所示。同理可查看其他关联方的交易明细账。

图 8-2　江苏鸿远实业集团有限公司辅助账明细账界面

（3）审查关联方交易凭证。

在"2017-关联方及交易审计工作底稿.xlsx"底稿中，单击"CPAS系统"→"凭证表查询"，打开查询条件设置界面，在项目搜索框中输入"江苏鸿远实业集团有限公司"，单击"查询"，可查看与江苏鸿远实业集团有限公司的关联交易凭证明细，如图 8-3 所示。同理可查看其他关联方的交易凭证明细。在图 8-3 中，单击"抽凭检查"，通过搜索核算项目进行相关凭证抽查。

图 8-3　与江苏鸿远实业集团有限公司的关联交易凭证明细界面

（4）单击"查证分析"→"科目余额表"，打开科目余额表后，单击"主营业务收入"，可查看药品销售的同类交易额为 144 578 837.22 元，单击"原材料"，可查看原材料采购的同类交易额为 33 997 869.72 元。在其搜索栏分别输入关联方名称进行搜索后，单击对应科目名，可查看其相应科目的期初和期末余额、借方和贷方发生额，如图 8-4 所示。依据查询的相关数据，填写关联方交易统计表，如图 8-5 所示。

图 8-4　科目余额表查询界面

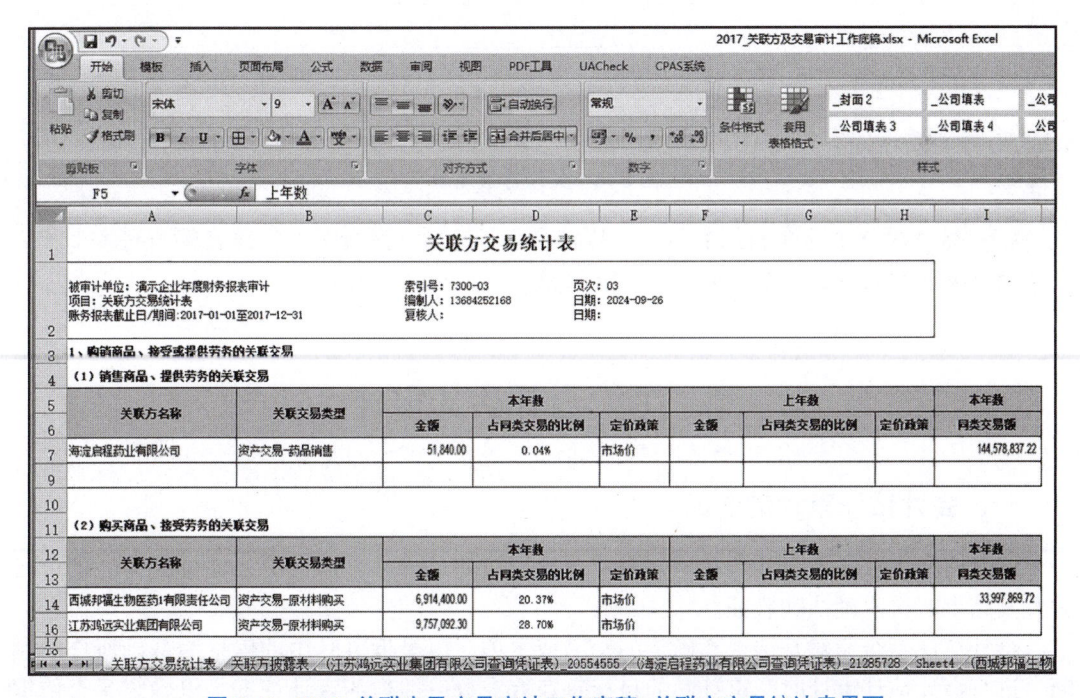

图 8-5　2017-关联方及交易审计工作底稿-关联方交易统计表界面

（5）在底稿下方的 Sheet 明细中，单击打开关联方披露表，依据询问管理层及财务报告披露的关联方信息，填写关联方披露表，如图 8-6 所示。

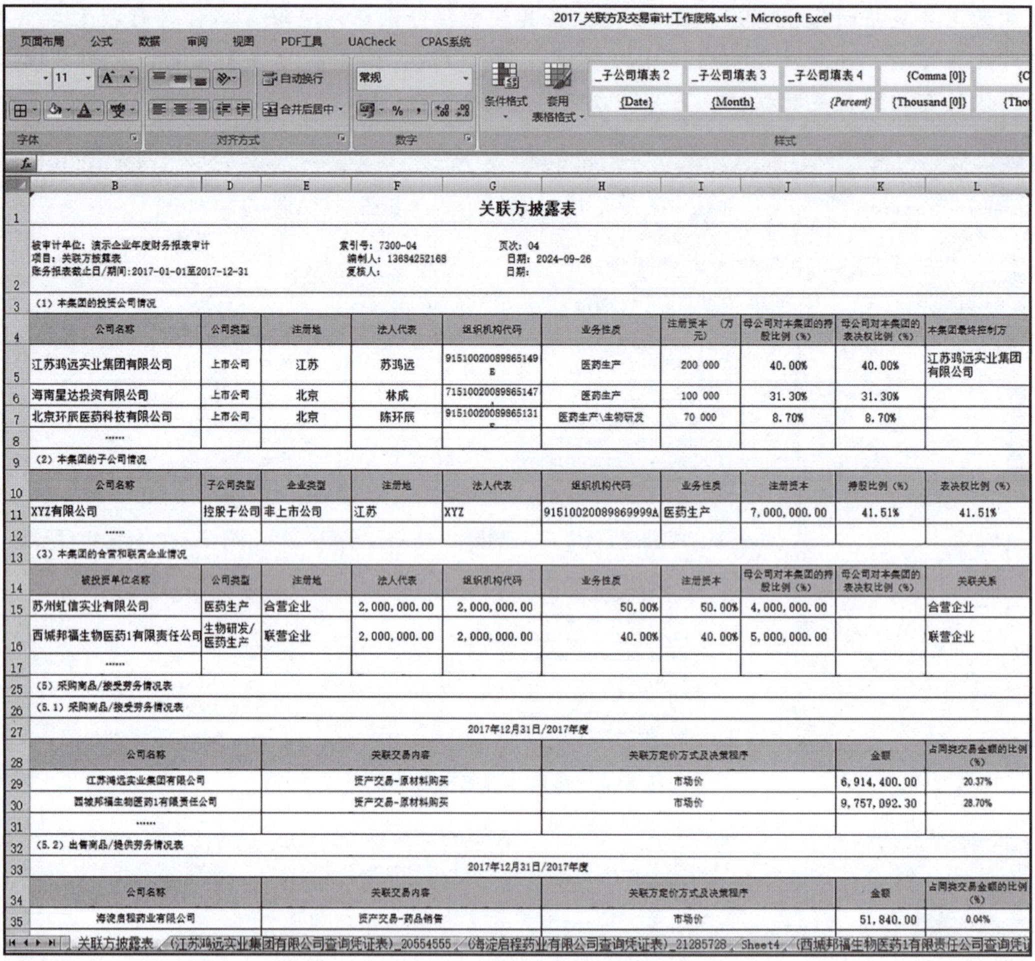

关联方披露表

被审计单位：演示企业年度财务报表审计　　索引号：7300-04　　页次：04
项目：关联方披露表　　编制人：13684252168　　日期：2024-09-26
账务报表截止日/期间：2017-01-01至2017-12-31　　复核人：　　日期：

（1）本集团的投资公司情况

公司名称	公司类型	注册地	法人代表	组织机构代码	业务性质	注册资本（万元）	母公司对本集团的持股比例（%）	母公司对本集团的表决权比例（%）	本集团最终控制方
江苏鸿远实业集团有限公司	上市公司	江苏	苏鸿远	91510020089865149E	医药生产	200 000	40.00%	40.00%	江苏鸿远实业集团有限公司
海南星达投资有限公司	上市公司	北京	林成	71510020089865147	医药生产	100 000	31.30%	31.30%	
北京环辰医药科技有限公司	上市公司	北京	陈环辰	91510020089865131	医药生产\生物研发	70 000	8.70%	8.70%	
……									

（2）本集团的子公司情况

公司名称	子公司类型	企业类型	注册地	法人代表	组织机构代码	业务性质	注册资本	持股比例（%）	表决权比例（%）
XYZ有限公司	控股子公司	非上市公司	江苏	XYZ	91510020089869999A	医药生产	7,000,000.00	41.51%	41.51%
……									

（3）本集团的合营和联营企业情况

被投资单位名称	公司类型	注册地	法人代表	组织机构代码	业务性质	注册资本	母公司对本集团的持股比例（%）	母公司对本集团的表决权比例（%）	关联关系
苏州虹信实业有限公司	医药生产	合营企业	2,000,000.00	2,000,000.00	50.00%	50.00%	4,000,000.00		合营企业
西城邦福生物医药1有限责任公司	生物研发/医药生产	联营企业	2,000,000.00	2,000,000.00	40.00%	40.00%	5,000,000.00		联营企业
……									

（5）采购商品/接受劳务情况表

（5.1）采购商品/接受劳务情况表

2017年12月31日/2017年度

公司名称	关联交易内容	关联方定价方式及决策程序	金额	占同类交易金额的比例（%）
江苏鸿远实业集团有限公司	资产交易-原材料购买	市场价	6,914,400.00	20.37%
西城邦福生物医药1有限责任公司	资产交易-原材料购买	市场价	9,757,092.30	28.70%
……				

（5.2）出售商品/提供劳务情况表

2017年12月31日/2017年度

公司名称	关联交易内容	关联方定价方式及决策程序	金额	占同类交易金额的比例（%）
海淀启程药业有限公司	资产交易-药品销售	市场价	51,840.00	0.04%

图 8-6　关联方披露表

（6）通过对货币资金和往来各账户的摘要分析及对方科目分析，核实得知明康生物公司与所有关联方无不良资金往来的凭证和记录。

第二节　会计估计审计

一、会计估计审计的含义

会计估计审计是指审计师在审计企业会计报表的过程中，对被审计单位的会计估计行为及其结果的再次确认和验证。

会计估计是企业对其结果不确定的交易或事项，以最近可利用的信息为基础所作的判断。进行会计估计审计时，审计师的目标是获取充分、适当的审计证据，以确定是否依据适用的财务报告编制基础，财务报表中的会计估计和相关披露是否合理。审计过程包括了解会计估计的性质、评估会计估计的重要性和风险，并设计相应的审计程序来验证这些估计的准确性和合理性。最终，审计人员会根据审计结果形成审计意见，如果审计师认为会计估计存在重大错误或风险，可能需要提出相应的审计调整或保留意见。

二、会计估计审计的主要内容

会计估计审计的主要内容如下：

（1）估计控制缺陷，如缺乏审批程序、风险管理措施不完善等。

（2）财务报表重大偏差，如收入夸大、费用低估等。

（3）审计证据获取不足，如无法获得足够文件或记录支持财务报表。

（4）高风险领域，如涉及复杂金融工具、重大会计估计等。

（5）管理层不配合，如拒绝提供必要的信息或文件。

（6）会计政策变更，可能导致财务报表准确性受到影响。

此外，还有会计核算不规范、潜在税务风险等问题，如会计科目设置不当、采购材料直接计入成本、非正常损失未进行增值税进项税额转出等。

【实务案例】

审查明康生物公司2017年会计估计。

（1）通过查询坏账准备、存货减值准备、固定资产减值准备等会计科目的发生额及余额，了解会计估计情况。

（2）通过查阅计提坏账准备的方法及比例、固定资产折旧方法、出库成本核算方法，了解公司是否随意变更会计政策。

【审计操作】

在用友CPAS审计作业系统中，单击"底稿平台"，单击底稿名称下底稿目录下的"+"号，依次打开"第三部分 进一步审计程序工作底稿"→"7000 执行其他事项程序"→"会计估计审计工作底稿"，打开"会计估计审计工作底稿.xlsx"。经详细审查后，得知明康生物公司2017年未提取坏账准备、存货减值准备、固定资产减值准备，其计提固定资产折旧方法、出库成本核算方法没有变更。在底稿下方的Sheet明细中，单击打开会计估计审计工作底稿，填写相关内容。

第三节 期后事项

一、期后事项的含义及类型

（一）期后事项的含义

期后事项是指会计报表至审计报告日之间发生的事项以及审计报告日后发现的事项。这些事项可能影响审计人员对被审计单位的审计意见，因此审计人员必须对其予以充分关注。

（二）期后事项的类型

期后事项包括两类：一类是对会计报表有直接影响需调整的事项；另一类是对会计报表没有直接影响但应予以披露的事项。审计期后事项应在整个审计工作即将结束前完成，以提高审计工作报告内容的时效性和可靠性。对于期后事项的处理，注册会计师需要根据具体情况实施必要的审计程序，并考虑是否需要修改财务报表或发表非无保留意见。总之，审计期后事项是审计工作中不可忽视的重要环节。

二、期后事项审计的主要内容

期后事项审计的主要内容如下：

（一）重大诉讼或法律纠纷

重大诉讼或法律纠纷可能对企业的财务状况、经营成果和现金流量产生重大影响，需评估其可能性和影响，并确定是否需要在财务报表中进行相应的披露或计提相关准备。

（二）重大灾害或事故

重大灾害或事故，如自然灾害、火灾、爆炸等，可能对企业的资产、负债、收入和支出产生重大影响，同样需要评估并确定是否需要在财务报表中进行披露或计提准备。

（三）重大业务变动

重大业务变动，如合并、分立、重组等，这些变动可能对企业的财务状况、经营成果和现金流量产生重大影响，也需要进行相应的评估和披露。

通过对这些期后事项的特别关注，审计师可以更全面地评估财务报表的真实性和公允性，提高审计的可靠性和准确性。

三、期后事项审计的处理

应对期后事项中的异常情况，关键在于及时识别、评估与应对。

（一）及时识别

在审计报告发布后，持续关注被审计单位的相关情况，通过实施追加的审计程序、查阅后续文件等方式，及时发现期后事项中的异常。

（二）全面评估

对识别的异常情况进行深入分析，评估其对审计报告的影响程度，包括是否改变业务结果、审计结论、审计意见和建议以及整改措施等。

（三）有效应对

根据评估结果，采取相应的应对措施，如调整审计报告、与被审计单位沟通、提出新的审计建议等，以确保审计报告的准确性和时效性。

【实务案例】

审查明康生物公司 2017 年期后事项。

（1）从以下三个时段分别关注期后事项的情况：
①财务报表日到审计报告日时段；
②审计报告日至财务报表报出日期间；
③在财务报表报出后的时段。

（2）通过查询账簿和与管理层交流沟通，了解资产负债表日后事项，需要调整的期后事项是否调整，非调整的事项是否在报表附注中进行了适当的披露。

（3）通过新闻媒体等了解是否有突发事件或海外巨额账户等。

【审计操作】

在用友 CPAS 审计作业系统中，单击"底稿平台"，单击底稿名称下底稿目录下的"+"号，依次打开"第三部分 进一步审计程序工作底稿"→"7000 执行其他事项程序"→"期后事项审计工作底稿"，打开"期后事项审计工作底稿.xlsx"底稿。经详细审查后，得知明康生物公司无期后事项，在底稿下方的 Sheet 明细中，单击打开期后事项表，填写相关内容。

复习思考题

1. 什么是关联方及交易审计？
2. 在进行关联方及交易审计的过程中会涉及哪些步骤或者任务？
3. 何为会计估计审计？它的核心目标是什么？
4. 会计估计审计的主要组成部分有哪些？
5. 期后事项的定义及其分类是怎样的？
6. 如何有效地监控和管理期后事项的风险？
7. 举例说明一个具体的会计估计审计的操作实例是如何展开的？

参考答案

实务自测题

一、填空题

1. 关联方及交易中包括关联方清单、_____和_____。
2. 在"2017-关联方及交易审计工作底稿.xlsx"中，单击"CPAS 系统"→"_____"打开查询条件设置界面，在项目搜索框中输入"江苏鸿远实业集团有限公司"，单击"_____"，可查看与江苏鸿远实业集团有限公司的_____。
3. 在用友 CPAS 审计作业系统中，单击"底稿平台"，打开"第三部分 进一步审计程序工作底稿"→"_____"→"_____"，打开"会计估计审计工作底稿.xlsx"。

二、多选题

1. 关联方及交易审计的主要内容包括（　　）。
A. 了解关联方关系及其交易的性质和范围，评估潜在重大错报风险；
B. 询问管理层关于关联方的名称、特征、关系性质以及交易类型、定价政策和目的；
C. 了解与关联方的关系及其交易相关的控制，并识别可能表明控制存在缺陷的情形；
D. 审查关联方交易的凭证和记录，比较关联方交易与市场价格的差异；

2. 审计期后事项，需要特别关注的事项主要包括（　　）。
A. 重大诉讼或法律纠纷

B. 重大灾害或事故

C. 重大业务变动

D. 日常业务

三、判断题

1. 期后事项可能影响审计人员对被审计单位的审计意见，但审计人员可对其不予以充分关注。（   ）

2. 应对期后事项中的异常情况，关键在于及时识别、评估与应对。（   ）

参考答案

第九章 审计总结与报告

学习导航

- 审计总结与报告
  - 审计差异汇总
    - 审计差异汇总的内容：核算错误和重分类错误
    - 审计差异汇总表：可以帮助审计师识别和记录差异，提高审计工作效率
  - 审计完成情况核定
    - 审定科目明细
    - 审定财务报表
  - 审计复核
    - 复核审计底稿
    - 复核报表附注
  - 审计报告
    - 审计报告的含义及类型：无保留意见的审计报告、有保留意见的审计报告、否定意见的审计报告、无法表示意见的审计报告
    - 编写审计报告的步骤：整理和分析审计工作底稿、调整财务报表、确定类型和措辞、编制和出具审计报告
    - 审计报告的作用：提高财务报表可信度、提高管理水平、提高融资能力

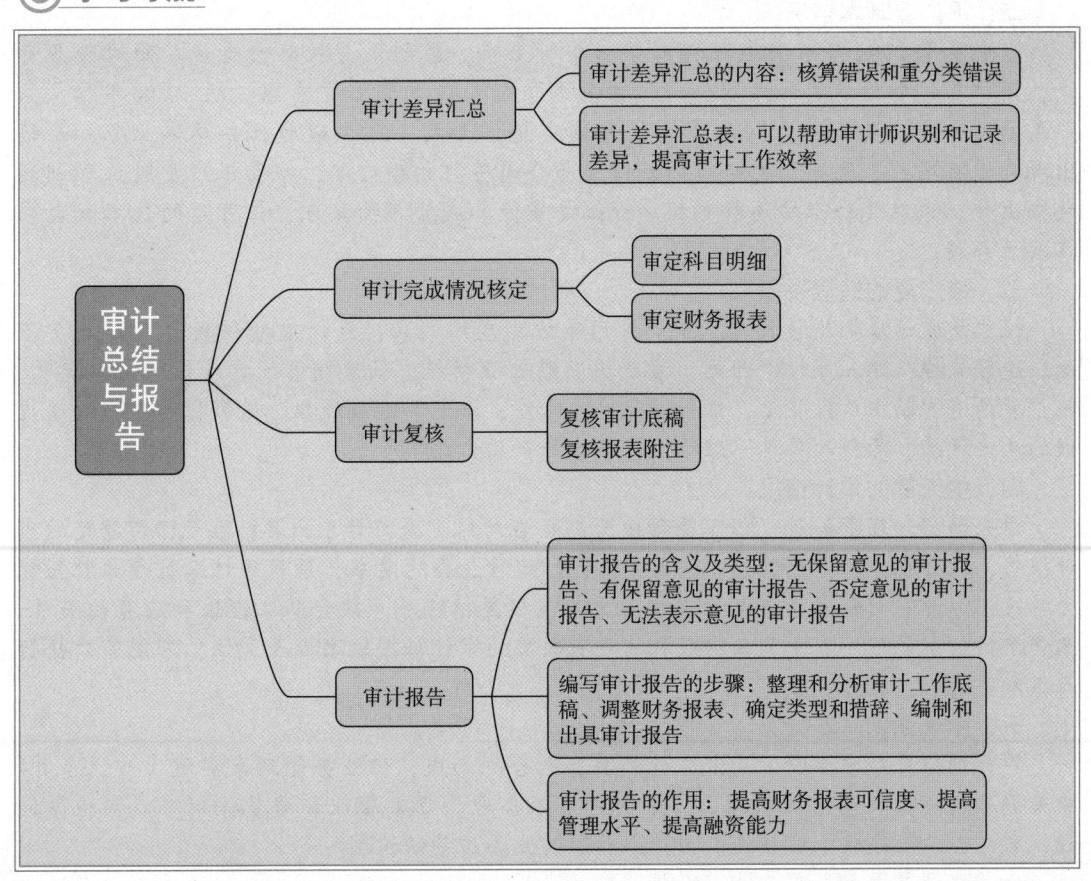

学习目的及要求

1. 理解审计差异汇总的内容和审计差异汇总表的作用，掌握核定审计完成情况的步骤和内容。
2. 理解复核过程对于保障审计报告的准确性和可靠性具有重要意义，掌握审计复核的步骤和内容。
3. 理解审计报告的含义、类型和作用，掌握审计报告的编写方法和技巧。

导读案例

银广夏案例分析

一、银广夏案件起因

广夏（银川）实业股份有限责任公司（以下简称银广夏）曾被誉为"中国第一蓝筹股"，但2001年《财经》杂志揭露其业绩造假。中国证监会介入调查，揭示银广夏造假严重，影响中国证券市场信用。

二、银广夏基本情况

银广夏于1994年6月在深圳证券交易所上市，最初主营软磁盘生产。面对行业竞争，银广夏转型为多元化投资公司，涉足多个行业但盈利水平有限。从1998年起，银广夏通过天津广夏子公司（以下简称天津广夏）开展二氧化碳超临界萃取业务，业绩出现奇迹性增长。天津广夏与德国诚信贸易公司签订大额订单，推动银广夏股价和利润大幅上升。银广夏公布的高额利润和分红方案使其成为市场焦点，但背后的技术和合同真实性存疑。

三、银广夏的造假手段

银广夏通过虚构销售收入、少计费用等方式虚增利润，累计虚增利润达77 156.7万元。造假流程从购入原材料开始，涉及虚假购入原材料、伪造销售发票和银行汇款单等。银广夏伪造货物出口报关单、银行进账单等文件，以完善造假过程。造假行为包括制造虚假的生产记录、原料入库单、班组生产记录和产品出库单等。

四、中天勤的审计情况

中天勤会计师事务所（以下简称中天勤）在对银广夏审计中出具标准无保留意见的审计报告，但存在多项重大过失。中天勤未签订审计业务约定书，项目审计人员专业胜任能力不足，审计时间仓促。中天勤未切实履行多级复核程序，缺乏职业谨慎和应有的关注，未严格执行审计程序。中天勤对获取的存有缺陷的审计证据缺乏专业关注，未能有效执行函证和存货监盘程序。

五、中天勤的基本情况

中天勤会计师事务所由两家会计师事务所合并而成，但业务管理未实现实质性合并。中天勤存在合伙人晋升机制缺失、分配方式不合理、业务管理和质量控制难以实施等问题。首席合伙人缺乏专业胜任能力，影响了对业务质量的控制。

六、案件结果

签字注册会计师刘加荣、徐林文因银广夏造假案被吊销注册会计师资格，中天勤会计师事务所被吊销执业资格和证券、期货相关业务许可证。刘加荣、徐林文因出具证明文件重大失职罪分别被判有期徒刑2年6个月和2年3个月，并各处罚金3万元。银广夏财务造假案的 6 名犯罪嫌疑人中有 4 人作无罪辩护，庭审时对中天勤两位注册会计师的指控成为焦点。两位注册会计师的辩护律师提出反驳，认为指控存在严重问题，两位注册会计师不应承担刑事责任。两位注册会计师的辩护律师强调，鉴于银广夏案发前的社会背景和监管机构的态度，质疑会计师在当时环境下能否发现造假行为。

银广夏案例

以近年的虚假审计报告为例，结合证监会对上市公司和会计师事务所的行政处罚，思考虚假审计报告的危害，教育学生遵守职业道德，树立法律意识，增加审计职业的社会责任感，做好资本市场的"守门人"。通过分析上市公司被出具非标准审计报告的原因，从中总结上市公司的主要财务问题和会计师事务所的审计难点，提出相应的建议。教育学生规范会计、审计方面的执业行为，提高执业技能。

第一节　审计差异汇总

一、审计差异汇总的内容

审计差异汇总主要反映企业在会计核算和财务报表列报中存在的错误。这些错误主要分为核算错误和重分类错误两大类。

（一）核算错误

核算错误是因企业对经济业务进行了不正确的会计核算而引起的，即会计分录存在错误。这种错误可能由于会计科目设置不够科学、级次设置有问题，或者采购材料直接计入成本、未通过原材料核算等原因造成。

（二）重分类错误

重分类错误则是因企业未按《企业会计准则》列报财务报表而引起的，例如，在应付账款项目中反映的预付账款、在应收账款项目中反映的预收账款等。

二、审计差异汇总表

审计差异汇总表是审计过程中重要的工作文件，它帮助审计师识别和记录被审计单位在会计处理方法和《企业会计准则》之间的不一致之处，从而确保财务报表的准确性和可靠性。通过审计差异汇总表，审计师可以更有效地进行审计调整，提高审计工作的质量和效率。

【实务案例】
汇总明康生物公司 2017 年财务报表审计过程中发现并调整的差异。
【审计操作】
（1）在用友 CPAS 审计作业系统中，单击"首页导航"→"审计差异汇总表"，系统自动汇总已审计调整过的审计差异，单击该汇总表下方的"引用关联底稿"，打开底稿，依次打开"第四部分 结论和报告阶段工作底稿"→"8000 编制审计差异汇总表"，勾选"8000 编制审计差异汇总表"下的所有底稿，再单击"确定"按钮后，相关底稿就添加到当前界面下方并自动关联，如图 9-1 所示。如还有未审计调整的差异，可单击图 9-1 上方的"审计调整",增加审计调整分录。

（2）单击图9-1上方的"刷新",汇总完所有差异,单击"执行",系统自动调整相关报表项目,再单击"回写底稿",系统自动将审计调整回写到相关底稿中,如图9-2所示。

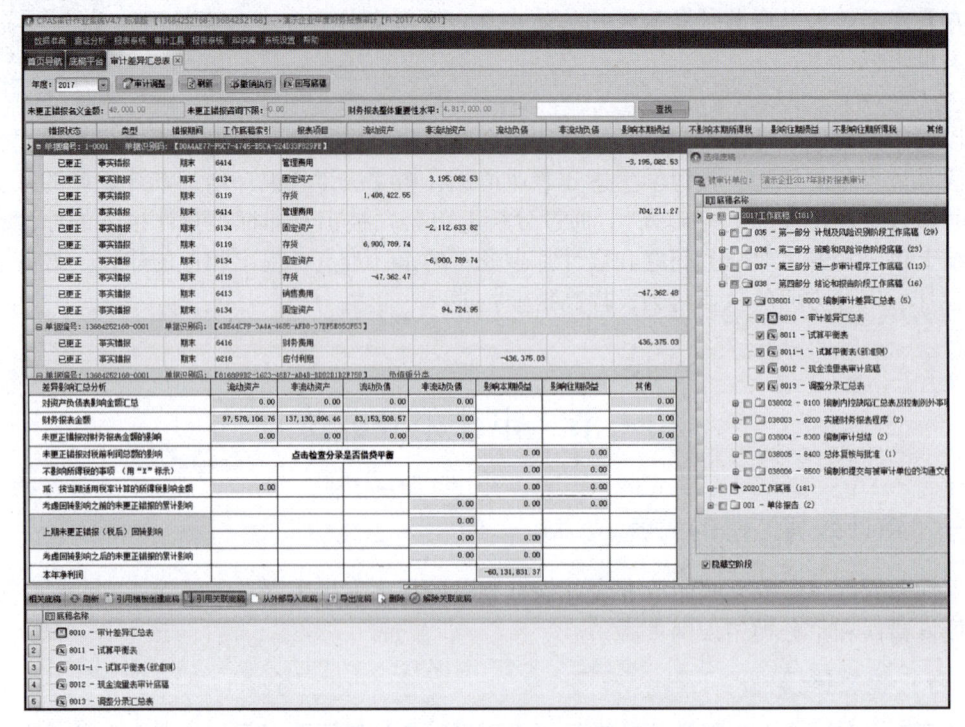

图9-1 系统自动汇总审计差异表界面

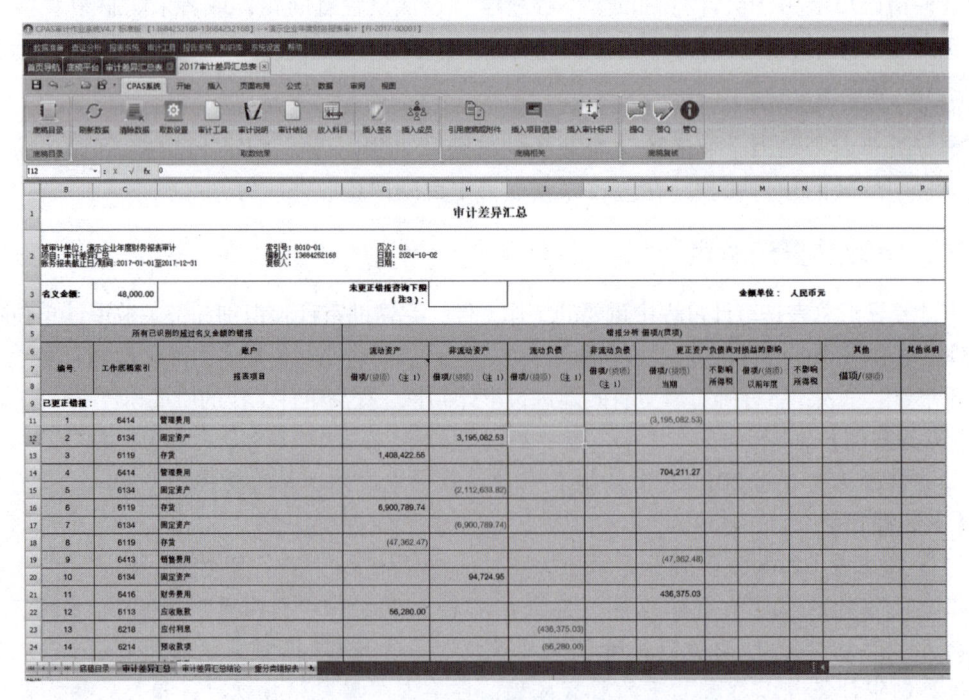

图9-2 系统自动将审计调整回写到相关底稿界面

（3）依据前述审计差异汇总结果，填写审计差异汇总结论，如图 9-3 所示。

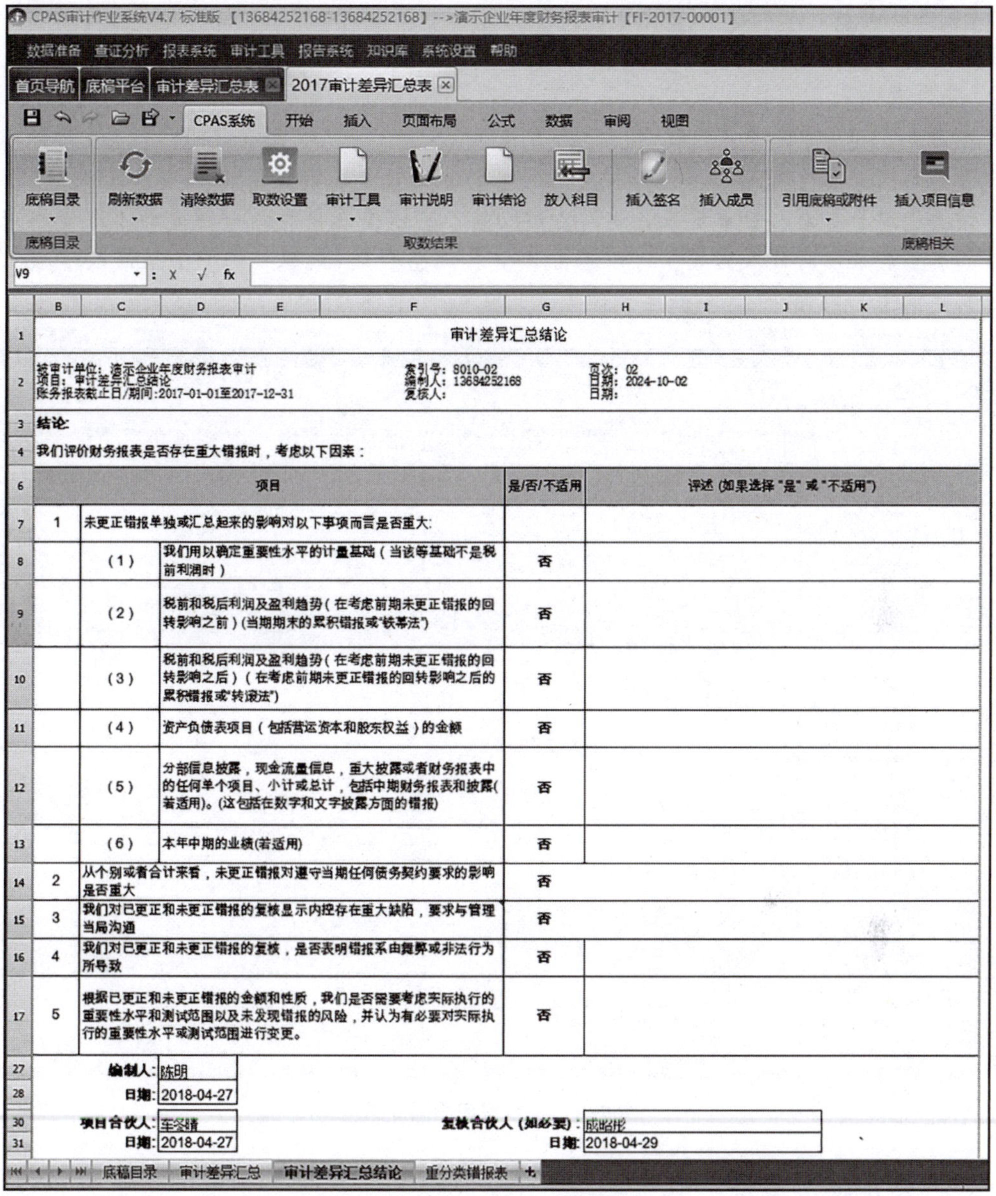
CPAS审计作业系统V4.7 标准版【13684252168-13684252168】-->演示企业年度财务报表审计【FI-2017-00001】

审计差异汇总结论

被审计单位：演示企业年度财务报表审计　　索引号：8010-02　　页次：02
项目：审计差异汇总结论　　编制人：13684252168　　日期：2024-10-02
账务报表截止日/期间:2017-01-01至2017-12-31　　复核人：　　日期：

结论:

我们评价财务报表是否存在重大错报时，考虑以下因素：

项目			是/否/不适用	评述（如果选择"是"或"不适用"）
1	未更正错报单独或汇总起来的影响对以下事项而言是否重大:			
	（1）	我们用以确定重要性水平的计量基础（当该等基础不是税前利润时）	否	
	（2）	税前和税后利润及盈利趋势（在考虑前期未更正错报的回转影响之前）(当期期末的累积错报或"铁幕法")	否	
	（3）	税前和税后利润及盈利趋势（在考虑前期未更正错报的回转影响之后）（在考虑前期未更正错报的回转影响之后的累积错报或"转滚法")	否	
	（4）	资产负债表项目（包括营运资本和股东权益）的金额	否	
	（5）	分部信息披露，现金流量信息，重大披露或者财务报表中的任何单个项目、小计或总计，包括中期财务报表和披露(若适用)。(这包括在数字和文字披露方面的错报)	否	
	（6）	本年中期的业绩(若适用)	否	
2	从个别或者合计来看，未更正错报对遵守当期任何债务契约要求的影响是否重大		否	
3	我们对已更正和未更正错报的复核显示内控存在重大缺陷，要求与管理当局沟通		否	
4	我们对已更正和未更正错报的复核，是否表明错报系由舞弊或非法行为所导致		否	
5	根据已更正和未更正错报的金额和性质，我们是否需要考虑实际执行的重要性水平和测试范围以及未发现错报的风险，并认为有必要对实际执行的重要性水平或测试范围进行变更。		否	

编制人：陈明
日期：2018-04-27

项目合伙人：车冬晴　　复核合伙人（如必要）：成昭彤
日期：2018-04-27　　日期：2018-04-29

图 9-3　审计差异汇总结论界面

第二节　审计完成情况核定

一、审定科目明细

审定科目明细是审计过程中的重要环节，涉及对会计科目的详细审查与调整。它基于企业的会计数据，如科目余额表、往来明细账等，经过审计调整，形成审定数。这一过程有助于了解科目的具体情况，为分析财务报表提供依据。

【实务案例】

审定明康生物公司 2017 年所有科目明细额。

【审计操作】

在用友 CPAS 审计作业系统中，单击“报表系统”→“科目审定明细”，打开科目审定明细界面，如图 9-4 所示，逐一核定各科目的账面数、未审数。

该功能用于查看科目审定表，支持右键功能。可以查看科目的调整金额以及最终审定数，如调整数未及时计入该表，可以单击“重算调整数”，读取一遍。如果修改了截止日期，需要单击“初始化”，重新生成该表。

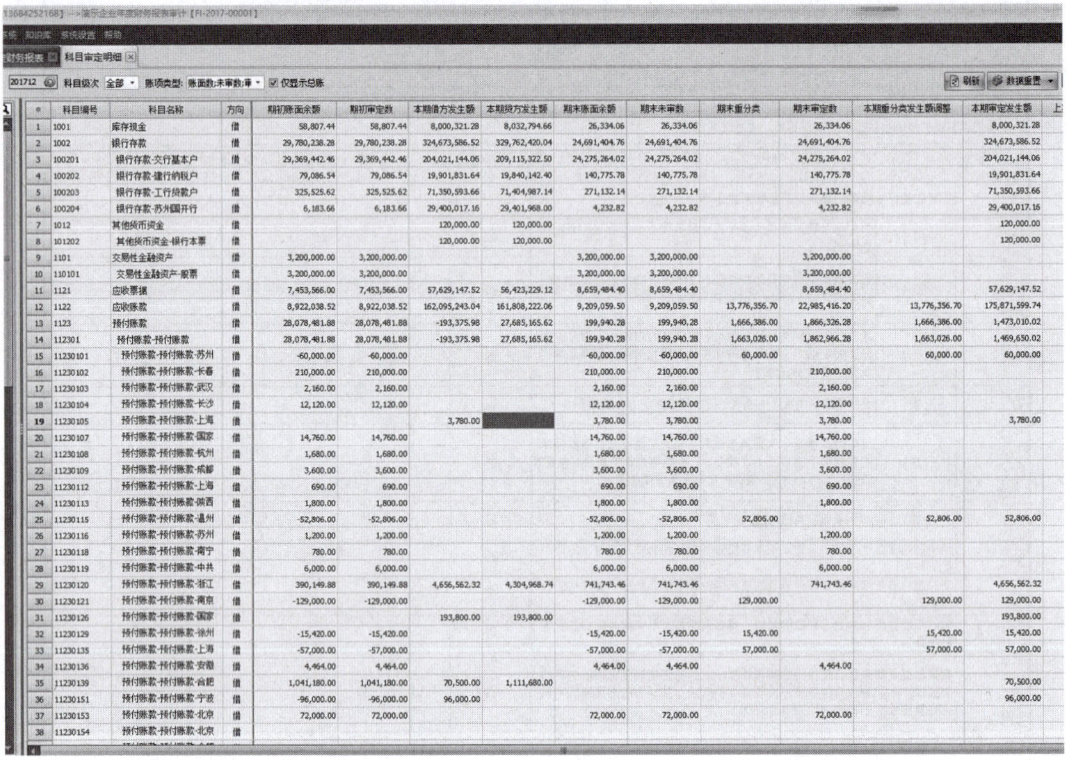

#	科目编号	科目名称	方向	期初账面余额	期初审定数	本期借方发生额	本期贷方发生额	期末账面余额	期末未审数	期末重分类	期末审定数	本期重分类发生额调整	本期审定发生额	上
1	1001	库存现金	借	58,807.44	58,807.44	8,000,321.28	8,032,794.66	26,334.06	26,334.06		26,334.06		8,000,321.28	
2	1002	银行存款	借	29,780,238.28	29,780,238.28	324,673,586.52	329,762,420.04	24,691,404.76	24,691,404.76		24,691,404.76		324,673,586.52	
3	100201	银行存款-交行基本户	借	29,369,442.46	29,369,442.46	204,021,144.06	209,115,322.50	24,275,264.02	24,275,264.02		24,275,264.02		204,021,144.06	
4	100202	银行存款-建行纳税户	借	79,086.54	79,086.54	19,901,831.64	19,840,142.40	140,775.78	140,775.78		140,775.78		19,901,831.64	
5	100203	银行存款-工行贷款户	借	325,525.62	325,525.62	71,350,593.66	71,404,987.14	271,132.14	271,132.14		271,132.14		71,350,593.66	
6	100204	银行存款-苏州国开行	借	6,183.66	6,183.66	29,400,017.16	29,401,968.00	4,232.82	4,232.82		4,232.82		29,400,017.16	
7	1012	其他货币资金	借			120,000.00	120,000.00						120,000.00	
8	101202	其他货币资金-银行本票	借			120,000.00	120,000.00						120,000.00	
9	1101	交易性金融资产	借	3,200,000.00	3,200,000.00			3,200,000.00	3,200,000.00		3,200,000.00			
10	110101	交易性金融资产-股票	借	3,200,000.00	3,200,000.00			3,200,000.00	3,200,000.00		3,200,000.00			
11	1121	应收票据	借	7,453,566.00	7,453,566.00	57,629,147.52	56,423,229.12	8,659,484.40	8,659,484.40		8,659,484.40		57,629,147.52	
12	1122	应收账款	借	8,922,038.52	8,922,038.52	162,095,243.04	161,808,222.06	9,209,059.50	9,209,059.50	13,776,356.70	22,985,416.20	13,776,356.70	175,871,599.74	
13	1123	预付账款	借	28,078,481.88	28,078,481.88	-193,375.98	27,685,165.62	199,940.28	199,940.28	1,666,386.00	1,866,326.28	1,666,386.00	1,473,010.02	
14	112301	预付账款-预付账款	借	28,078,481.88	28,078,481.88	-193,375.98	27,685,165.62	199,940.28	199,940.28	1,663,026.00	1,862,966.28	1,663,026.00	1,469,650.02	
15	11230101	预付账款-预付账款-苏州	借	-60,000.00	-60,000.00			-60,000.00	-60,000.00	60,000.00		60,000.00	60,000.00	
16	11230102	预付账款-预付账款-长春	借	210,000.00	210,000.00			210,000.00	210,000.00		210,000.00			
17	11230103	预付账款-预付账款-武汉	借	2,160.00	2,160.00			2,160.00	2,160.00		2,160.00			
18	11230104	预付账款-预付账款-长沙	借	12,120.00	12,120.00			12,120.00	12,120.00		12,120.00			
19	11230105	预付账款-预付账款-上海	借			3,780.00		3,780.00	3,780.00		3,780.00		3,780.00	
20	11230107	预付账款-预付账款-国家	借	14,760.00	14,760.00			14,760.00	14,760.00		14,760.00			
21	11230108	预付账款-预付账款-杭州	借	1,680.00	1,680.00			1,680.00	1,680.00		1,680.00			
22	11230109	预付账款-预付账款-成都	借	3,600.00	3,600.00			3,600.00	3,600.00		3,600.00			
23	11230112	预付账款-预付账款-上海	借	690.00	690.00			690.00	690.00		690.00			
24	11230113	预付账款-预付账款-陕西	借	1,800.00	1,800.00			1,800.00	1,800.00		1,800.00			
25	11230115	预付账款-预付账款-温州	借	-52,806.00	-52,806.00			-52,806.00	-52,806.00	52,806.00		52,806.00	52,806.00	
26	11230116	预付账款-预付账款-苏州	借	1,200.00	1,200.00			1,200.00	1,200.00		1,200.00			
27	11230118	预付账款-预付账款-南宁	借	780.00	780.00			780.00	780.00		780.00			
28	11230119	预付账款-预付账款-中共	借	6,000.00	6,000.00			6,000.00	6,000.00		6,000.00			
29	11230120	预付账款-预付账款-浙江	借	390,149.88	390,149.88	4,656,562.32	4,304,968.74	741,743.46	741,743.46		741,743.46		4,656,562.32	
30	11230121	预付账款-预付账款-南京	借	-129,000.00	-129,000.00			-129,000.00	-129,000.00	129,000.00		129,000.00	129,000.00	
31	11230126	预付账款-预付账款-国家	借			193,800.00	193,800.00						193,800.00	
32	11230129	预付账款-预付账款-徐州	借	-15,420.00	-15,420.00			-15,420.00	-15,420.00	15,420.00		15,420.00	15,420.00	
33	11230135	预付账款-预付账款-上海	借	-57,000.00	-57,000.00			-57,000.00	-57,000.00	57,000.00		57,000.00	57,000.00	
34	11230136	预付账款-预付账款-安徽	借	4,464.00	4,464.00			4,464.00	4,464.00		4,464.00			
35	11230139	预付账款-预付账款-合肥	借	1,041,180.00	1,041,180.00	70,500.00	1,111,680.00						70,500.00	
36	11230151	预付账款-预付账款-宁波	借	-96,000.00	-96,000.00	96,000.00							96,000.00	
37	11230153	预付账款-预付账款-北京	借	72,000.00	72,000.00			72,000.00	72,000.00		72,000.00			
38	11230154	预付账款-预付账款-北京	借											

图 9-4　科目审定明细界面

二、审定财务报表

审定财务报表是审计师对被审计单位财务报表进行独立审计后，所出具的书面文件中的核心部分，反映被审计单位的财务状况、经营成果和现金流量。审定过程涉及对财务报表的全面审查和核实，以确保其符合相关的会计准则和法规要求。

审计师会根据审计结果，出具不同类型的审计意见，如“无保留意见”“保留意见”等，并对财务报表中的重要事项进行说明。此外，审定财务报表还包括管理层对财务报表真实性和完整性的声明。这一过程对于投资者、债权人和其他利益相关者来说具有重要的参考价值，同时也有助于提高企业的信誉度和透明度。

【实务案例】

审定明康生物公司 2017 年财务报表。

第九章 审计总结与报告

【审计操作】

在用友 CPAS 审计作业系统中，单击"报表系统"→"审定财务报表"，打开审定财务报表界面，如图 9-5 所示，逐一核定报表各项目的期初数和期末数。

审定财务报表功能可查看全部报表各项目的期初、期末审定金额，可对审定金额进行重新计算验证，也可以选择要查看的年度和截止月份，数据随截止月份更改而变动，更改财务报表模板，年度财务报表数据会按照模板更新，可以通过文件功能设置打印功能，完成审定财务报表打印设置。

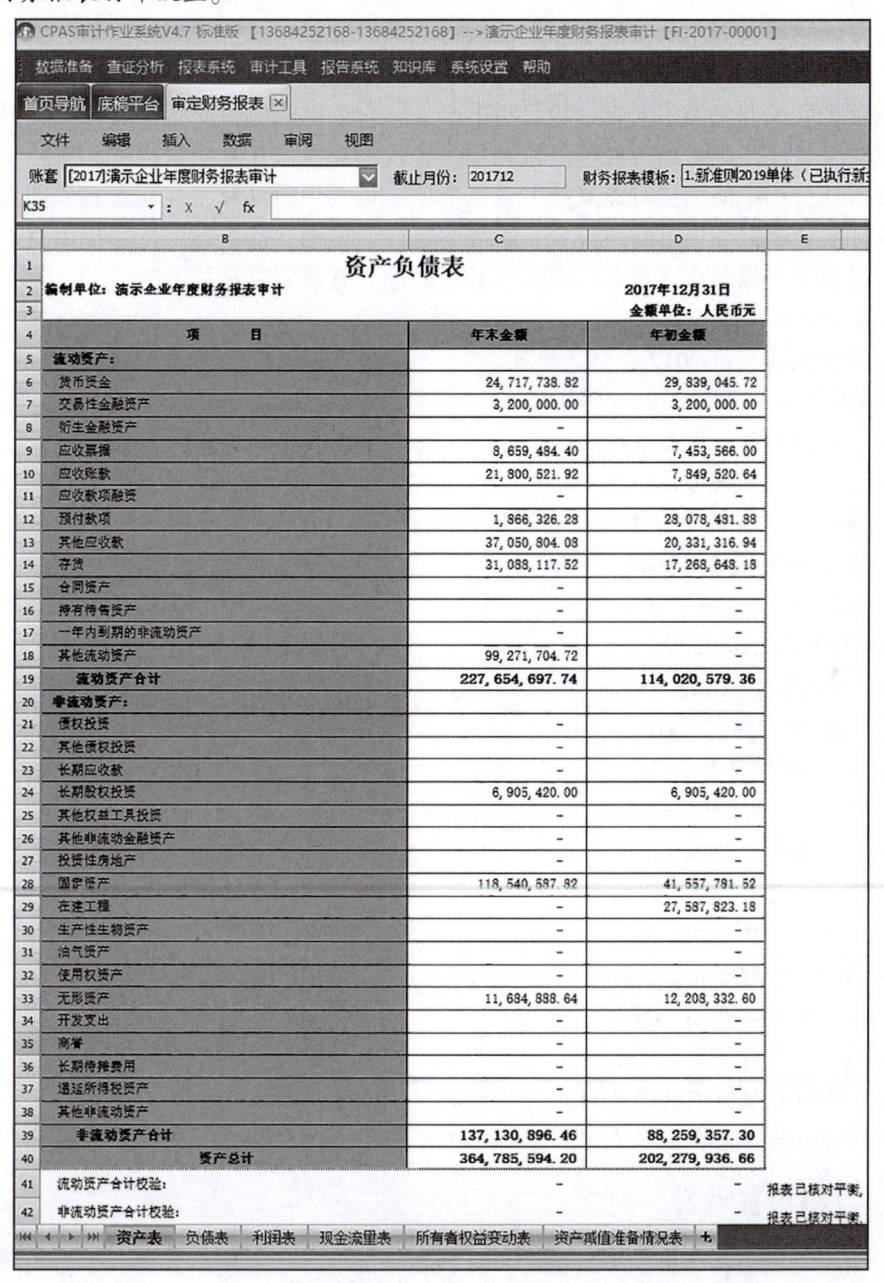

图 9-5 审定财务报表界面

第三节 审计复核

一、复核审计底稿

审计复核即复核审计底稿，复核审计底稿是指对审计工作底稿的内容完整性、规范化程序、审计证据以及引用法律法规等方面进行复核的过程。这一过程旨在减少或消除人为的审计误差，降低审计风险，提高审计质量。

复核审计底稿的分类主要包括项目组内部复核和独立的项目质量控制复核，其中项目组内部复核又进一步分为项目经理复核和项目合伙人复核。在复核过程中，审计项目合伙人需要在审计过程中的适当时点复核与重大事项、重大判断以及与其职责有关的其他事项相关的工作底稿，以确保已获取充分、适当的审计证据来支持审计结论和拟出具的审计报告。这一过程对于保障审计报告的准确性和可靠性具有重要意义。

【实务案例】

复核明康生物公司 2017 年财务报表。

【审计操作】

在用友 CPAS 审计作业系统底稿平台中，逐一复核系列工作底稿。

(1) 重要性确定表.xlsx；
(2) 重大账户及认定和重大流程评估.xlsx；
(3) 总体审计策略.docd；
(4) 6110 货币资金.xlsx；
(5) 6113 应收账款.xlsx；
(6) 6119 存货.xlsx；
(7) 6134 固定资产.xlsx；
(8) 6210 短期借款.xlsx；
(9) 6213 应付账款.xlsx；
(10) 6410 营业收入.xlsx；
(11) 6411 营业成本.xlsx；
(12) 6413 销售费用.xlsx；
(13) 6414 管理费用.xlsx；
(14) 6416 财务费用.xlsx；
(15) 6427 所得税费用.xlsx；
(16) 7300 关联方及交易审计工作底稿.xlsx；
(17) 8010 审计差异汇总表.xlsx。

二、复核报表附注

报表附注是财务报表的重要组成部分，旨在帮助财务报表使用者深入了解财务报表的内容。它主要包括对资产负债表、损益表、现金流量表等报表中列示项目的进一步说明，以及对未能在这些报表中列示项目的解释。报表附注的内容涵盖了企业所采用的主要会计

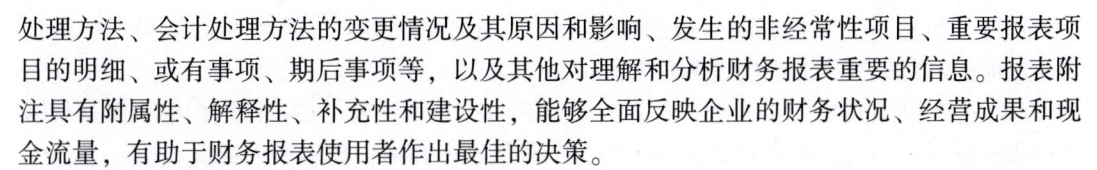

处理方法、会计处理方法的变更情况及其原因和影响、发生的非经常性项目、重要报表项目的明细、或有事项、期后事项等，以及其他对理解和分析财务报表重要的信息。报表附注具有附属性、解释性、补充性和建设性，能够全面反映企业的财务状况、经营成果和现金流量，有助于财务报表使用者作出最佳的决策。

【实务案例】

复核明康生物公司 2017 年财务报表附注。

【审计操作】

在用友 CPAS 审计作业系统底稿平台中，依次单击"报告系统"→"报表附注"→"生成附注"，系统自动生成报表附注，依据本实务案例相关信息对报表附注进行修改完善。

第四节　审计报告

一、审计报告的含义及类型

（一）审计报告的含义

审计报告是指审计人员或审计机构在完成审计工作后，根据审计计划对被审计单位实施必要的审计程序，就被审计事项作出审计结论，提出审计意见和审计建议的书面文件，是在完成审计工作后向委托人提交的最终产品，是注册会计师对财务报表合法性和公允性发表审计意见的书面文书。

（二）审计报告的类型

审计报告具有多种类型，主要包括无保留意见的审计报告、有保留意见的审计报告、否定意见的审计报告以及无法表示意见的审计报告等。

不同类型的审计报告反映了审计师对被审计单位财务报表真实性和公正性的不同评价。无保留意见的审计报告意味着审计师认为财务报表在所有重大方面都是公允的；有保留意见的审计报告则表明审计师对某些事项存在疑虑，但无法确认其影响财务报表整体的真实性和公正性；否定意见的审计报告表明被审计单位的会计报表不能公允地反映其财务状况、经营成果和现金流量情况；无法表示意见的审计报告表明审计师在进行审计工作时，由于某些原因无法获得足够的审计证据或者无法对财务报表进行充分审计，从而无法就财务报表的真实性和公允性发表明确的意见。

二、编写审计报告的步骤

编写审计报告的过程通常包括整理和分析审计工作底稿、调整被审计单位财务报表、确定审计报告的类型和措辞、编制和出具审计报告等步骤。审计报告完成后，由会计师事务所的业务负责人进行复核，提出修改意见，最后由注册会计师和会计师事务所签章通过，报送给审计业务委托人。

三、审计报告的作用

审计报告对于企业的股东、债权人以及其他利益者来说具有重要意义。

（1）审计报告能够提高财务报表的可信度，通过审计可以发现潜在的错误或造假行为，从而提高财务报表的准确性和可靠性。

（2）审计报告能够帮助企业提高自身的管理水平，审计人员在审计过程中不仅查找财务报表的错误和不实，还会对企业的内部控制制度进行评估，提出改进建议。

（3）审计报告还有助于提高企业的融资能力，因为在进行融资时，银行、投资者等机构通常要求企业提供审计报告，以评估企业的信用和风险。

请注意，审计报告具有法律效力，一旦出具，不可以随意撤回。因此，在编写和出具审计报告时，审计师需要严格遵守《审计准则》和法规要求，确保审计报告的准确性和可靠性。同时，被审计单位也应当积极配合审计师的工作，提供真实、完整的财务信息和资料。

【实务案例】

撰写明康生物公司2017年审计报告。

【审计操作】

在用友CPAS审计作业系统中，依次单击"报告系统"→"单体报告"，打开单体报告模板，依据本实务案例审计情况，编写单体报告。

复习思考题

1. 什么是审计差异汇总？
2. 为什么说审计差异汇总表是一个重要的工作文件？
3. 审定科目明细的含义是什么？
4. 如何理解审定财务报表的概念？
5. 为何对审计底稿进行复核？
6. 何谓审计报告？它的作用有哪些？
7. 审计报告都有哪些种类？
8. 编写审计报告的基本流程是怎样的？
9. 谁负责签署并发送审计报告？
10. 审计报告有什么法律责任吗？

参考答案

实务自测题

一、填空题

1. 审计差异汇总主要反映企业在会计核算和财务报表列报中存在的错误。这些错误主要分为_____和_____两大类。
2. 在用友CPAS审计作业系统中，单击"首页导航"→"_____"，系统自动汇总已审计调整过的审计差异。

3. 在用友 CPAS 审计作业系统中，单击"报表系统"→"＿＿＿＿"，打开科目审定明细界面，可逐一核定各科目的＿＿＿＿、＿＿＿＿和＿＿＿＿。

4. 在用友 CPAS 审计作业系统中，单击"报表系统"→"＿＿＿＿"，打开审定财务报表界面，可逐一核定报表各项目的＿＿＿＿和＿＿＿＿。

5. 审计报告具有多种类型，主要包括＿＿＿＿、＿＿＿＿、＿＿＿＿以及＿＿＿＿。

二、单选题

1. （　　）的项目不可以删除。

　　A. 预备　　　　　　　　　　B. 执行
　　C. 终止　　　　　　　　　　D. 归档

2. 管理系统底稿复核中底稿状态不包括（　　）。

　　A. 编辑中　　　　　　　　　B. 提交一级复核
　　C. 一级复核中　　　　　　　D. 复核完成

3. 单击"报告管理"→"审计报告"功能界面里的"财务报表"，提取的是（　　）数据。

　　A. 项目年度上一年　　　　　B. 项目年度
　　C. 项目年度下一年　　　　　D. 可以根据需要选择年度

4. 审计报告底稿生成在（　　）审计底稿阶段下。

　　A. 1000　　　　　　　　　　B. 8000
　　C. 9000　　　　　　　　　　D. 0000

三、判断题

1. "审定经济指标分析"与"审定财务报表分析"回写的是不同的底稿。　（　　）

2. 复核审计底稿是指对审计工作底稿的内容完整性、规范化程序、审计证据以及引用法律法规等方面进行复核的过程。　（　　）

3. 报表附注是财务报表的重要组成部分，旨在帮助财务报表使用者深入了解财务报表的内容。　（　　）

4. 审计报告完成后，由会计师事务所的业务负责人进行复核，提出修改意见，最后由注册会计师和会计师事务所签章通过，报送给审计业务委托人。　（　　）

5. 审计报告虽具有法律效力，但出具后，仍可以随意撤回。　（　　）

参考答案

参考文献

[1] 陈艳芬,等. 计算机审计 [M]. 上海:立信会计出版社,2019.
[2] 用友 CPAS 审计系统使用说明.